Sistemas económicos latinoamericanos II

Compilación para Centros de estudios sobre América Latina y El Caribe.

I0429504

Dager Aguilar Avilés.
Estados Unidos. 2016

Autor: Dager Aguilar Avilés
Edición y corrección: Dager Aguilar Avilés
Diseño interior y de cubierta: Dager Aguilar Avilés
Editorial Honoris-América (proy.)
Diagramación: Dager Aguilar Avilés

Sobre la presente edición:
©Dager Aguilar Avilés, 2016
©Editorial Honoris-América (proy.)
Sistemas económicos latinoamericanos II
Estados Unidos, 2016
ISBN-13: 978-1523431762
ISBN-10: 1523431768

La publicación de este libro y su divulgación ha sido financiada por el proyecto Erasmus Mundus Action 2 de la Unión Europea.

Del Autor:

Dager Aguilar Avilés: Ciudadano cubano residente en la ciudad de Varsovia, Polonia. Jurista, analista político latinoamericanista, académico y escritor. Profesor de la Facultad de Derecho de La Universidad de La Habana, Cuba(2007-2012), Fiscal del Departamento de atención a los derechos ciudadanos de la Fiscalía Provincial de la Habana. (2011-2012), Investigador Asociado del Departamento de Sociología, Filosofía y Psicología Aplicada de la Universidad de Padova, Italia (2013), Investigador Asociado del Grupo de Investigación de Gobierno, Administración y Políticas Públicas de Madrid, España (2012-actualidad), Becario del Centro de Estudios Latinoamericanos de la Universidad de Varsovia, Polonia (2014-2016). Miembro de la Red de docentes de América Latina y el Caribe. Coordinador de la publicación seriada *Anuario Político Latinoamericano*, (Estados Unidos). Coordinador de la publicación seriada trimestral *Actualidad Académica,* (Estados Unidos). Ha dirigido varios investigaciones de tesis de diploma y maestría. Ha publicado varios libros en Europa y Estados Unidos, así como numerosos artículos y ensayos en contribuciones y revistas especializadas en ciencias sociales y jurídicas en Europa, América Latina y Estados Unidos. Ha presentado ponencias en numerosos eventos científicos y recibido varios premios a lo largo de su carrera estudiantil y profesional.

Introducción.

El Compendio que usted tiene en sus manos es una compilación de artículos e informaciones referentes a la estructura y dinámica de los sistemas económicos latinoamericanos. El objetivo de la misma es organizar en un mismo texto la dispersa información existente sobre el comportamiento económico latinoamericano en las últimas décadas. Para ello se pretende seguir una metodología que facilite el proceso pedagógico en los Centros de Estudios sobre América Latina y el Caribe y, a su vez, el proceso de comprensión de los formandos por medio del autoestudio. La obra *Sistemas económicos latinoamericanos* está dividida en tres partes: el primer libro aborda los sistemas económicos de México y los países del Caribe. El segundo libro aborda los sistemas económicos de los países que comprenden Centroamérica y el tercer libro aborda los países suramericanos. Todas las fuentes tomadas son básicamente artículos publicados de manera gratuita en diferentes enciclopedias, revistas y portales oficiales de los distintos gobiernos latinoamericanos. Especial referencia debemos hacer a base de datos como Wikipedia y enciclopedias como ecured y gestiopolis. En cada artículo tomado de estas fuentes se hace referencia a su origen y se coteja la información brindada con otras fuentes citadas en cada pie de página. De esta manera el lector puede encontrar varias referencias alternativas sobre los diferentes tópicos tratados en esta obra. También se emplean fuentes periodísticas debidamente citadas por un detallado sistema referencial para que tanto el docente como el estudiante puedan ampliar las informaciones aquí brindadas y comprobar su fuente. Con esto queremos significar que cada información aquí brindada ha sido corroborada independientemente de su fuente básica.

Ahora bien, en cada capítulo se abordan aquellos temas más importantes o trascendentales en los respectivos sistemas económicos. Ello obedece, lógicamente, a la diversidad de los sistemas económicos en América Latina y el Caribe. De igual manera se brindan estadísticas actualizadas hasta el 2016 en todos los rubros económicos posibles.

La combinación de temas históricos, políticos y jurídicos en la obra permiten una mayor ilustración de nuestra realidad económica regional. Por último queremos señalar que esta obra, aunque ha sido concebida inicialmente para estudiantes de Centros de Estudios sobre América Latina y el Caribe, puede ser útil para todos aquellos interesados en conocer más sobre las realidades de los pueblos latinoamericanos y así comprender un poco mejor de dónde vinimos, dónde estamos y hacia dónde vamos. También puede ser útil como fuente bibliográfica o de referencia. De igual manera pudiera servir como guía de investigaciones más profundas. Si contribuimos con ese cometido y despertamos en usted el interés por estos tópicos entonces nuestros objetivos estarán cumplidos

Dager Aguilar Avilés
Varsovia, 20 de enero de 2016. (14:56hrs)

Libro II: Países centroamericanos

Indice

9

Tema I: La Economía Centroamericana

Sumario

1. Generalidades sobre América Central.

América Central comprende fisiográficamente el territorio situado en las latitudes medias de América, localizado entre el istmo de Tehuantepec en México y el istmo de Panamá. El área está integrada por las siete naciones independientes de Belice, Costa Rica, El Salvador, Guatemala, Honduras, Nicaragua y Panamá, además de los cinco estados mexicanos de Campeche, Chiapas, Quintana Roo, Tabasco y Yucatán. Los mapas incluyen también la parte oeste del golfo de Urabá (región del Darién) departamento de Chocó, en Colombia que políticamente está incluida en Sudamérica, y además las Antillas.

Centroamérica continental comprende la estrecha franja de tierra que une las dos grandes porciones de territorio americano. Este sector es recorrido por un sistema montañoso denominado Cordillera Central, menor en longitud y alturas si se consideran otros ejemplos en el continente americano.

Centroamérica se asienta sobre la placa del Caribe y tiene una extensión de 523 000 kilómetros cuadrados, situada en el hemisferio occidental, desde el istmo de Tehuantepec (situado al sur de México), hasta el Valle del río Atrato, en Colombia, separando al océano Atlántico del océano Pacífico. Representa únicamente el 1 % de la superficie terrestre del mundo y cuenta con el 8 % de las reservas naturales del planeta, entre las que se identifican 22 zonas de vida, 17 regiones ecológicas que albergan 20 000 especies vegetales.

13

Para la conservación de estas riquezas naturales, se cuenta con 144 áreas protegidas y 124 parques naturales.

Centroamérica es mayoritariamente una región montañosa y escarpada. Esta región contiene varios niveles montañosos unidos a las estructuras de América del Norte y de América del Sur, y por estar dominado por dos sistemas geológicos, es uno de los grandes ejes volcánicos de la Tierra. Cuenta con unos 60 volcanes en el interior (casi todos apagados) y 31 sobre la costa del océano Pacífico (la mayoría activos) de los cuales algunos se elevan a más de 4000 msnm. La superficie terrestre asciende abruptamente desde la región costera del océano Pacífico a las crestas de las montañas, y desciende gradualmente en la región que se extiende a lo largo del mar Caribe.

Centroamérica es una región del continente americano cuya corteza terrestre es especialmente inestable, ya que se encuentra en el borde occidental de la placa tectónica del Caribe. Desde la frontera norte de Guatemala hasta la línea fronteriza que divide Panamá y Colombia; tiene una longitud de 2830 km en la costa del océano Pacífico, y aproximadamente 2740 km en la costa del mar Caribe. La subducción de la corteza oceánica de este borde, que empezó hace 25 millones de años, elevó la tierra desde el mar.

En la parte norte, el territorio está formado por terrenos sedimentarios de areniscas y calizas, sobre un basamento cristalino. Una zona de fracturas se extiende hacia el sudeste formando cuencas lacustres, con los lagos Xolotlàn y Cocibolca. Hacia el sur de esta zona, se extiende un área volcánica o eje, en una cordillera de unos 1500 km de longitud, con más de 40 grandes volcanes, algunos de ellos actualmente activos.

Las costas del océano Pacífico son más aptas para la radicación del hombre, pero menos favorables para los cultivos tropicales, debido a que se producen menos lluvias que en el litoral atlántico.

En América Central los ríos son cortos y corresponden principalmente a la vertiente atlántica. Estos ríos cumplen varias funciones, sirviendo incluso como fronteras; tal es el caso de los ríos Segovia o Coco (entre Honduras y Nicaragua), el río Motagua (entre Guatemala y Honduras), el río Usumacinta (entre Guatemala y México), el río San Juan de Nicaragua (entre Costa Rica y Nicaragua) y el río Sixaola (entre Costa Rica y Panamá). En esta región, destacan por su extensión los lagos nicaragüenses (lago de Nicaragua y lago de Managua) y el lago Gatún ubicado en el canal de Panamá.

Centroamérica no cuenta con ríos largos debido a su geografía istmica. Los ríos más largos desembocan en el mar Caribe, en tanto que los más numerosos, pequeños y caudalosos, desaguan en el océano Pacífico. Entre los más largos están:

- Usumacinta (Guatemala, México), que nace en Quiché, Guatemala y desemboca en el golfo de México. Sirve en uno de sus tramos como frontera entre Guatemala y México. Longitud aproximada: 1100 km.

- Río Lempa (El Salvador, Guatemala, Honduras), se origina en Chiquimula, Guatemala y desemboca en El Salvador entre los departamentos de Usulután y San Vicente. Longitud: 422 km.

- Río Motagua (Guatemala), se origina en Quiché, Guatemala y desemboca en la frontera de Honduras y Guatemala. Longitud: 486 km.

- Ulúa (Honduras), que se origina en la sierra Opatoro y desemboca en el golfo de Honduras. Longitud aproximada: 358 km.

- Río Coco (Nicaragua-Honduras), es el río más largo de Centroamérica, que en uno de sus tramos sirve de frontera entre Honduras y Nicaragua y desemboca en la costa caribeña. Longitud: 680 km.

Los ríos nacen en las cordilleras paralelas al océano Pacífico. Son de régimen irregular, registrándose sus crecientes durante el verano. Los más extensos y de mayor caudal corresponden a la cuenca del mar Caribe, a excepción del istmo de Panamá, en donde los ríos de la vertiente caribeña son más cortos y los de la vertiente pacífica más extensos como el río

Chucunaque con 231 km que desemboca en el golfo de San Miguel, en el océano Pacífico.

En Centroamérica predomina el clima tropical, siendo más lluviosa la vertiente atlántica que la pacífica. El régimen de precipitaciones es cambiante, y depende de la dirección de los vientos y de la posición de las zonas de convergencia tropical e intertropical. La temperatura se caracteriza por tener variaciones poco marcadas entre el día y la noche. La temperatura ambiental varía según los índices de nubosidad y altitud. En zonas de relieve montañoso la altura determina las variedades del clima.

Desde el nivel del mar hasta aproximadamente unos 900 m se encuentran las denominadas "tierras calientes" con verano térmico permanente y abundantes precipitaciones. Entre los 1.000 m y 2.500 m sobre el nivel de mar se hallan las tierras templadas donde las temperaturas medias anuales están entre los 15 °C y los 25 °C; las precipitaciones predominan a fines del verano. Por encima de los 2.500 m se encuentran las tierras frías con temperaturas medias que no alcanzan los 20 °C y con marcadas amplitudes térmicas diarias.

América Central o Centroamérica estaba densamente poblada a la llegada de los europeos, y varias culturas se habían desarrollado en ella, aunque parece que su grado de complejidad no superó a las existentes en Mesoamérica. Siendo un espacio de tránsito poblacional, se asentaron en su territorio grupos de las

17

zonas culturales precolombinas de Mesoamérica y de América circuncaribeña tales como los pueblos lencas, pipiles, kunas, chortíes, jicaques, payas, chorotegas, nasos y bribris, que han habitado el sub-continente durante milenios. Las principales familias lingüísticas precolombinas de Centroamérica son la mayense, la xinca, la lenmichí (lenca, misumalpa, chibchense), estos grupos parecen ser de origen autóctono, mientras que otros grupos tendrían su origen en el centro y norte de Mesoamérica, como los pipiles (utoazteca) y los chorotegas (otomangue).

Se cree que los primeros habitantes llegaron a Centroamérica luego del arribo de los primeros seres humanos a América, provenientes de Asia septentrional por el estrecho de Bering o de las islas polinesias hace unos 15 000 años.

Los mayas son los pueblos habitantes de una vasta región que se ubicaba geográficamente en el territorio del sur de México, Guatemala y zona occidental de Honduras y otras zonas de Centroamérica. Es especialmente importante su presencia e influencia en los actuales territorios de Guatemala, Honduras y en departamentos en la parte norte de El Salvador con una rica historia de unos tres mil años.

En la actualidad siguen existiendo millones de hablantes de lenguas mayas. Las otras familias lingüísticas de la región no parecen relacionadas con las lenguas mayas y sus orígenes son difíciles de precisar. Aunque recientemente se ha establecido la existencia de un parentesco filogenético de las lenguas chibchas, las lenguas misumalpas y las lenguas lencas. Lo cual sugiere que esas familias se diversificaron en Centroamérica, lo cual aporta algo de luz sobre la relación de las poblaciones indígenas conocidas de la región.

Tanto Nicaragua como Costa Rica y Panamá se poblaron gracias a las olas migratorias desde diferentes latitudes y de diferentes grupos étnicos y su mezcla con los criollos, pueblos originarios, negros, mestizos y afro-mestizos que habitaban la zona durante la colonia. Los tres países ubicados al sur del istmo centroamericano han recibido inmigración proveniente de Europa, Asia, África y América en diferentes proporciones y contextos históricos como consecuencia de las necesidades de poblamiento de cada uno y el asilo político para refugiados y exiliados que brindan países como Costa Rica y Panamá.

Con el máximo esplendor de las civilizaciones americanas, el continente entró en su historia gracias al desarrollo de la escritura, especialmente por parte de los mayas a partir del año 292. Aunque el aislamiento del continente con respecto al resto del planeta no permitió un intercambio de conocimientos que fortaleciera estas culturas para prepararlas a su futuro encuentro con los otros continentes, sus avances son de un gran valor universal y poseen gran vigencia, como es el calendario, las matemáticas, la astronomía, las observaciones geológicas y otros muchos elementos que son hoy materia de estudio.

En 292 comenzó el esplendor de la cultura maya. Este periodo, el clásico, se cerró en el 900 con la decadencia de los mayas. Tikal, Palenque y Copán figuran entre los principales centros urbanos mayas que eran ciudades-estado. En este período se encuentra también la cultura chavín que se extendió desde el occidente del Perú hasta Ecuador en América del Sur, entre el litoral y la ceja de selva. Esta cultura se desarrolló entre el 1500 a. C. y el 500 a. C.; es decir, que durante un milenio, prevaleció su hegemonía en todo el quehacer andino de la región o en su área de influencia; tal es el caso de los recientes descubrimientos en las cuevas de Talgua, en Honduras.

Bajo la influencia de los movimientos independentistas del resto de América, Centroamérica declaró su independencia de España sin luchas armadas, la cual se hizo efectiva el 15 de septiembre de 1821. La fecha es considerada todavía el día de la independencia por todas las naciones centroamericanas a excepción de Panamá, que celebra el 28 de noviembre su independencia de España. El capitán general español, Gabino Gaínza, ocupó el cargo de líder interino hasta que se formara un nuevo gobierno. La independencia tuvo corta vida, ya que Centroamérica fue anexada al Primer Imperio Mexicano de Agustín de Iturbide el 5 de enero de 1822. Los liberales centroamericanos objetaron este proceder, pero el ejército de México bajo el mando del General Vicente Filísola ocupó Ciudad de Guatemala y calmó los ánimos.

Después de la abdicación de Iturbide, los representantes de las provincias centroamericanas declararon la independencia absoluta de España, de México, y de cualquier otra nación extranjera el 1 de julio de 1823, y se estableció un sistema de gobierno republicano por medio de las Provincias Unidas del Centro de América.

Centroamérica, al igual que el resto de las naciones iberoamericanas (con excepción de Brasil), abolió de una manera total y definitiva la esclavitud tras la consecución de su independencia.

La República Federal de Centro América agrupó a la región formada por Costa Rica, El Salvador, Guatemala, Honduras y Nicaragua actuales. Cabe mencionar que el Estado Mexicano de Chiapas era territorio de Guatemala, al tener antiguamente el rango de Audiencia Real, Centroamérica se une al Primer Imperio Mexicano de Iturbide en 1822, al separarse Guatemala de aquel último, Chiapas, por medio de un referéndum, se incorporó a México. Guatemala cedió únicamente la Región de Soconusco.

Dos países más jóvenes, Panamá y Belice, no comparten la historia común ni el horizonte cultural de Centroamérica, ya que Panamá estaba integrada a los Virreinato del Perú y Virreinato de Nueva Granada y luego al independizarse de España se unió voluntariamente a la Gran Colombia; y Belice, por su parte, fue una colonia del Reino Unido.

La exclusión de Panamá en el mencionado proyecto centroamericano se debe a la pertenencia histórica del territorio del istmo panameño al subcontinente sudamericano mediante la estructura administrativa colonial, primero del Virreinato del Perú, luego del Virreinato de Nueva Granada, y posteriormente gracias a la asimilación de su territorio a Colombia desde 1821 hasta su separación en 1903.

Panamá no formó parte de los proyectos políticos integracionistas de Centroamérica hasta su incorporación voluntaria al Parlamento Centroamericano en 1992, organismo del cual el gobierno panameño decidió retirarse voluntariamente en el año 2010 aunque no lo logró por muchos años.

Actualmente, República Dominicana también forma parte de esta región desde el punto de vista político y económico, ya que es miembro del Sistema de la Integración Centroamericana, un órgano a cargo de facilitar la integración de la región, del Parlamento Centroamericano y del Tratado de Libre Comercio entre Estados Unidos, Centroamérica y República Dominicana (CAFTA).

América Central comprende políticamente el territorio situado en las latitudes medias de América, localizado entre la frontera sur de México y la frontera occidental de Colombia. América Central se divide en siete países independientes: Belice, Costa Rica, El Salvador, Guatemala, Honduras, Nicaragua y Panamá. Debido a la reciente integración política en el subcontinente y a que en varias oportunidades le ha sido negada su entrada al CARICOM a causa de la diferencia de tamaño con este bloque, República Dominicana, un país geográficamente vinculado al Caribe, es algunas veces incluido.

La mayoría de los países de América Central son repúblicas presidencialistas, excepto Belice, que tiene un régimen parlamentarista inspirado en el sistema británico.

En general, la vida política de la mayor parte de los países del subcontinente, desde su independencia de España, ha sido muy tumultuosa.

Los países centroamericanos han vivido las décadas pasadas sumergidos en dictaduras sangrientas, guerras civiles y violencia organizada bajo parámetros ideológicos: guardias nacionales o ejércitos en lucha con guerrillas revolucionarias. Guatemala y El Salvador fueron dos de los países que más sufrieron políticas de verdadero exterminio en sectores de su población. Uno de los parlamentarios asesinados era precisamente el hijo de uno de los principales responsables de los escuadrones de la muerte en El Salvador, el mayor Roberto D'Aubuisson.

- Guatemala y El Salvador aún están en proceso de cicatrizar las heridas causadas por las sangrientas guerras civiles que los convulsionaron en los años 1970 y 1980. Pero nuevos temores han llevado a asesinatos políticos en estos países, como el de dos candidatos presidenciales guatemaltecos. O el asesinato de varios diputados salvadoreños pero en El Salvador ha habido un aumento de la democracia, ya que sigue en rumbo del camino hacia la democracia

- Nicaragua es otro país que actualmente enfrenta procesos de democratización y asimilación a la cultura pacífica, pero las heridas de pasadas guerras civiles hace que sus ejercicios democráticos carezcan de alta credibilidad y que sean objeto de denuncias por fraude.

- Honduras parecía en vías de consolidar su democracia, hasta el golpe de estado que derrocó a Manuel Zelaya el 28 de junio de 2009.

- Panamá, tras la dictadura de Manuel Antonio Noriega y de la invasión por Estados Unidos en 1989, ha logrado madurez política que le ha permitido promediar un índice de democracia plena de **7,92** el año 2011, lo que despejó algunos temores, cuando el país se hizo cargo del Canal de Panamá, en 1999 y más tarde decidiera de una manera demócrática ampliar esta vía en 2006.

- Costa Rica se muestra como la gran excepción en la región. Promedia un índice de democracia **8,10** en el año 2011, lo que lo clasifica como un país en plena democracia (El único en Latinoamérica además de Uruguay) Desde hace más de medio siglo, el país abolió el ejército, lo que ha permitido que Costa Rica disfrute de una calma política, con partidos políticos que se alternan en el poder de manera pacífica y democrática.

Según una encuesta hecha por CEPAL en 2010, la religión predominante es la cristiana con un 87%; la más practicada de sus denominaciones es la católica con un 49%, se puede mostrar por las procesiones, tradiciones y costumbres de cada país, un 33% son iglesias protestantes en su mayoría Pentecostales seguido por otras denominaciones cristianas (mormones, adventistas, etc) con un 2%. Las religiones indígenas, el budismo, islamismo, judaísmo, etc con un 3%, un 1% de personas que no contestaron la encuesta o no sabían y alrededor del 12% se declaró sin religión.20

Desde la época de la colonia la única Iglesia de la religión permitida del cristianismo traída por la conquista española fue el catolicismo romano, esta Iglesia estuvo arraigada al Estado entre la época colonial hasta 1882, durante en 1821 (independencia de Centroamérica), hasta 1851, hubo luchas políticas entre liberales y conservadores, los liberales deseaban un estado sin arraigo a la Iglesia, los conservadores querían lo contrario, hasta 1882, ya no hubo grupo religioso oficial, en esta oportunidad llegaron misioneros protestantes, desde ese entonces la Iglesia protestante crece en constante crecimiento, también tenían prohibido otras religiones aparte de iglesias que no fueran cristianas católicas.

Centroamérica vive un proceso de transformación político, económico y cultural al reafirmarse las intenciones de los estados centroamericanos a un fuerte proceso de integración.

Después de la anexión al Primer Imperio Mexicano de Iturbide, Centroamérica se consolida con la creación de las Provincias Unidas del Centro de América en 1823. Sin embargo, esta unión política se disolvió en una guerra civil entre 1838 y 1840. Aunque hubo varios intentos de reunificación, ninguno tuvo éxito.

El nacimiento de la Organización de Estados Centroamericanos (ODECA) en 1951 con la firma del Tratado de San Salvador, marca un nuevo camino en las sendas de la integración de Centroamérica. Desgraciadamente, el proceso no pudo acelerarse debido a conflictos internos entre diferentes Estados de Centroamérica. El proceso tendría que esperar hasta 1991 con el nacimiento del Sistema de la Integración Centroamericana (SICA), ya con un nuevo marco legal y resueltos los conflictos internos.

Actualmente, Centroamérica cuenta con organismos como el Parlamento Centroamericano (PARLACEN), el Banco Centroamericano de Integración Económica (BCIE), la Corte Centroamericana de Justicia (1907) y otros órganos regionales, además de muchos tratados de índole cultural, política y económica, como el Mercado Común Centroamericano (MCCA).

Así, el proceso de integración centroamericana ha tenido una gran aceleración en los últimos años, haciendo de Centroamérica una región cada vez más consolidada política, económica y culturalmente. Se espera que para finales de este año ya esté puesta en práctica la unión aduanera, libertad de movimiento de bienes y servicios, etc.

El proceso de integración centroamericana incluye algunos Estados que no son tradicionalmente centroamericanos como Panamá, Belice, e inclusive la República Dominicana, ya que forman parte del proceso de integración regional.

Costa Rica no ha tomado con muchos ánimos la aceleración del proceso de integración, ya que al parecer contravienen su propia legislación, por lo que no ha ratificado algunos de los tratados vinculantes con el proceso de integración regional. Panamá retiró sus credenciales del Parlamento Centroamericano y fue anunciado oficialmente a las oficinas centrales el 19 de agosto de 2009.

El panorama de lo que es Centroamérica es muy distinto, dependiendo del punto de vista de donde se mire. Así, la Centroamérica política o integracionista es muy diferente a la Centroamérica geográfica, o a la región económica del Mercado Común Centroamericano, o la región lingüística, o las regiones culturales.

La sede del Sistema de la Integración Centroamericana está en la ciudad de San Salvador, República de El Salvador.

La economía de América Central, está basada principalmente en la agricultura, el turismo y algunas industrias pequeñas. Guatemala tiene el PIB PPA más alto de la región, seguido por Costa Rica y Panama.

Los principales destinos de exportación son Estados Unidos, Europa, y entre los mismos países de la región. Sus principales importaciones provienen de los países de la región, América del Norte (Estados Unidos y México) y de América del Sur (Brasil, Colombia, Venezuela y Argentina). El Canal de Panamá es la conexión de América Central con el resto mundo, y la principal vía de comunicación para el comercio con América Central, América del Sur, Estados Unidos, Europa y Asia. A pesar de que Guatemala posee el PIB nominal más alto de la región, si se reparte entre sus 14 millones de habitantes da un coeficiente o PIB per cápita de categoría media-baja, en este caso solo Panamá y Costa Rica se pueden considerar entre los países más desarrollados y los que poseen el IDH más alto de la región, así como el PIB per cápita costarricense superior a los $11.000 USD y el panameño superior a los $16.000 USD. Además, países como El Salvador han experimentado un gran desarrollo industrial en los últimos años, las cifras para promediar los países que estén superados en todos los tipos de indicadores económicos, colocan a Panamá y Costa Rica en la cumbre de Centroamérica, seguido de Guatemala, El Salvador, Belice, Honduras (aunque a mediados del año 2009 experimentó problemas económicos de índole política) y Nicaragua. Actualmente América Central sustenta en bloque un tratado de libre comercio (TLC) con los Estados Unidos denominado como CAFTA-RD, y otro en negociaciones con el Perú.

Índice de facilidad para establecer negocios financieros rápidamente (por sus siglas en inglés *Doing Business*) ya dio a conocer la clasificación de los 189 países en el mundo correspondiente al año 2016. Por su parte de la región centroamericana, Costa Rica y Panamá son los países con mejor clasificación para la facilidad de ofrecer negocios más rápidos. Mientras que Guatemala ha crecido levemente y El Salvador ha mejorado su calificación entre 2010 y 2016.

Según el Banco Mundial, Panamá, Costa Rica y Guatemala son los países que más reciben inversión extranjera directa de Centroamérica, y superan los mil millones de dólares estadounidenses:

- Panamá y Costa Rica: son los líderes en cuanto a la atracción de inversión extranjera, en directo y total, ambos superan los 10 mil millones de dólares, los principales países que invierten son La Unión Europea, China, Estados Unidos, Colombia y Japón.

- Guatemala: recibe un total de más de 5 mil millones de dólares, Estados Unidos es el principal país inversionista, seguido por Corea del Sur, Taiwan, Alemania y otros países.

- El Salvador: aunque directamente el país recibe menos de 500 millones dólares, en total suman entre 3 y 4 mil millones de dólares. igual que Guatemala, Estados Unidos es el principal inversionista, aunque hay importantes inversiones desde Chile, Colombia, China, etc.

- Honduras: el país recibe alrededor de $ 1.757 millones. El principal inversionista es Estados Unidos.

- Nicaragua: Nicaragua recibe menos de mil millones de dólares en inversión extranjera, por lo cual las inversiones directas serían un 80% del total de inversiones en ese país ($ 840 millones). Aunque el principal inversor es Estados Unidos, Nicaragua también recibe importantes inversiones de Rusia, su posición es muy cercano al de EE.UU. Venezuela es otro importante inversor en Nicaragua.

- Belice: Es el país que menos recibe inversión extranjera, alrededor de 300 mil millones de dólares. Los principales inversores son Estados Unidos, El Reino Unido, Canadá, Jamaica y Japón.

La siguiente lista presenta las ciudades centroamericanas ordenadas según su índice de desarrollo humano con datos del Informe Nacional de Desarrollo Humano 2015 según la metodología anterior sin tomar en cuenta la desigualdad.55

Según el Programa de las Naciones Unidas para el Desarrollo (PNUD), América central cuenta con áreas metropolitanas desarrolladas y subdesarrolladas, siendo las capitales de país las que tienen mayor desarrollo en cada país. Sin embargo, las urbes centroamericanas son mixtas. Así San Salvador tiene un área metropolitana compuesta por otras 13 ciudades aledañas que no son capital lo que la posiciona como la segunda urbe centroamericana más desarrollada, después de Ciudad de Panamá según el PNUD. Ciudad de Panamá y San Salvador son dos ciudades económicamente emergentes a pesar de los problemas de inseguridad ciudadana existentes en El Salvador. Managua es la capital centroamericana con el menor índice de desarrollo según el PNUD, que calcula que la capital nicaragüense es la que menor Índice de Desarrollo Humano posee al ser la capital de Nicaragua la pone en desventaja con respecto a la inversión internacional, Managua es además la segunda capital más pobre del continente después de la capital de Haití. Las ciudades que aportan más al IDH de Centroamérica son Ciudad de Panamá y San Salvador con el primer puesto y Ciudad de Guatemala junto con San José, en segundo lugar. Según el informe del PNUD. Panamá, Costa Rica y Belice.56 son los tres países con el IDH más alto de la región.

Según El PNUD (programa de las naciones unidas para el desarrollo) 2015, Panamá, Costa Rica y Belice Son los países que poseen el mejor Índice de Desarrollo Humano en la región.

- Panamá y Costa Rica son los países de la región que están más cercanos al desarrollo aumentando su nivel de vida.

- Nicaragua es el país que mas aumentó su IDH en 2015 sobrepasando a Honduras y Guatemala.

- Guatemala decreció en su nivel de vida según el PNUD Guatemala cayo un puesto mas abajo con respecto al año anterior.

- Honduras cayo once puestos en su nivel de vida, el país de C.A con menor desarrollo en la región.

Dentro de los 100 primeros lugares de la clasificación general de América Economía, aparecen 7 bancos centroamericanos: HSBC Panamá en el puesto 39, Banco General de Panamá en el puesto 42, Banco

Nacional de Panamá (57), Nacional de Costa Rica (70), Banco Bladex de Panamá (75), Agrícola de El Salvador (85), y Banco de Costa Rica (92).

Todos los países de América Central, así como otros países de algunas regiones de Latinoamérica, son considerados como "países en vías de desarrollo y en el subcontinente se encuentran algunos de los países más pobres del continente. Los únicos países de América Central con menos de la cuarta parte de su población bajo la línea de la pobreza son Costa Rica y Panamá.

Según la Organización Mundial del Turismo (OMT), Costa Rica, Guatemala y Panamá lideran el turismo Centroamericano, siendo Costa Rica el país que recibe mas turistas en cantidad y Guatemala el país que mas recibe los ingresos de los turistas, no obstante, el crecimiento turístico del istmo es menor que la medida mundial, se debe a la falta de instituciones que promuevan las áreas turísticas y las desorganizadas dinámicas turísticas, a parte el descontrol sobre la delincuencia en ciertos lugares turísticos. Los países que mas aumentaron actualmente fueron Nicaragua y Panamá.

Distrito financiero (en inglés, central business district o downtown) es el término general con el que se designan las áreas centrales en que se concentran comercios y oficinas, Panamá y El Salvador son sedes de los Centros Internacionales de Comercio donde la inversión extranjera es mayor y la modernidad de la zona estos distritos financieros están ubicados en el casco moderno de la ciudad. América Central cuenta con tres distritos financieros, los cuales son Centro Financiero Gigante San Salvador , World Trade Center Panamá y World Trade Center San Salvador (Centro de comercio mundial en español o por sus siglas en inglés WTC).

1.1.Actividad Económica[1]

La actividad económica de la región no ha mostrado señales que permitan esperar una aceleración significativa en el 2016. Hacia el cierre del año se estima que la tasa de crecimiento promedio del PIB sea de 3.4%. La evolución reciente de la actividad económica, aproximada por el comportamiento del IMAE muestra una alta consistencia con la evolución del ciclo económico de los EUA. En particular, se nota una aceleración a partir el segundo trimestre de 2013 y hasta el primer trimestre de 2014. En lo que va del año 2015, el crecimiento económico de la región se ha sostenido una tasa promedio (en tendencia ciclo) de 4.1%.

Si bien dicha tasa es superior al crecimiento promedio de la economía mundial, es claro que para alcanzar un ritmo de crecimiento sostenido superior aún se

---

[1] Los datos referentes a este epígrafe y los restantes de este tema han sido tomados de *Economía de América Central*. Obtenible en https://es.wikipedia.org/wiki/Econom%C3%ADa_de_Am%C3%A9ri ca_Central. Consultado el 14 de dieciembre de 2016 a las 13:09hrs.

depende de una recuperación más vigorosa por parte de los EUA. A nivel de países continúa presentándose un comportamiento heterogéneo, con tasas de crecimiento interanual del IMAE que se ubican entre 1.9% (El Salvador) y 6.2%(República Dominicana), aunque dicha dispersión se ha reducido en 3,5 p.p. en relación con la observada en julio-agosto, 2014 y que fue la máxima en el período posterior a la crisis.

En dicho comportamiento llama la atención la convergencia que se está dando en las tasas de crecimiento entre Costa Rica y El Salvador, y la lenta pero sostenida desaceleración que se observa en República Dominicana, lo cual podría responder a un proceso natural de reversión de las tendencias hacia las tasas de crecimiento de largo plazo en las diferentes economías de la región.

Como ha sido característico ya en la región, se mantiene el importante aporte de las actividades asociadas a los servicios, por encima de sectores como la agricultura y la manufactura, los cuales incluso han sufrido algún grado de contracción en el caso de Costa Rica, donde el mayor aporte (junto con El Salvador) ha sido el del sector de transporte.

Adicionalmente, los servicios financieros (Guatemala y Honduras), el comercio (Guatemala y Nicaragua) y la construcción (Nicaragua) destacan como los sectores más dinámicos con la última información disponible del IMAE.

Cabe resaltar que, tal y como ha destacado la SECMCA en diferentes oportunidades, la región continúa afectada por diferentes factores que pueden haber influido en mayor o menor medida sobre sus niveles de productividad (tales como el costo de la energía eléctrica en Costa Rica, la situación de seguridad ciudadana en los países del Triángulo Norte y las elevadas tasas de interés activas reales, entre otros). Adicionalmente, la mayor incidencia de condiciones climáticas adversas asociadas al fenómeno ENOS (El Niño y la Niña) podrían afectar las perspectivas de crecimiento e inflación en la región.

1.2. Inflación

La variación interanual promedio del IPC en la región en septiembrede 2015 fue de 0.7% (4.3% en septiembre de 2014). Es altamente probable que se ubique muy por debajo de las metas previstas por los bancos centrales para 2015 en todos los países.

Durante todo el año 2015 se ha mantenido una fuerte tendencia a la desaceleración en la variación interanual del índice de precios al consumidor en todos los países de la región.

Dicha variable se ubicó en un nivel de 0.7% a septiembre (Ver gráfico 2.2.1).

De hecho, algunos países, particularmente Costa Rica y El Salvador, han registrado valores negativos para esta variable durante varios meses. Este comportamiento todavía está fuertemente influido por factores exógenos, en particular el importante ajuste a la baja que han tenido los precios de los combustibles y, en consecuencia, una serie de bienes asociados a ellos, especialmente algunos que impactan directamente en el presupuesto de los hogares como los servicios públicos y de transporte

Es importante destacar que, si bien este efecto todavía se mantiene, su impacto va siendo cada vez menor toda vez que los precios internacionales de los hidrocarburos han tendido a estabilizarse en los últimos meses y, eventualmente, tenderá a anularse en el corto plazo. Afortunadamente, la tendencia que se observaba en ediciones anteriores de este informe en relación con la fuerte variación que estaba registrando el grupo de alimentos ha tendido a revertirse a pesar de las condiciones climáticas adversas. Así, el eventual repunte que se observaría en las tasas de inflación de los países de la región no sería tan elevado como se esperaba hace algunos meses. No obstante, en Guatemala y República Dominicana el grupo de alimentos es el que más han aportado a la variación del IPC a septiembre (Ver gráfico 2.2.2). En Honduras y Nicaragua son el resto de grupos (excluidos los alimentos, el transporte y la vivienda) los que marcan el ritmo del ajuste de los precios observado a lo largo del año.

Como se mencionó anteriormente, Costa Rica y El Salvador son los dos integrantes de la región que han registrado variaciones negativas en el IPC a lo largo del año. Sin embargo, por el momento, se descarta que esta situación esté asociada con algún fenómeno de carácter deflacionario más permanente.

De mantenerse esta coyuntura en la evolución de los precios al consumidor en la región, es muy probable que el año 2015 termine con tasas de inflación por debajo de los límites inferiores de las metas establecidas por los bancos centrales en sus programas monetarios. Pero, esta situación debería ser coyuntural y el ritmo de crecimiento de precios debería converger hacia los rangos meta en los próximos trimestres.

1.3. Sector Externo

El saldo de la cuenta corriente será más favorable que el estimado originalmente para la región en el 2015. Los menores precios de los hidrocarburos y de las materias primas han contribuido a reducir el déficit comercial a pesar de la caída en el valor de las exportaciones y, a la vez, se observa una recuperación en los flujos de remesas. Durante los primeros seis meses del año 2015, el saldo comercial deficitario en la región registró una disminución acumulada por un monto de US$1,140 millones frente a lo observado en el mismo periodo de 2014, alcanzando este año un nivel agregado de US$15,065 millones. Este resultado continúa estando influenciado por el efecto de los menores precios internacionales de los hidrocarburos y materias primas en general, que permitieron una reducción de 4.9% en el saldo de las importaciones al primer semestre del año. Sin embargo, esa caída en el déficit comercial pudo ser mayor de no haberse dado también una disminución de US $832 millones en el valor de las exportaciones FOB de la región (ver gráfico 2.3.1).

Aún cuando El Salvador, Guatemala y Honduras lograron incrementar las ventas al exterior en $411 millones en conjunto, el resto de países redujo el volumen de las mismas.

Costa Rica es la que más aporta a esta disminución pues la caída en sus exportaciones a junio en relación con el año anterior equivale a US$955 millones(una contracción del 16%), y es ocasionada en gran medida por las menores ventas de componentes electrónicos en los mercados de Asia. Nicaragua y República Dominicana también presentaron disminuciones en el valor de sus exportaciones aunque más moderadas (5% y 3% respectivamente). Mientras tanto, el saldo deficitario de la cuenta corriente de la balanza de pagos a junio de 2015 registró un acumulado de US$1,874 millones, lo que representa menos de la mitad del observado en el mismo período de 2014. En esta disminución influye tanto la mayor caída de las importaciones en relación con las exportaciones comentado anteriormente, como el comportamiento del comercio internacional de servicios y las remesas. En el caso de estas últimas, durante el primer semestre de 2015 se recibieron US$10.180 millones lo que representa un incremento de poco más del 6% en relación con el mismo periodo del año anterior. De este rubro, El Salvador, Guatemala y República Dominicana concentran tres cuartas partes del flujo neto.

Por su parte, en el primer semestre de 2015, los flujos de inversión extranjera directa hacia la región se redujeron en US$344 millones (9% menos que en igual período de 2014), aunque mantienen su relevancia dentro de las fuentes de financiamiento del déficit de la cuenta corriente. Este resultado debe llamar la atención pues la inversión extranjera acumula ya tres años de desaceleración en 2015. A pesar de ello, la región en su conjunto continúa acumulando reservas monetarias internacionales, aunque hay que reconocer que esta situación ha sido apoyada en parte por un aumento en la deuda externa total de las economías, como veremos más adelante.

A septiembre el saldo de las RIN fue de US $29,123 millones, lo cual significó un incremento de 10% en relación con el mismo período de 2014

1.4. Condiciones Monetarias

Las condiciones monetarias en la región parecen ser consistentes con la evolución de la actividad económica. Sin embargo, el desalineamiento de las tasas de interés nominales ante la baja de la inflación ha presionado al alza las tasas reales, lo que podría poner obstáculos al crecimiento.

La coyuntura internacional descrita en el primer capítulo de este reporte ha impuesto una serie de condicionantes al manejo de la política monetaria en los países que integran la región. Especialmente por el hecho de que los bancos centrales han tenido que adaptarse a disminuciones significativas en la tasa de inflación que han estado potenciadas más por los factores externos que por las condiciones monetarias domésticas.

El principal reto que se impone bajo estas condiciones, es lograr hacer una adecuada valoración sobre la permanencia y

Oportunidad de los choques externos con el fin de hacer un manejo prudente de la política monetaria, sobre todo si se considera la posibilidad de una reversión en las condiciones prevalecientes en la actualidad, y particularmente en lo que tiene que ver con la evolución del precio de los hidrocarburos y la normalización de la política por parte de los EUA. Por el momento, al observar el comportamiento de la Tasa de Política Monetaria en los países que utilizan dicho instrumento, parece que existen diferentes percepciones sobre la intensidad y duración de las presiones hacia la baja en la inflación, pero también matizado por las condiciones internas de cada economía.

Por ejemplo, a pesar de tener un patrón de desaceleración similar en la inflación, Guatemala y República Dominicana han seguido diferentes procesos en el ajuste de la TPM. Guatemala ha optado por un ajuste más largo y gradual, mientras que

República Dominicana ha preferido reducciones rápidas.

Por su parte, Costa Rica ha emprendido reducciones más pronunciadas y consecutivas en lo que va del año. Por el contrario, Honduras (que tiene patrón inflacionario más similar al de Costa Rica) es el país que menos ha ajustado su TPM a lo largo de 2015. Esta diferencia en las características de la convergencia de la inflación a niveles más bajos y las percepciones particulares de los países ha conducido a que se amplíe la dispersión entre las TPM. En todo caso y dadas las condiciones prevalecientes, es probable que ocurran nuevos ajustes en las TPM en el último trimestre de 2015.

La evolución de los agregados monetarios mantiene la tendencia hacia la aceleración en la tasa de crecimiento observada desde mediados del año 2014. Al mes de junio dicho crecimiento resultó cercano al 10% interanual para los agregados más amplios, el cual es comparable con los niveles máximos registrados desde el año 2012. El crecimiento del medio circulante (M1) es particularmente destacable, pues no lo hacía aesas tasas desde el segundo trimestre de 2011. Este comportamiento puede ser el resultado de un incremento en la demanda de dinero que sería de esperar en circunstancias donde prevalecen inflaciones relativamente bajas en la región.

Entre tanto, el crédito total por parte de las otras sociedades de depósito (OSD), ha vuelto a retomar dinamismo. Luego de desacelerarse durante todo el año 2014, ha mantenido una tasa de crecimiento promedio de 8,6% durante el primer semestre de 2015.

Como parte de este resultado llama la atención el comportamiento de la demanda de recursos del sector público, la cual mostró alguna reactivacióna lo largo del añoPor su parte, el crédito de la OSD al sector privado, mantiene tasas de crecimiento compatibles con el comportamiento del sector real de la economía de la región, por lo cual no sería de esperar la existencia de presiones inflacionarias por este motivo en lo que resta del año. Sin embargo, desde el punto de vista de la administración de riesgos financieros, debe tenerse en consideración la tendencia que se observa desde el cuarto trimestre de 2014 en cuanto a la evolución del crédito al sector privado en moneda extranjera.

En condiciones de estabilidad cambiaria y de precios, como las que han prevalecido en la región, es explicable la tendencia de los agentes económicos a preferir el endeudamiento en moneda extranjera, pues la carga financiera de los créditos tiende ser menor, toda vez que todavía se mantiene un diferencial considerable entre las tasas de interés para diferentes tipos de préstamo. No obstante, esta situación hace más vulnerables los balances del sistema financiero ante una eventual reversión de las condiciones comentadas. Ante la posibilidad de una recuperación más sólida de la actividad económica en los EUA que impactaría favorablemente la producción regional y, con ello, la demanda de crédito, desde el punto de vista macroprudencial es del todo conveniente que las autoridades de supervisión de los sistemas financieros de la región contribuyan a moderar esta tendencia mediante acciones que permitan mantener una adecuada administración de los riesgos cambiarios, sin que se limite significativamente la capacidad de los bancos de otorgar crédito a tasas competitivas.

Lo anterior también podría estar explicado en buena parte por el desalineamiento que parece están mostrando las tasas de interés nominales en relación con el comportamiento reciente de la inflación.

Resulta interesante como ambos tipos de tasa se han elevado dos puntos porcentuales en promedio durante 2015. Es claro que este comportamiento resulta del hecho de que las tasas nominales se han mantenido ancladas,al tiempo que la tasa de inflación se ha desacelerado con mayor intensidad. Si bien algunascláusulas de los contratos financieros introducen rigideces para el ajuste de las tasas de interés, el período de alza en las tasas reales ha sido suficientemente largo como para no haberse corregido en alguna medida. Esta situación introduce, al menos, dos distorsiones importantes en las economías. Por un lado, desestimula la actividad productiva al incrementar significativamente la carga financiera del endeudamiento comercial. Por el otro, y con el fin de reducir esa carga, incrementa la demanda de crédito en moneda extranjera por parte de no generadores de divisas.

2. Finanzas Públicas

En el frente fiscal se mantienen las preocupaciones que se han señalado en otras oportunidades y continúa siendo uno de los principales desafíos de la región, a pesar de los esfuerzos realizados por algunos países. El endeudamiento de la región continúa incrementándose y crece el riesgo de alcanzar niveles de insostenibilidad en algunos de sus integrantes. Cuando se analiza el resultado o peracional del Gobierno Central en la región para el año 2015 se deben hacer algunas consideraciones importantes. Las cifras a junio de 2015, muestran una mejora importante en el resultado al mismo período del año 2014, presentando un déficit equivalente a 1% del PIB. Al realizar el ajuste por el registro de la ganancia de capital obtenida por la República Dominicana como resultado de la recompra de deuda realizada con PETROCARIBE por un monto cercano a los US$2,092millones, el resultado operacional del Gobierno Central en la región, acumulado al mes de junio es de un déficit de 1,9% del PIB y que resulta ser el más elevado del último quinquenio en ese mismo periodo. En general, resulta claro que a pesar del esfuerzo fiscal realizado en algunos países mediante la implementación de reformas tributarias de alguna naturaleza, como la menor volatilidad del crecimiento económico luego de la crisis, la evolución de las finanzas públicas en lo que va del año no ha sido muy diferente de lo que se ha comentado profusamente en informes anteriores. En relación con el mismo período del año anterior, en el primer semestre de 2015 los gastos se incrementaron en US$1.764 millones mientras que los ingresos (netos del efecto de Petrocaribe) lo hicieron en US$1.108 millones. Como resultado de lo anterior, la deuda pública total (cuyo saldo se había mantenido más o menos estable durante la mayor parte de 2014) ha retomado el crecimiento sostenido en el año 2015.

Durante los primeros siete meses de este año, el saldo promedio de la deuda pública total se incrementó en 6,8%, con un mayor recurso al endeudamiento interno en comparación con el externo (ambos crecieron 8% y 5.5% respectivamente). La información disponible al mes de julio muestra que Costa Rica, El Salvador y Honduras han incrementado sus niveles de endeudamiento como porcentaje del PIB, mientras que éste se ha mantenido en Guatemala y República Dominicana y reducido en Nicaragua. Ante esta coyuntura, el mensaje que continúa prevaleciendo es el de la necesidad de asegurar la sostenibilidad fiscal y promover mejoras sustanciales en la competitividad de Informe de Coyuntura Septiembre 2015 Secretaría Ejecutiva CMCA Página 20 la región con el fin de blindar adecuadamente las economías que la componen del impacto de choques externos adversos y aprovechar las oportunidades futuras

Tema II: Sistema económico de Honduras.

Índice

1.Historia.

En tiempos coloniales, la economía hondureña tenía como su eje la producción agrícola, ganadera y minera.

Después de que Honduras se independizó de España en el siglo XIX, su crecimiento económico estuvo relacionado con su capacidad para desarrollar productos atractivos para la exportación, su actividad económica se aceleró con la explotación de los metales preciosos.

En el siglo XX la actividad económica de Honduras a nivel internacional aumentó considerablemente. Entre 1913 y 1929, sus exportaciones agrícolas aumentaron de US$ 3 millones (US$ 2 millones venta de banano) a US$ 25 millones (de dólares US$21 millones en venta de banano) hacia Estados Unidos. Este crecimiento en las exportaciones contó con el respaldo de más de US$ 40 millones de inversión en infraestructura para Honduras, por parte de las compañía bananeras.

A partir de 1950, el gobierno de Honduras alentó la modernización agrícola y la diversificación de las exportaciones por el gasto en gran medida de la infraestructura de transporte y comunicaciones, el crédito agrícola y asistencia técnica. Como resultado de estas mejoras y los altos precios internacionales de exportación, la carne, el algodón y el café se convirtieron por primera vez en importantes productos de exportación. Asimismo el azúcar, la madera, y el tabaco también fueron exportadas.

Durante la década de 1960, el crecimiento industrial fue estimulada por la creación del Mercado Común Centroamericano (MCCA). Como resultado de la reducción de las barreras al comercio regional y la construcción de un alto arancel externo común, algunos productos fabricados en Honduras, como jabones, se vendían con éxito en otros países de América Central.

Honduras entró en la década de 1990, con algunos factores a su favor. Una paz relativa, y un gobierno civil con menos interferencia militar en la política y la economía del país.

En la primera década del siglo XXI, Honduras se convirtió en el tercer mayor exportador de textiles a los Estados Unidos después de China y México. Un gran porcentaje de las exportaciones hondureñas, son dirigidas a los Estados Unidos, el cual es su principal socio comercial.[2]

En 2001 fue aprobada la Estrategia para la Reducción de la Pobreza con el objetivo de reducir la pobreza de un 70 % a un 40 % en forma sostenida hasta completarse en el año 2015 con una inversión anual de 4,400 millones de lempiras anualmente.

En 2005 Honduras firma del Tratado de Libre Comercio entre los Estados Unidos de América, Centro América

---

[2] *Vid: Honduran American Chamber of Commerce*, ed. (19 de agosto de 2011). Obtenible en http://www.amchamhonduras.org/. Consultado el 12 de enero de 2016 a las 23:04hrs.

y la República Dominicana (CAFTA), y más recientemente Canadá, se espera mucha más inversión extranjera y mayor crecimiento económico.[3]

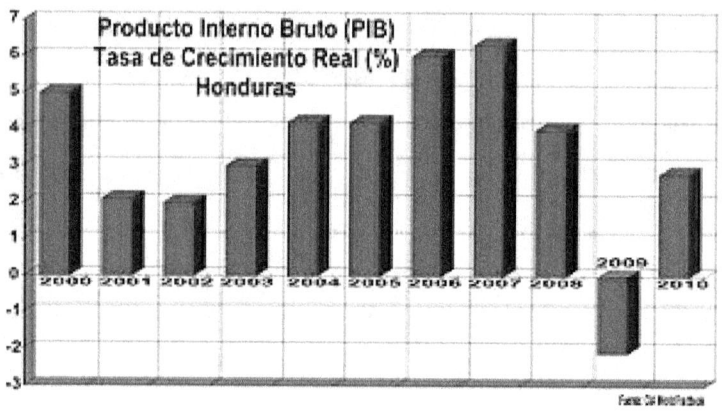

Tasa de Crecimiento Real de Honduras en los últimos años

Desde 2004 hasta el 2007, el PIB real en Honduras creció a más del 6% por año. Durante el 2006 y 2007 las tasas de crecimiento del PIB fueron más altas de lo que habían sido durante los cuatro años anteriores, con Honduras a la cabeza de los países centroamericanos con la excepción de Costa Rica.

2. Tratados de libre comercio de Honduras.

Honduras ha firmado varios tratados comerciales con diferentes países, entre ellos el Tratado de Libre Comercio entre los Estados Unidos de América, Centro América y la República Dominicana y es miembro de el

---

[3] *Ibídem.*

50

Mercado Común Centroamericano (MCCA) y de la Organización Mundial del Comercio, entre otros.

El CAFTA tiene como objetivos fundamentales estimular la expansión y diversificación del comercio en la región, eliminar los obstáculos al comercio y facilitar la circulación transfronteriza de mercancías y servicios, promover condiciones de competencia leal en la zona de libre comercio, aumentar sustancialmente las oportunidades de inversión y hacer valer los derechos de propiedad intelectual.[4]-[5] Dado que se trata de

---

[4] *Vid*: Banco Centroamericano de Integración Económica (ed.). «*Ficha estadística de Honduras*».Obtenible en http://www.bcie.org/uploaded/content/article/1944368211.pdf. Consultado el 15 de enero de 2016 a las 23hrs.

[5] En general, el tratado ha generado una gran oposición política y de la sociedad civil en los países firmantes. Instituciones como la CEPAL han indicado que el CAFTA no trae soluciones reales para los problemas centroamericanos, siendo únicamente una herramienta económica.[42] Incluso en el congreso estadounidense existieron serias críticas para su ratificación, superando por la mínima el número de votos necesarios. Algunos legisladores estadounidenses afirman que el CAFTA solo servirá para aumentar el desempleo y la delincuencia en los países centroamericanos.[43] Los principales detractores del CAFTA afirman que las empresas centroamericanas no tienen oportunidades de competencia con las estadounidenses, puesto que los volúmenes de capital son heterogéneos, mientras que el CAFTA obliga a darles un trato como si fuesen homogéneos. Se critica además que los productos centroamericanos se verán fuertemente afectados en volúmenes de venta, ya que no podrán competir con los precios y la calidad estadounidense, llevando a la bancarrota a muchas empresas, agricultores y pequeños productores. Los críticos afirman que el desempleo crecerá de manera inminente ante el cierre de empresas, considerando que el tratado no garantiza empleo ni siquiera en un ambiente favorable de inversión extranjera. Se temen los daños a la salud de la población por los productos genéticamente modificados, la

objetivos planteados de manera oficial, debe tenerse en cuenta que el cumplimiento está sujeto a diversos factores como la voluntad política de los gobiernos, las condiciones económicas de los países y las coyunturas de aplicación de las normas dispuestas por el tratado.

El tratado no entra en contravención con acuerdos regionales previos, por lo que el proceso de integración centroamericano no se ve afectado. Sin embargo, cualquier medida que como región se adopte deberá estar sujeta a las disposiciones del TLC, lo cual sitúa al tratado por encima de las nuevas disposiciones regionales en materia de integración.

Se negoció sobre la base de principios fundamentales previamente acordados por las partes. Aparte de las normas de respeto, existieron tres elementos a considerar; todo acuerdo tomado en consecuencia del CAFTA, debía ser plenamente respetuoso de las constituciones de cada país, buscando la congruencia del ordenamiento jurídico nacional con el tratado; se consideró a los países centroamericanos negociantes, como una sola parte negociadora, pretendiendo que negociasen de manera conjunta; además, se acordó que únicamente podría ser puesto en marcha el CAFTA si las negociaciones habían concluido, por lo

---

destrucción del medio ambiente por la producción industrial desmedida y la carencia de derechos de producción de medicamentos por motivo de las patentes.

que los acuerdos intermedios no tendrían validez alguna.[6]

Las negociaciones comenzaron en enero de 2003 y se logró acuerdo con El Salvador, Guatemala, Honduras y Nicaragua el 17 de diciembre de 2003, y con Costa Rica el 25 de enero de 2004. Ese mismo mes, comenzaron negociaciones con República Dominicana. El 28 de mayo de 2004, los Ministros de Comercio estadounidense (Robert Zoellick) y costarricense (Alberto Trejos), los Ministros de economía salvadoreño (Miguel Ángel Lacayo) y guatemalteco (Marcio Cuevas), el Ministro de Industria y Comercio hondureño (Norman García) y el Ministro de Desarrollo, Industria y Comercio nicaragüense (Mario Arana) firmaron el documento en el edificio de la Organización de Estados Americanos.[7] Una segunda ceremonia de adopción del texto con la Secretaria de Estado de Industria y Comercio de la República Dominicana, Sonia Guzmán, tuvo lugar el 5 de agosto de 2004.[8] Por otro lado, pese a que Panamá es un país

---

[6] Vid: *El Congreso de Honduras ratificó este jueves, el Tratado de Libre Comercio de Centroamérica con Estados Unidos, conocido como CAFTA o TLC. Publicado en BBCMundo.com*. Obtenible en http://news.bbc.co.uk/hi/spanish/business/newsid_4318000/43180 25.stm. Consultado el 16 de enero de 2016 a las 12:03hrs.

[7] Programa de las Naciones Unidas para el Desarrollo, ed. (2011). *«Informe sobre Desarrollo Humano 2011»*. Obtenible en http://hdr.undp.org/en/media/HDR_2011_ES_Complete.pdf. Consultado el 15 de enero de 2016 a las 13:10hrs.

[8] Vid: CENTRAL INTELLIGENCE AGENCY: *The world factbook*. Obtenible en https://www.cia.gov/library/publications/the-world-factbook/rankorder/2188rank.html. Consultado el 15 de enero de 2016 a las 13:34hrs.

centroamericano, no negoció junto al resto de la región el tratado, haciéndolo de manera exclusiva con Estados Unidos, por lo cual no se incluye en la zona CAFTA.[9]

El tratado está compuesto por veintidós capítulos, divididos cada uno en artículos. La estructura del mismo permite que se traten por separado las distintas temáticas referentes al libre comercio, regulando de manera especializada cada rubro.

El comercio es el eje fundamental que cimienta la integración económica; para el caso del CAFTA, el tratado versa ampliamente sobre los aspectos relativos al tratamiento comercial en todas las áreas involucradas. La reglamentación adoptada por los países se fundamenta en unificar los criterios de cada Estado, llevando a convención los procedimientos y normas a los que se someten los exportadores e importadores con los diferentes productos. El espíritu del tratado radica sobre la igualdad de trato a los bienes y servicios originarios de la zona CAFTA, dejando de lado el proteccionismo estatal sobre sectores de la economía.

El acceso a los mercancías se basa en un proceso de desgravación arancelaria, es decir, que los productos entren exentos de impuestos por exportación.[10] Dado

---

[9] Cámara de Comercio de Honduras. Sitio digital oficial. Obtenible en http://www.amchamhonduras.org/. Consultado el 13 de enero de 2016 a las 14:39hrs.
[10] Ibídem.

que los países centroamericanos carecen de condiciones adecuadas para competir con los productores estadounidenses, el tratado dispone un periodo de gracia, el cual consiste en desgravar los aranceles escalonadamente para algunos productos. Dado que la lista de productos en dicha situación es extensa, cabe resumir la explicación en dos consideraciones: cada producto está regido por condiciones *ad hoc*, es decir, no existe un tratamiento homogéneo ni siquiera entre los países firmantes; es así que el azúcar salvadoreño se tratará distinto al azúcar hondureño, por ejemplo.[11] Además, existe una segunda consideración al respecto, la cual es llamada *Salvaguarda Agrícola Especial* (SAE), la cual puede ser aplicada únicamente por los países centroamericanos excepto en los productos lácteos y el maní; consiste en la capacidad de gravar con aranceles adicionales a los productos importados que, antes del año 2014, superen la capacidad productiva de los nacionales.[12]

El tratado dispone que los Estados firmantes están obligados a publicar sus normas aduaneras por medios legales y por internet, haciendo disponibles oficinas de

---

[11] *Vid: Tratados Internacionales*. Publicado en el sitio web Honduras sí exporta. Obtenible en http://www.hondurassiexporta.hn/oportunidades-de-mercado/tratados-comerciales-internacionales/ . Consultado el 15 de enero de 2016 a las 22:36hrs

[12] *Vid: Cámara de Comercio de Honduras*. Sitio digital oficial. Obtenible en http://www.amchamhonduras.org/. Consultado el 13 de enero de 2016 a las 14:39hrs.

asesoría al respecto.[13] Se dispone que los Estados están obligados a garantizar la transparencia en las oficinas aduaneras, no poniendo obstáculo técnico alguno para el libre paso de mercancías. El tratado exige que los procedimientos aduaneros sean simples y rápidos, retirando la capacidad al Estado de realizar inspecciones masivas a las mercancías.[14] Se dispone que toda la información acerca de las mercancías registradas en las aduanas goza de carácter confidencial,[15] lo cual restringe herramientas de investigación criminal y comercial. En el caso de existir violaciones a las leyes nacionales, el tratado deja libertad a los Estados para actuar administrativa o penalmente contra los transgresores de la ley.[16]

Con el CAFTA, los Estados pierden en alguna medida el derecho de establecer normas que restrinjan el paso de mercancías por sus fronteras, no pudiendo establecer impuestos o reglas que dejen réditos fiscales o ventajas competitivas para los productores nacionales.[17] En tal sentido, el CAFTA obliga a los Estados a facilitar al máximo los canales de comercio.

---

[13] *Vid*: prochile.cl, ed. (2006). «Informacion estrategica para exportar a honduras». Obtenible enel sitio web *ProChile* siguiendo el siguiente linc: https://es.wikipedia.org/wiki/Econom%C3%ADa_de_Honduras
[14] *Ibídem*.
[15] *Ibídem*.
[16] *Ibídem*.
[17] *Vid*: USAID: El ABC de las reglas de orígen del CAFTA-DR. Pdf obtenible en http://www.caftadr.net/sieca-reports_files/ABC%20de%20reglas%20de%20origen.pdf . Consultado el 15 de enero de 2016 a las 23:04hrs.

Los Estados parte deben nombrar un grupo de verificadores, los cuales velarán permanentemente para que las reglas de no obstaculización del comercio se cumplan. Si bien es cierto las resoluciones al respecto no son vinculantes, los Estados se comprometen a mantener bajo consenso las medidas que se adopten.[18] La creación de normas estatales no se limita a entidades o personas nacionales, puesto que el tratado exige a los Estados a consensuar con todos los interesados.[19]

El capítulo acerca de inversiones trata sobre el trato que cada Estado a parte le dará a los inversionistas del resto de firmantes del tratado. Al respecto, el eje central es el trato igualitario a todos los inversionistas. El tratado establece claramente en su capítulo 10 que los Estados están obligados a dar condiciones tan favorables a los extranjeros como a sus nacionales.[20] En tal sentido, puede afirmarse que el espíritu del tratado es mantener las condiciones homogéneas de competencia.[21] Por otro lado, exige a los Estados dar a todos los inversores condiciones mínimas conforme al Derecho Internacional, brindando garantías de propiedad y respaldo para su inversión. Si bien es

[18] *Ibídem.*
[19] *Ibídem.*
[20] Ministerio de Comercio, Industria y Turismo de Colombia, ed. (2008). «*Perfil Comercial de Honduras 2007*». Obtenible en http://web.archive.org/web/20080912222559/http://www.mincomer cio.gov.co/eContent/Documentos/negociaciones/TLCCentroameric a/HondurasJun08.pdf. Consultado el 15 de enero de 2015 a las 23:02hrs.
[21] *Ibídem.*

cierto el tratado no detalla las condiciones mínimas, especifica que serán los términos consuetudinarios los que condicionen el comportamiento de los Estados.[22]

En caso de haber una disputa, el inversor extranjero tendrá exactamente los mismos derechos que el nacional, privando de cualquier preferencia, prebenda, protección u opción de asesoría legal por parte del Estado sobre sus nacionales de manera exclusiva. No existirá expropiación sobre bienes muebles o inmuebles a inversores extranjeros, salvo por los casos previstos en el tratado, siempre y cuando se de igual trato que a los nacionales; en cualquier caso, la indemnización debe ser expresa y sin protestas.[23]

Un punto relevante del tratado establece que, de ninguna manera, los inversores están obligados a contratar nacionales del país de destino; en tal sentido, el tratado de ninguna manera garantiza que el incremento de la inversión será un aliciente para el crecimiento del empleo nacional. Las diferencias entre Estado e inversores se dirimirán fundamentalmente por medio del arbitraje, dejando la vía judicial como última opción.[24]

En materia de contratación pública, es decir, de los servicios que los inversores nacionales o extranjeros brinden al Estado, el CAFTA establece que se garantiza a los empresarios extranjeros un trato al

---

[22] Ibídem.
[23] Ibídem.
[24] Ibídem.

menos igualmente favorable al brindado a los nacionales. En tal sentido, una empresa nacional no tiene ninguna ventaja en una licitación pública, viéndose obligada a competir bajo las misma reglas con sus homólogas no naturales del Estado contratante.[25]

En esta materia, los Estados están obligados a publicar de manera abierta las convocatorias de licitación, haciendo conocer las reglas previo al inicio del concurso. Queda prohibida cualquier condición técnica que tenga como propósito dar ventajas a los empresarios nacionales, tales como la cantidad de empleados nacionales.[26]

El tratado establece los procedimientos para las contrataciones públicas, aboliendo todas las disposiciones nacionales al respecto; los procedimientos son homogéneos en la región, por lo que cualquier empresa conocerá las normas incluso si invierte fuera de las fronteras de su Estado de origen.[27]

El tratado garantiza la confidencialidad de la información de las empresas y exige transparencia en los procesos burocráticos, dando la facultad al Estado para suspender la capacidad de participación en

[25] Banco Central de Honduras Subgerencia de estudios económicos Departamento de estadísticas macroeconómicas enero-dic 2010.], Banco Central de Honduras. 2010.
[26] *Ibídem.*
[27] *Ibídem.*

licitaciones, a aquellas empresas sorprendidas en actos ilegales.[28]

Al respecto, el tratado establece que cualquier natural de la zona CAFTA puede patentar invenciones o descubrimientos propios, siendo protegido por la ley tal como si fuese nacional. No se puede patentar nada de uso público, conocido previo a la investigación realizada o patentado previamente por otra persona.[29] Cualquier violación a derechos de autor puede conllevar responsabilidades administrativas o judiciales.

El CAFTA incrementa los requerimientos en materia de derecho laboral para los países centroamericanos, obligándolos a subir las normas en beneficio de los trabajadores. Se establece que no habrán diferencias en el trato entre naturales y extranjeros.[30] No existen disposiciones acerca de la obligatoriedad de contratación de empleados nacionales o extranjeros, tasa mínima para empresas o distinciones entre unos y otros.

Por otro lado, el tratado obliga al Estado a contar con suficientes inspectores, encargados de verificar que se

---

[28] *Ibídem.*

[29] Departamento de Estadísticas Macroeconómicas., ed. (2010). «Informe Comercio Exterior Mercancías Generales Enero-Octubre 2010»

[30] *Vid:* ESPINOZA, JORGE A.: *Deuda externa de Honduras creció en 41.5% en enero.* Publicado en el jornal La Prensa. Obtenible en http://www.laprensa.hn/inicio/607828-96/deuda-externa-de-honduras-crecio-en-415-en-enero. Consultado el 16 de enero de 2016 a las 23:12hrs.

cumplan con los acuerdos internacionales en materia laboral.[31] Cabe destacar que el CAFTA no aporta disposiciones en favor o en detrimento de los trabajadores, simplemente obliga a los Estados a cumplir con las normativas y compromisos adquiridos previamente.

El CAFTA establece que cualquier reducción de medidas laborales en función de atraer inversión es ilegal y sujeta de sanción.[32]

El CAFTA es el primer tratado comercial que dedica un capítulo al campo de protección ambiental;[33] como en el área laboral, no aporta medidas o procedimientos, más bien se dedica a obligar a los Estados a cumplir las leyes nacionales e internacionales ya existentes.[34]

El tratado establece procedimientos para sancionar a los infractores sin importar su nacionalidad; las sanciones deben estar ajustadas al Derecho Internacional y equiparables al resto de la zona CAFTA. Además, el CAFTA establece que el Estado incentivará a las empresas a aplicar medidas de

---

[31] *Ibídem.*

[32] *Ibídem.*

[33] *Vid: Tratados Internacionales.* Publicado en el sitio web Honduras sí exporta. Obtenible en http://www.hondurassiexporta.hn/oportunidades-de-mercado/tratados-comerciales-internacionales/ . Consultado el 15 de enero de 2016 a las 22:36hrs

[34] *Vid:* prochile.cl, ed. (2006). *«Informacion estrategica para exportar a honduras».* Obtenible enel sitio web *ProChile* siguiendo el siguiente linc: https://es.wikipedia.org/wiki/Econom%C3%ADa_de_Honduras

defensa del medio ambiente que se encuentren por encima de los niveles mínimos deseados.[35]

El tratado obliga a los Estados a participar de la cooperación mutua en materia ambiental, por lo que, paralelo al CAFTA, se creó un Acuerdo de Cooperación Ambiental entre Estados Unidos, Centroamérica y República Dominicana.[36] El CAFTA establece que cualquier reducción de medidas ambientales con el objetivo de atraer inversiones es ilegal y sujeta de sanciones.[37]

Al surgir una controversia entre Estados (nunca entre empresa y Estado), se reconocen los métodos de buenos oficios, mediación o conciliación. Salvo en casos de extremo desacuerdo, se acepta el nombramiento de árbitros.[38] Se entiende que la participación de árbitros se dará únicamente en caso de un prologando tiempo de no avance en el conflicto; es decir, las partes deben reconocer el estancamiento de las negociaciones y nombrar de común acuerdo a una comisión arbitral. El procedimiento para nombrar la

---

[35] *Ibídem.*

[36] *Vid*: Honduras, Gobierno (2011). *Oportunidades de inversion sector agronegocios.* Obtenible en http://hondurasisopenforbusiness.com/. Consultado el 23 de diciembre de 2015 a las 11:09hrs.

[37] *Vid: prochile.cl,* ed. (2006). «*Informacion estrategica para exportar a honduras*». Obtenible enel sitio web *ProChile* siguiendo el siguiente linc: https://es.wikipedia.org/wiki/Econom%C3%ADa_de_Honduras

[38] SERNA HIDALGO, BRAULIO: (2011). CEPAL, ed. *Honduras: tendencias, desafíos y temas estratégicos del desarrollo agropecuario.* Mexico D.F.: Publicación de la Naciones Unidas. Obtenible en https://www.worldcat.org/title/serie-estudios-y-perspectivas/oclc/177172139. Consultado el 22 de diciembre de 2015 a las 12:05hrs.

comisión arbitral está regido en el CAFTA, donde se establece que las partes deberán escoger tres árbitros, entre los cuales habrá un presidente de común acuerdo; en el caso de no haber acuerdo, se dirimirá por sorteo.[39]

El CAFTA garantiza el debido proceso, la confidencialidad, la no retroactividad y la oportunidad de defensa y réplica. Una vez emitido el laudo, las partes deben acatarlo sin protestar; de no hacerlo, se verán suspendidos los beneficios concernientes al CAFTA, mas no sus obligaciones.[40]

El parlamento hondureño ratificó el tratado el 3 de marzo de 2005 con los votos de cuatro de las cinco bancadas legislativas, convirtiéndose en el segundo país en ratificar el tratado. Tras la aprobación del decreto, agrupaciones sindicales y opositoras al tratado irrumpieron en el salón de sesiones del congreso, obligando a los cuerpos de seguridad a sofocar la protesta.[41] En general, diversas organizaciones tomaron las calles y protestaron contra lo que argumentan es un paso para el empobrecimiento del

---

[39] *Ibídem.*
[40] *Ibídem.*
[41] International Monetary founds estadistics: obtenible en http://www.imf.org/external/pubs/ft/weo/2015/01/. Consultado el 10 de enero de 2016 a las 23:00 hrs.

país. Pese a las múltiples manifestaciones, la policía no reportó episodios de violencia.[42]

Otros de los tratados suscritos fueron:

- *Tratado de LibreComercio entre los Estados Unidos Mexicanos y las Repúblicas de Honduras, El Salvador y Guatemala.*
Fecha:29 de Junio de 2000
Publicado en La Gaceta: No. 29,443 del 31 de marzo de 2001 Decreto 7-2001del 20 febrero de 2001
01 de Junio de 2001
Vigente, Bilateral

- *Tratado de Libre Comercio Centroamérica- República Dominicana*
Fecha:16 de Abril de 1998 (1er protocolo) 29de Noviembre de 1998 (2ndo protocolo) 04 de Febrero de 2000 (3er protocolo)
Decreto 153-2001 del 01 de Diciembre de 2001
19 de diciembre de 2001
Vigente,Bilateral

- *Tratadode Libre Comercio y de Intercambio Preferencial entre las Republicas de Panamá y Honduras*
Fecha de suscripción: 8 de Nov de 1973
Decreto 94-73 del 07-Diciembre de 1973
14 de Febrero de 1974

---

[42] *Vid: Ficha de Honduras* siguiendo el siguiente linc: http://es.classora.com/units/j20041330/honduras. Consultado el 15 de enero de 2016 a las 23:54hrs.

Derogado en la fecha enque entro en vigencia el TLC Bilateral

- *Tratado de Libre Comercio Centroamérica – Chile*
Tratado: 18 de Octubre de 1999 Protocolo Bilateral: de 22 de Noviembre de2005.

- Tratado: Decreto N° 189-2007 10 de enero de 2008
Protocolo Bilateral:Decreto N° 190– 2007
19 de julio 2008
Vigente
Bilateral

- *Tratado de Libre Comercio Honduras, El Salvador y Taiwán*
07 de mayo de 2007
Decreto N° 06- 2008 del 30 de enero de 2008
15 de julio de2008
Vigente
Bilateral

- *Tratado de Libre Comercio Centroamérica – Panamá*
06 de Febrero de 2002 Protocolo bilateral: 15 de junio de 2007
Gaceta N° 31, 574 de fecha 4 de abril de 2008...

3- Comercio exterior.[43]

Honduras tiene relaciones comerciales con países de toda América, gracias a su acceso a dos océanos, Atlántico y Pacifico tienen relaciones comerciales con países en los cinco continentes.

Honduras es miembro de el Mercado Común Centroamericano (MCCA) desde 1960 y es también miembro del Tratado de Libre Comercio entre Estados Unidos, Centroamérica y República Dominicana en 2005 que comenzara a aplicarse en 2016.

El comercio exterior anual llega a US$6 billones de los cuales US$ 4 billones representan importaciones y US$2 billones representan exportaciones.

A partir de 1990, el país comenzó un proceso de liberación del comercio exterior y de desregulación del mercado interno. La reforma del comercio exterior incluyó entre otras medidas, la reducción gradual de los aranceles a las importaciones, eliminación de restricciones cuantitativas a las importaciones, simplificación administrativa y eliminación a los impuestos al comercio exterior.

La balanza comercial de Honduras es tradicionalmente deficitaria, representando el déficit comercial en torno al 15-20% del PIB. Su estructura es el reflejo de la

---

[43] Tomado de la ficha País de la oficina de Información diplomática de la República de Honduras. Obtenible en http://www.exteriores.gob.es/documents/fichaspais/honduras_ficha%20pais.pdf. Consultado el 16 de enero de 2016 a las 12:43hrs.

estructura productiva del país: una fuerte dependencia del petróleo, producción de materias primas y productos agrícolas y poco peso de la industria de bienes de equipo y manufacturas. El déficit de la balanza de bienes (17,7% del PIB en 2012) creció un 1,7% en 2013 ejercicio derivado de un crecimiento moderado tanto de las importaciones como de las exportaciones, después de dos años de aumentos del déficit comercial por encima del 9%. Por el lado de las importaciones destaca el peso de la factura energética que ha pasado de 1.087 M$ en 2009 a 2.310 M$ en 2013. Este crecimiento reflejo de la evolución de los precios del petróleo se atenuó en 2012 en el que se observó un incremento del 9,8% contribuyendo a la moderación en el crecimiento del déficit comercial, tendencia que se mantuvo durante 2013. Al fuerte crecimiento de las importaciones de mercancías en los últimos años han contribuido también otras partidas como productos alimenticios elaborados, productos de industrias químicas y conexas, manufacturas y maquinas y aparatos eléctricos, resultado del incremento de la demanda interna.

Por otro lado, la caída de la demanda internacional de determinados productos básicos, que son la base de las exportaciones hondureñas (madera, zinc y plomo) también ha tenido su reflejo en la balanza comercial de los últimos años. Esto se ha visto parcialmente compensado por una importante mejora en algunos productos tradicionales. Entre ellos destaca el café, que supuso un 18% de la exportación hondureña en

2012, aunque las malas cosechas y la evolución de los precios en 2013 han generado una caída de los ingresos por exportaciones que ha alcanzado el 50% del valor exportado en 2012. Otros productos tradicionales son el azúcar, el aceite de palma y el banano que, junto con otros productos no tradicionales en el sector exportador hondureño (camarón, tilapia) se han convertido en la base exportadora del país.

Dentro de la balanza comercial tiene gran importancia la maquila o industria de transformación, principalmente textiles y partes de automóviles con destino a EEUU, que representan el 44% de las exportaciones de Honduras y el 21% de las importaciones. La evolución de las cifras de importación y exportación de esta sub balanza, tradicionalmente superavitaria, depende mucho de la demanda del país vecino. En 2013 se ha producido un aumento del déficit comercial debido al sólido crecimiento de las importaciones y a la caída de las exportaciones de café (principal rubro de la exportación), solo compensados en parte por el aumento del volumen de las exportaciones de banano, aceite de palma y azúcar, así como una mejora de la exportación de textil y la moderación de los precios del petróleo.

En lo que se refiere al comercio de servicios, representa el 11,9% de las exportaciones totales y el 11,7% de las importaciones y también es tradicionalmente deficitaria. El déficit había venido creciendo en los últimos años situándose en 2012 en el 2,27% del PIB, aunque en 2013 se observó una ligera mejora derivada del incremento de los ingresos. Por el lado de los gastos, destacan los gastos de transporte y principalmente los de fletes de transporte marítimo,

que suponen el 54,6% de los gastos por servicios, seguidos de los gastos por viajes (24,8%). Por el lado de los ingresos destacan los ingresos por viajes (principalmente turismo) que representan el 61,5% de los ingresos totales y los ingresos por comunicaciones con un 20,8%. La sub balanza de transportes es deficitaria y se ve parcialmente compensada por las sub balanzas de viajes y otros servicio

3.1 Exportaciones.

Los productos exportados por Honduras desde 1913 han sido el banano y los metales preciosos. El banano era el principal producto exportado por este país, ya que ocupaba el 50% de las exportaciones totales, por lo que podemos señalar que la supervivencia de la economía de este país dependía en gran medida de él. Los metales preciosos era el segundo producto más exportado con un 26%. Los países compradores de estos productos exportados en estos años eran Alemania, Gran Bretaña y Estados Unidos. Históricamente, Estados Unidos ha sido el principal socio comercial de Honduras con una compra entre el 50% y 70% de las exportaciones que salían de Honduras, mientras que Alemania y Gran Bretaña solo cubrían un 5%, respectivamente.

En el 2010 esta tendencia se mantiene de la misma manera, aunque en menor proporción que hace unos años atrás. Las exportaciones destinadas a Estados Unidos alcanzaron en el 2010 US$ 1,004.6 millones, equivalente al 36.5% del total Exportado. El banano, oro, camarón cultivado, puros, café, y tilapia son los principales productos de exportación hacia Estados Unidos. [44]

Luego le siguen en orden de importancia las exportaciones hacia Europa, con un valor de US$659.2 millones representando el 24.0% del total, explicadas por el incremento en las ventas de café, camarón cultivado, melones y sandias, entre otros. Según el Banco Central de Honduras, "las exportaciones destinadas a Centroamérica fueron de US$606.9 millones, equivalente a 22.1% del total exportado, ocupando el tercer lugar en importancia. Durante el 2010 las exportaciones a esa región crecieron en 15.7%, siendo El Salvador y Guatemala los países que adquirieron el 67.1% del total vendido (US$213.2 millones y US$193.9 millones, respectivamente). [45]

En el resto de América Latina se destaca el crecimiento de 72.1% de las exportaciones hacia México. Aceite de palma, azúcar, plomo y plata constituyen el grueso de

---

[44] *Vid: Informe sobre comercio exterior de mercancías generales.* Publicado por La Subjerencia de Estudios económicos del Departamento de Estadísticas Macroeconómicas. Obtenible en http://www.bch.hn/download/comex/comex2010/informe_comex_1 2_2010.pdf.
[45] *Ibídem.*

las exportaciones hacia ese país. Mientras que en el resto del mundo destacan las ventas hacia Corea del Sur, con un aumento de US$42.7 millones. De esta cantidad el 52.9% representan las ventas de café y el 38.3% por ventas de zinc. China por otra parte refleja un incremento de US$ 30.3 millones debido a la exportación de óxido de hierro, plomo y plata.[46]

La distribución geográfica de las exportaciones de mercancías para 2013 presenta la siguiente estructura: Estados Unidos es el principal cliente, con un 35% de cuota. El resto de países centroamericanos supone el 22%, siendo El Salvador, Guatemala y Nicaragua los principales mercados del área. La UE se sitúa en tercer lugar con el 19% y el ranking de España como cliente lo sitúa en el puesto 16° (1,3%).[47]

Las exportaciones FOB de mercancías generales acumularon a octubre de 2015 un monto de US$ 3,359.9 millones, valor inferior en 2.3% (US$ 79.7 millones) al registrado en el mismo período de 2014. Por actividad económica, los bienes exportados que sobresalen fueronlos agroindustriales con una participación de 52.0%, seguido de los productos manufactureroscon 25.5% y agrícolas con 18.2%.[48]

---

[46] *Ibídem.*

[47] Tomado de la ficha País de la oficina de Información diplomática de la República de Honduras. Obtenible en http://www.exteriores.gob.es/documents/fichaspais/honduras_ficha%20pais.pdf. Consultado el 16 de enero de 2016 a las 12:43hrs.

[48] Departamento de Estadísticas Macroeconómica de la Subgerencia de Estudios económicos. Informe oficial del

Por su parte, las importaciones CIF sumaron US$ 7, 904.3 millones, que implicó un aumento de 1.6% (US$ 125.1 millones) respecto a lo observadoen igual lapso del año previo, alza explicada por mayores adquisiciones de materias primas y productos intermedios y bienes de consumo; los que aportaron al total importado: 32.8% y 30.2%, respectivamente. La balanza comercial fue deficitaria en US$ 4, 544. 4 millones, superioren US$ 204.8 millones al saldo negativo reportado a octubre de 2014. Los Estados Unidos de América (EUA) se mantiene como el principal socio comercial de la economía hondureña, tanto para las exportaciones (34.6% del total) como para las importaciones (34.4% del total).[49]

3.2 Importaciones.

Los principales productos importados por Honduras son los aceites derivados del petróleo o de metales bituminosos,[50] productos químicos industriales, productos plásticos, papel y productos relacionados,

---

comportamiento de las exportaciones hacia Octubre de 2015. Obtenible siguiendo el siguiente linc: en http://www.bch.hn/download/comex/comex2015/informe_comex_1 0_2015.pdf. Consultado el 17 de enero de 2016 a las 14:34hrs.
[49] *Ibídem.*
[50] *Vid*: prochile.cl, ed. (2006). «*Informacion estrategica para exportar a honduras*». Obtenible enel sitio web *ProChile* siguiendo el siguiente linc: https://es.wikipedia.org/wiki/Econom%C3%ADa_de_Honduras

materiales eléctricos, equipo industrial, suministros y equipo médico, alimentos procesados entre otros.[51]

Durante el año 2010 las importaciones de mercancías generales se elevaron en un 17.5% en relación a los US$ 6,069,7 millones registradas durante 2009. Las compras de combustibles y lubricantes reflejaron un incremento de US$ 376.7 millones (35.4% del incremento total) impulsadas por el alza de 30.6% en el precio promedio de los derivados del petróleo.[52]

Por su parte, los bienes de consumo aportaron el 30.9% de la variación total, impulsada por las mayores compras de medicamentos, productos de higiene personal y limpieza. Mientras tanto, las materias primas y productos intermedios explican el 24.1% del aumento, destacando el incremento de US$254.5 millones en las importaciones de materia primas para la industria. Los rubros anteriores representaron el 90.4% de los US$1,063.8 millones de crecimiento en las compras de mercancías generales.[53]

En lo que respecta a las importaciones de bienes en el periodo 2005-2008 su crecimiento promedio fue de 23% siendo en 2008 su repunte, introduciendo a Honduras una cantidad de bienes valorados en US$ 8,218.5 millones con una cobertura del 39%. Es decir

---

[51] *Vid*: *Cámara de Comercio de Honduras*. Sitio digital oficial. Obtenible en http://www.amchamhonduras.org/. Consultado el 13 de enero de 2016 a las 14:39hrs.
[52] Directorio BCH (2010). BCH, ed. «Memoria Anual 2010». Tegucigalpa: BCH.
[53] *Ibídem*.

que por cada US$ 100 de importaciones se exportan US$ 39. Dicha tasa de cobertura no tiene una alta variación en el periodo de análisis. En el año 2009 las importaciones fueron inferiores en menos 28% en relación al año anterior, valorados en US$ 2,294 millones.[54]

El 59% de las adquisiciones tienen sus orígenes en Estados Unidos, Guatemala, México y El Salvador. Estados Unidos tiene una participación promedio de 38% del 2005-2009, para el año 2009 su participación baja a 36% (US$ 2,103 millones), Guatemala mantiene una participación de 9% promedio del período, para el 2009 crece a 10% (US$ 631 millones), México y El Salvador tienen una participación promedio de 6 y 5% respectivamente, manteniendo la misma al observar únicamente el año 2009. Las importaciones procedentes de otros países representan entre el 5 y 2% del total de las importaciones.[55]

En cuanto a las importaciones en 2013, se registró una disminución en las importaciones CIF de 1.8% (US$172.1 millones) en relación a las de 2012, totalizando US$9,213.2 millones; siendo las importaciones de bienes de consumo las que mostraron mayor decremento, explicado por una menor

---

[54] Vid: Informe sobre comercio exterior de mercancías generales. Publicado por La Subjerencia de Estudios económicos del Departamento de Estadísticas Macroeconómicas. Obtenible en http://www.bch.hn/download/comex/comex2010/informe_comex_1 2_2010.pdf.
[55] Ibídem.

importación de bienes de consumo semiduraderos (automóviles tipo turismo, motocicletas y equipo electrónico como televisores y teléfonos móviles). Por distribución geográfica, las importaciones realizadas desde EEUU, representaron en 2013 un 42%, sobresaliendo productos como combustibles, maquinaria y equipo, y otros. La región centroamericana exportó a Honduras el 20%, resaltando las compras realizadas a Guatemala en bienes como productos embotellados y de la industria química. La cuota de mercado de la UE supone el 5,9 %. España ocupa el 12º lugar como proveedor, con una cuota del 1,1%.[56]

En 2014 las importaciones en Honduras crecieron un 1,87% respecto al año anterior. Las compras al exterior representan el 58,17% de su PIB, una proporción alta que le situa en el puesto 156 de 189 países, del ranking de importaciones respecto al PIB, ordenado de menor a mayor porcentaje. Las importaciones supusieron ese año 8.483,3 millones de euros, Honduras ocupa el puesto número 93 de la lista de importaciones mundiales, ordenadas de menor a mayor valor. Ese año hubo déficit en la Balanza comercial ya que, a pesar de producirse un incremento de las exportaciones, fueron menores que las importaciones. Si miramos la evolución de las

---

[56] Tomado de la ficha País de la oficina de Información diplomática de la República de Honduras. Obtenible en http://www.exteriores.gob.es/documents/fichaspais/honduras_ficha%20pais.pdf. Consultado el 16 de enero de 2016 a las 12:43hrs.

importaciones en Honduras en los últimos años se observa que se han incrementado respecto a 2013, como ya hemos visto, al igual que ocurre respecto a 2004 cuando fueron de 4.684,6 millones de euros, que suponía un 66,40% de su PIB. En esta página te mostramos la evolución del saldo de las importaciones Honduras, haz clic en los siguientes links para ver la evolución de las exportaciones y de la Balanza comercial en Honduras.[57]

Fecha Importaciones Importaciones % PIB[58]

Fecha	Importaciones	Importaciones % PIB
2014	8.483,3 M.€	58,17%
2013	8.327,7 M.€	59,79%
2012	8.701,1 M.€	60,42%
2011	7.897,8 M.€	62,26%
2010	6.718,7 M.€	56,68%
2009	5.285,2 M.€	50,82%
2008	7.107,1 M.€	75,85%
2007	6.485,0 M.€	72,41%

---

[57] Tomado de *Honduras - Importaciones de Mercancías*. Publicado en Expansión/datosmacro.com. Obtenible en http://www.datosmacro.com/comercio/importaciones/honduras. Consultado el 16 de enero de 2016 a las 01:48hrs.
[58] Ibídem.

Fecha Importaciones Importaciones % PIB[58]

2006	5.816,6 M.€	67,36%
2005	5.260,5 M.€	67,76%
2004	4.684,6 M.€	66,40%
2003	4.220,4 M.€	58,63%
2002	4.633,7 M.€	56,28%
2001	4.635,9 M.€	54,88%
2000	4.317,7 M.€	56,16%
1999	3.312,1 M.€	55,06%

3.3 Balanza comercial.

La balanza comercial de Honduras permanece desfavorable,[59] Al término de 2010, se reportó un desbalance comercial de US$4,384.2 millones, valor

---

[59] Ministerio de Comercio, Industria y Turismo de Colombia, ed. (2008). «Perfil Comercial de Honduras 2007». http://web.archive.org/web/20080912222559/http://www.mincomer cio.gov.co/eContent/Documentos/negociaciones/TLCCentroameric a/HondurasJun08.pdf. Consultado el 16 de enero de 2016 a las 23:04hrs.

superior en US$618.8 millones registrado en diciembre de 2009, con una variación de 16.4%.[60]

Según informes del Banco Central de Honduras, hasta octubre de 2010 la balanza comercial de Honduras continuaba siendo deficitaria. Esta refleja un déficit de US$ 3,630.6 millones, monto superior en US$ 546.5 millones al reportado en el mismo periodo de 2009. Si se excluye el rubro de los combustibles el desbalance es menor en US$1,232.0 millones.[61] La balanza comercial con Estados Unidos (el principal socio comercial) registra un déficit de US$ 1,664.5 monto superior en US$ 737.0 millones al reportado en el 2009. Sobresalen las exportaciones de banano, oro, y café. En las importaciones se destacan los carburantes y los teléfonos móviles.

Con el área Centroamericana se sigue manteniendo un déficit comercial. Ascendiendo a US$827.9 millones, superior en 11.7% al reportado en octubre de 2009. Aceite crudo de palma, café, papel, y cartón destacan en las exportaciones a estos países. Asimismo, medicamentos, artículos para el transporte o envasado de plástico son los bienes que sobresalen en las compras. La actividad comercial con el mercado europeo sigue con tendencia positiva al mostrar una

---

[60] [Banco Central de Honduras Subgerencia de estudios económicos Departamento de estadísticas macroeconómicas enero-dic 2010.], Banco Central de Honduras. 2010

[61] Departamento de Estadísticas Macroeconómicas., ed. (2010). «Informe Comercio Exterior Mercancías Generales Enero-Octubre 2010»

balanza comercial superavitaria en US$243.6 millones, siendo esta superior en 136.7% a la reportada en octubre de 2009. Entre los productos exportados a este mercado se encuentran el café y camarón cultivado; mientras que en las importaciones destacan, abonos minerales y medicamentos.[62]

Al 7 de enero de 2016, el saldo de los Activos de Reserva Oficial (ARO) del BCH fue de US$3,907.6 millones (US$3,991.5 millones al cierre de 2015). La cobertura de las Reservas Internacionales, según la metodología de la Secretaría Ejecutiva del Consejo Monetario Centroamericano, es de 4.7 meses de importación de bienes y servicios1; conforme al concepto utilizado por el Fondo Monetario Internacional (FMI) es 4.3 meses.[63]

Al 7 de enero de 2016, el saldo de los Activos de Reserva Oficial (ARO) del BCH fue de US$3,907.6 millones (US$3,991.5 millones al cierre de 2015). La cobertura de las Reservas Internacionales, según la metodología de la Secretaría Ejecutiva del Consejo Monetario Centroamericano, es de 4.7 meses de importación de bienes y servicios1; conforme al concepto utilizado por el Fondo Monetario Internacional (FMI) es 4.3 meses.

---

[62] Ibídem.

[63] Tomado de *Resumen ejecutivo semanal del 4 al 7 de enero de 2016*. Publicado por la subgerencia de asuntos económicos del Banco Central de Honduras. Obtenible en http://www.bch.hn/download/resumen/2016/resumen07_01_2016. pdf. Consultado el 16 de enero a las 17:21hrs.

A la fecha indicada, las RIN se ubican en US$3,738.5 millones, superior en US$373.2 millones respecto al 8 de enero de 2015 (US$3,365.3 millones). La variación de las RIN es explicada por compra neta de divisas en US$174.6 millones, desembolsos netos por US$157.6 millones, donaciones en US$58.8 millones y menores obligaciones con el FMI en US$4.3 millones; contrarrestadas por otros egresos netos de US$21.5 millones, sumado al incremento en los pasivos internacionales de corto plazo por US$0.6 millón

Entre el 31 de diciembre de 2015 y 7 de enero de 2016, el comportamiento de las RIN es explicado por otros egresos netos de US$59.8 millones, venta de divisas para la importación de combustibles en US$26.4 millones y servicio neto de deuda externa por US$0.8 millón; compensado por compra neta de divisas en US$3.2 millones. El pago de servicio de deuda se realizó a favor del BID (US$0.9 millón); por su parte, el desembolso provino del BM (US$0.1 millón).

En la semana analizada, el BCH compró divisas por US$150.1 millones, derivadas de: remesas familiares por US$54.3 millones, exportaciones de bienes en US$38.9 millones y de servicios US$20.1 millones, procesamiento y maquilado de US$16.6 millones, movimientos de capital y financieros por US$13.5 millones y otros rubros en US$6.7 millones. Las divisas compradas a los agentes cambiarios por concepto de exportaciones de bienes se obtuvieron principalmente de los productos siguientes: café (US$22.4 millones), banano (US$6.9 millones), minerales (US$3.2 millones) y camarón (US$1.1 millones). Los movimientos de capital y financieros se derivan de la venta de divisas del sector privado a los agentes cambiarios por US$13.2 millones y transacciones financieras del sector bancario en US$0.3 millón. Por otro lado, vendió divisas a los agentes cambiarios por US$164.7 millones, para atender la demanda de las actividades de comercio en US$57.2 millones, importación de combustibles por US$26.4 millones, financiero por US$23.5 millones, servicios y comunicaciones en US$19.9 millones e industria manufacturera de US$13.5 millones, sumadoa los hogares por US$8.9 millones, entre otros. El precio de referencia en la subasta de divisas del 7 de enero de 2016 fue de L22.3931 por US$1.00 (L21.5390 el 8 de enero de 2015), presentando una variación interanual de 4.0% y acumulada de 0.1%.

i. Variación Interanual

Al 7 de enero de 2016, los depósitos en el BCH de las Secretarías de Estado aumentaron en L2,035.4 millones y de los organismos autónomos en L285.4 millones; por su parte, los depósitos de la Tesorería General de la República (TGR) fueron menores en L593.2 millones y del IHSS por L242.1 millones.

ii. Variación Semanal

En la semana que finalizó el 7 de enero de 2016, los depósitos de la TGR disminuyeron en L682.3 millonesy de las Secretarías de Estado L26.2 millones; lo anterior fue compensado por los mayores depósitos de los organismos autónomos de L54.8 millones y del IHSS en L50.3 millones.

Los depósitos del IHMA presentan una caída interanual de L44.2 millones, los del Banasupro L18.3 millones y la ENEE L6.1 millones; compensados por el crecimiento en los correspondientes a la ENP en L20.0 millones, Hondutel por L11.0 millones y SANAA en L8.6 millones. En la semana comprendida entre el 31 de diciembre de 2015 y 7 de enero de 2016, los depósitos del SANAA fueron mayores en L12.9 millones (traslados del sistema financiero) y de Honducor en L4.8 millones; contrario al retiro en los concernientes a Hondutel por L3.5 millones

Facilidades Permanentes de Inversión y de Crédito (FPC).

Del 4 al 7 de enero de 2016, el sistema bancario realizó treinta y ocho (38) operaciones de FPI, con un promedio diario de L876.5 millones, superior en L200.5 millones al promedio de la semana anterior y se pagaron intereses por L0.1 millón.

Por su parte, se reportó una operación de FPC por L100.0 millones.

El saldo total de LBCH al 7 de enero de 2016 fue de

L30,236.7 millones. Del total de la tenencia, corresponden a las OSD L26,085.5 millones (86.3% del total), instituciones públicas L2,802.9 millones (9.3%), OSF L1,344.4 millones (4.4%) y OSR L3.9 millones.

Del 7 al 13 de enero de 2016 se colocó un promedio diario de LBCH por L5,463.5 millones, a una tasa de interés promedio ponderado de 6.22%, dicha tasa osciló en un rango de 6.15% a 6.25%. En la subasta estructural de LBCH del 11 de enero de 2016, ante vencimientos de L5,063.7 millones, se colocaron L2,337.9 millones, a una tasa de interés promedio ponderado de 6.64%. Por tenedor, L2,227.5 millones corresponden a las OSD y L110.4 millones a las OSF.

Entre el 31 de diciembre de 2015 y el 7 de enero de2016, el sistema bancario incrementó los activos externos netos en L2,086.2 millones, trasladó recaudaciones por L1,367.2 millones (tributarias de L928.1 millones y contratos de administración en L439.1 millones) y aumentó sus recursos en el BCH por L941.4 millones (inversiones voluntarias en L1,758.3 millones y obligatorias en L562.6 millones, atenuado por la reducción en los depósitos por L1,379.5 millones). Cabe mencionar que dichos fondos se originaron principalmente de la amortización de préstamos del sector privado en L1,796.8 millones y mayor captación de depósitos del sector privado por L926.7 millones.

Saldo de Depósitos del Sector Privado

Según indicadores semanales reportados al 7 de enero de 2016, el sistema bancario mantiene recursos del sector privado por L219,740.0 millones.

Variación Interanual

A la fecha en mención, los depósitos del sector privado muestran un incremento interanual de L15,990.6 millones (7.8%), inferior al registrado al 8 de enero de 2015 de L18,411.9 millones (9.9%). El resultado en 2016 es explicado por el aumento de la captación en MN por L13,769.9 millones (10.0%) y en ME de L2,220.7 millones (3.3%).

Variación Semanal

El saldo de la captación total aumentó L926.7 millones en la semana analizada, producto del incremento en los depósitos en ME de L915.5 millones y en MN por L11.2 millones. La variación en ME se explica esencialmente por mayores depósitos de empresas industriales y agrícolas. Por su parte, en MN fue básicamente por el aumento en los depósitos de empresas industriales, importadoras de combustibles y avícolas.

Participación de la Captación en ME

La captación de recursos en ME, al 7 de enero de 2016, constituyó 31.2% del total, superior en 0.3 puntos porcentuales (pp) al observado al 31 de diciembre de 2015 (30.9%).

Saldos del Sistema Bancario

Al 7 de enero de 2016, el saldo del crédito del sistema bancario al sector privado fue de L226,285.1 millones.

Variación Interanual

El crédito al sector privado muestra un incremento interanual de L20,662.5 millones (10.0%), mientras que para el mismo período de 2015 fue de L14,322.6 millones (7.5%). El comportamiento a 2016 es derivado del alza en el crédito en MN de L17,407.1 millones (12.6%) y en ME de L3,255.4 millones (4.8%).

Variación Semanal

Entre el 31 de diciembre de 2015 y el 7 de enero de 2016, el saldo del crédito disminuyó en L1,796.8 millones, producto de la amortización de préstamos en MN de L1,581.6 millones y en ME de L215.2 millones. El crédito en MN fue pagado principalmente por empresas comerciales, de servicios e industriales; y el de ME por empresas comerciales e industriales.

Participación del Crédito en ME

A la fecha indicada, el crédito en ME representó 31.4% del total de préstamos, mayor en 0.1 pp al reportado alcierre de diciembre de 2015 (31.3%)

Recursos Totales

Al 7 de enero de 2016, el sistema bancario refleja exigibilidades para el cumplimiento de los requerimientos de encaje por L45,797.0 millones, inversiones voluntarias de L38,052.4 millones, excedentes de encaje de L14,738.3 millones y caja de L7,283.2 millones, los que sumados conforman un total de recursos de L105,870.9 millones (69.2% en MN y 30.8% en ME). Dicho monto fue mayor en L2,512.9 millones a lo observado a diciembre de 2015 (L103,358.0 millones).

En moneda nacional

A la fecha analizada, el sistema bancario mantiene exigibilidades para el cumplimiento de los requerimientos de encaje en MN por un valor de L28,742.1 millones. El saldo anterior sumado a los recursos de disponibilidad de L44,520.6 millones (inversiones voluntarias de L36,039.6 millones, caja de L6,623.6 millones y excedente de encaje de L1,857.4 millones) genera un total de recursos del sector bancario en MN de L73,262.7 millones.

En la semana entre el 31 de diciembre de 2015 y el 7 de enero de 2016, el sistema bancario aumentó las inversiones voluntarias y sus excedentes de encaje en L1,758.3 millones y L524.1 millones, respectivamente, mientras que la caja disminuyó L851.4 millones. Por lo anterior, los recursos disponibles en MN crecieron en L1,431.0 millones. Según información disponible del encaje, correspondiente a la catorcena del 10 al 23 de diciembre de 2015, el sistema bancario muestra una tasa efectiva de encaje de 6.4% y para inversiones obligatorias de 12.2%. Con ello excede en 0.6 pp la tasa de encaje requerida (18.0%).

iii. En moneda extranjera

Al 7 de enero de 2016, el sistema bancario reportó recursos en exceso de encaje de L12,880.9 millones, inversiones voluntarias de L2,012.8 millones y caja de L659.6 millones, conformando recursos disponibles de L15,553.3 millones. Asimismo, los requerimientos de encaje y de inversiones obligatorias son de L17,054.9 millones, que adicionado a lo anterior refleja un total de recursos en ME de L32,608.2 millones (US$1,456.2 millones). En la semana bajo análisis, los recursos disponibles en ME del sistema bancario crecieron L1,081.9 millones. Este comportamiento fue producto del aumento en sus excedentes de encaje por L1,179.6 millones, atenuado por la reducción en caja de L97.7 millones.

De acuerdo con información disponible en la catorcena que finalizó el 23 de diciembre de 2015, el sistema bancario registró una tasa efectiva de encaje de 17.4%, encaje adicional por 9.5% e inversiones obligatorias de 10.3%. Con lo anterior denota un excedente total promedio de 13.2pp.

Del 4 al 7 de enero de 2016, se realizaron seis (6)transacciones interbancarias por un total de L405.0 millones, a una tasa de interés promedio ponderado de 7.02%.

El PIB de Honduras[64]

En 2013 ascendió a 39,230 millones de US$, con un crecimiento del 2,8%. Tras varios años de crecimiento por encima del 6%, la tasa de crecimiento del PIB reflejó en 2009 en toda su magnitud el impacto de la crisis económica internacional y la propia crisis política y económica interna (-2,4%). Para 2014, las previsiones de crecimiento del FMI rondaron el 3% debido a las mejoras en el contexto económico internacional, la eliminación de la incertidumbre política, la aprobación por parte del Gobierno de medidas de consolidación fiscal y la mejora de la confianza del sector privado.

La inflación

durante el ejercicio 2013 se sitúo en el 4,9% frente al 5,4% de 2012 y por debajo del 6% objetivo definido el Banco Central de Honduras dentro del acuerdo stand by con el FMI para el periodo 2011-2012, resultado de la política monetaria restrictiva aplicada por el Banco Central de Honduras. La subida de impuestos aprobada en diciembre de 2013 ha provocado que en agosto de 2014 la tasa interanual se eleve al 6,34% y la tasa acumulada se sitúe en 5,29%.[65]

---

[64] Tomado de la ficha País de la oficina de Información diplomática de la República de Honduras. Obtenible en http://www.exteriores.gob.es/documents/fichaspais/honduras_ficha%20pais.pdf. Consultado el 16 de enero de 2016 a las 12:43hrs.
[65] Ibídem.

Las últimas cifras oficiales de desempleo publicadas, que lo sitúan en el 3,9% en mayo de 2013 frente al 3,6% en 2012, no reflejan la realidad del país. Se estima que el subempleo (personas que desearían trabajar más o las que, trabajando la jornada completa reciben un salario inferior al salario mínimo) supera el 50% de la población activa. En materia de déficit público, tras un cierto control durante 2008, la menor actividad económica y la ausencia de control presupuestario en ejercicios posteriores llevaron a un incremento del déficit fiscal de la Administración Central, que se situó en 2013 en el 7,7% del PIB frente al 6% de 2012. Este empeoramiento es debido a un crecimiento continuado de los gastos y la caída drástica en el crecimiento de los ingresos, generada por la carga de las exoneraciones fiscales, la debilidad administrativa en la recaudación y el vencimiento de medidas tributarias adoptadas en años anteriores. Durante 2012 y 2013, el gobierno ha tomado distintas medidas de control del gasto y de incremento de la recaudación que, sin embargo, no han tenido el impacto deseado y la previsión de la Secretaría de Finanzas es que para 2014 el déficit sea de un 5,6% del PIB (6,2% según las estimaciones del FMI, que incluye las pérdidas de la Empresa Nacional de la Energía Eléctrica, ENEE). El endeudamiento público en diciembre de 2013 se situaba en 7.882 M$, reflejando un crecimiento del 23,2% durante el ejercicio. Esta cifra supone en torno al 43% del PIB.[66]

---

[66] Ibídem.

La Balanza por cuenta corrientese caracteriza por una fuerte dependencia del precio de las materias primas en los mercados internacionales y de las remesas de emigrantes y presenta un déficit del 8,9% del PIB en 2013 frente al 9,4% del ejercicio 2012. El déficit comercial se situó en 2012 en el 17,2% del PIB. Debido a la mala cosecha de café (principal rubro de la exportación hondureña) y a la evolución de los precios internacionales, el ejercicio 2014 mostró una fuerte caída de las exportaciones (5,3%) que no pudo ser compensada por la debilidad de la demanda interna. Las remesas de emigrantes son la principal fuente de divisas del país y han venido creciendo fuertemente en los últimos años, llegando a representar el 20% del PIB. En 2013, las remesas representaron el 16,8% del PIB. Durante 2013 apenas aumentó la Inversión Directa Extranjera 1060 M$. El volumen de IDE hacia Honduras es todavía moderado y las cifras anuales son muy variables, dependiendo mucho de operaciones puntuales de inversión. Los principales inversores son EE.UU, México y Panamá, aunque durante 2013 destacó la inversión realizada desde Luxemburgo, destinada al sector de las telecomunicaciones.[67]

En octubre de 2010, el FMI firmó un Acuerdo Stand-bycon el gobierno de Honduras con una duración de 18 meses y un apoyo crediticio de 201,8 M$. En materia de política monetaria el objetivo fue mantener bajos niveles de inflación, por debajo del 6%, y al mismo tiempo fortalecer el nivel de reservas y controlar el

---

[67] *Ibídem.*

déficit público (3,1% del PIB) y la deuda pública (por debajo del 30% del PIB) para alcanzar un nivel de crecimiento del 3,5-4% para el periodo 2011-2012. Tras la última revisión del Programa, el FMI consideró que los resultados han sido buenos y acordes con el mismo pero instaba al Gobierno a poner en práctica las reformas estructurales previstas (reforma fiscal, de la Administración Pública, empresas públicas). Desde abril de 2012 no ha existido acuerdo con el FMI y como consecuencia Honduras no ha recibido apoyos presupuestarios. El 2 de septiembre de 2014 una misión del FMI desembarcó en Tegucigalpa con la intención de revisar los datos macroeconómicos del país y suscribir una carta de intenciones con el Gobierno. Sin embargo, tras el plazo de 10 días que se había establecido para llegar a un acuerdo, no se ha logrado cerrar consensos sobre temas como la reducción del déficit (debido sobre todo a las pérdidas de ENEE) y las conversaciones continuarán en Washington. Desde el Gabinete Económico se ha señalado no obstante que el FMI ha reconocido avances y se confía en que el acuerdo sea posible. El acuerdo es considerado por la Administración del Presidente Juan Orlando Hernández como una de sus prioridades, ya que abriría las puertas al financiamiento de 170 millones de dólares para apoyo presupuestario.[68]

Cabe destacar también el proyecto de este gobierno de desarrollar las Zonas de Empleo y Desarrollo

---

[68] *Ibídem.*

económico (ZEDE) o ciudades modelo, con un alto nivel de autonomía a nivel judicial, económico y administrativo, con la intención de atraer inversión y general empleo en zonas deshabitadas del país. Estas regiones tienen como referente la experiencia de las regiones administrativas especiales de China (Hong Kong) y de otros países del sudeste asiático como Corea del Sur (Songdo) y Singapur). El Congreso Nacional aprobó la Ley Orgánica de las ZEDE en junio de 2013 y desde los años posteriores ha anunciado la primera ciudad modelo en Choluteca, en el sur del país.[69]

Honduras cerró 2015 con una tasa de inflación del 2,36 por ciento, un 3,46 por ciento inferior a la registrada al cierre de 2014, cuando la tasa se situó en el 5,82 por ciento, informó este martes el Banco Central del país centroamericano (BCH). Con estos datos, el país se sitúa por debajo de su tasa objetivo de inflación, que el BCH había fijado en un 4,75 por ciento para 2015, tras mantenerse sin variación en diciembre. Esta cifra se explica por la adecuada conducción de la política monetaria, la baja en el precio del petróleo en el mercado internacional y las condiciones favorables que prevalecieron en la oferta de productos alimenticios, según el informe del Índice de Precios al Consumidor (IPC) publicado por el Banco Central. Alimentos, suministro de electricidad y los combustibles bajaron de precio y figuran entre los que más contribuyeron al comportamiento mensual del IPC, añade la información

---

[69] *Ibídem.*

oficial. De los 282 bienes y servicios que integran la canasta del IPC el 48,95 % aumentó de precio, el 39,01 por ciento permaneció igual y el restante 12,05 disminuyó, detalla el informe. Las autoridades económicas de Honduras se han fijado como meta que la inflación en 2016 cierre alrededor del 5,5 por ciento.[70]

3.4 Deuda externa.[71]

En 1911 la deuda de Honduras era de US$ 120 millones, el presidente Miguel Rafael Dávila Cuéllar. Se da inició a gestiones en Washington para readecuar mediante un préstamo la deuda contraída durante la administración del Capitán general José María Medina con bancos ingleses y franceses para la construcción del ferrocarril interoceánico. Como resultado de gestiones diplomáticas, la casa financiera estadounidense *Pierpont Morgan and Co.*, ofrece prestar al gobierno de Dávila diez millones de dólares (US$10.000000) para amortizar la deuda. El acuerdo suscrito es conocido como Convenio Knox-Paredes por el nombre de los representantes norteamericano y hondureño: Míster Philander Knox y Juan Paredes. Fue

---

[70] Tomado de *Honduras cerró 2015 con una inflación de 2,36 por ciento*. Publicado en el sitio web del canal TVC el 5 de enero de 2016. Obtenible en http://televicentro.hn/nota/2016/1/5/honduras-cerr%C3%B3-2015-con-una-inflaci%C3%B3n-de-2-36-por-ciento. Consultado el 16 de enero de 2016 a las 20:35hrs.

[71] Tomado básicamente de las enciclopedias libres, Ecured, Gestiopolis, Wikipedia . todas las informaciones han sido verificadas con la bibliografía citada y revisada por especialistas en el tema.

rechazado por las legislaturas de ambos países. Miguel Davila renuncia a su cargo en 1911.

Entre 1924 y 1929 el presidente Miguel Paz Barahona cancelar la deuda con Inglaterra mediante el (Contrato Alcerro King) "Contrato Alcerro-King" celebrado entre su Ministro de Hacienda, el doctor Ramón Alcerro Castro y el representante de los tenedores de bonos de Londres Mr. Arthur William King, este tratado benefiaba enormemente las condiciones del país, con respecto a la deuda internacional.[72] Mediante Decreto No. 102 de fecha 3 de abril de 1926 deja de ser el dólar estadounidense (US$) moneda oficial del país; por consiguiente, quedando el Lempira como moneda oficial de la república de Honduras, quedando ratificado mel cambio de 2 Lps por 1 dólar.[73]

En 1935 la deuda externa de Honduras era de más de 20 millones, esta deuda fue pagada en su totalidad por el gobernador Tiburcio Carías Andino.

En 1954 el gobierno de Juan Manuel Gálvez cancelo la deuda externa en su totalidad.

Honduras contaba en 2007 con una deuda externa (Pública y Privada) de $3,411 millones de dólares, en 2014 la deuda externa era de $5,185 millones de

---

[72] BARAHONA, RUBÉN: *Breve historia de Honduras.* Tercera Edición, Editor Cía. Editora Nacional, 1950 P.195.
[73] *Historia Financiera de Honduras*, Banco Central de Honduras, Tegucigalpa,   Honduras. 1957https://es.wikipedia.org/wiki/Banco_Central_de_Honduras. Consultado el 16 de enero de 2016 a las 20:45hrs.

dólares.[74] Sus reservas internacionales por otro lado son de US$ 3.019 millones de dólares. En octubre de 2014 la deuda externa de Honduras ascendía a $6,729.3 millones, con lo que en menos de una década se había duplicado. El 11 % de el presupuesto del gobierno para el 2016 estará destinado al pago de la deuda externa (1,200 m La deduda externa de Honduras es la suma de la deuda pública de Honduras -la contraída o asumida por el Estado- y la deuda privada de Honduras -la contraída por particulares: bancos, empresas y familias.

La composición de la Deuda externa de Honduras en 2016 es la siguiente: deuda externa pública: 30%; deuda externa privada:70% (bancos 40%, empresas 30%, familias 30%). En octubre de 2013 la deuda privada y pública Honduras alcanzó el 400% del PIB.

4.Principales industrias.

4.1 Industria agrícola.

Honduras es un país de tierras agrícolas y amplios recursos marinos, por lo que la agricultura y la acuicultura representan el principal sector económico de la nación. Cuenta con una extensión territorial aproximada de 112.492,7 km².En 2011 los productos agricolas representaron el 54 % del valor de todos los

---

[74] *Vid*: Espinoza, Jorge A.: *Deuda externa de Honduras creció en 41.5% en enero.* Publicado en el jornal La Prensa. Obtenible en http://www.laprensa.hn/inicio/607828-96/deuda-externa-de-honduras-crecio-en-415-en-enero. Consultado el 16 de enero de 2016 a las 23:12hrs.

productos exportados. En 2012 el café genero 1440 millones de dólares.

La agricultura continúa siendo el principal soporte de la economía hondureña.[75] Los principales productos de exportación hondureños son el, café, textiles, camarones, bananos, aceite de palma africana, oro, fruta y madera.

El territorio de Honduras tiene una extensión de 112,492 kilómetros cuadrados, que equivalen a un poco más de 11.2 millones de hectáreas, de las cuales 3.1 millones son superficie agrícola cultivable, con un alto potencial productivo en materia agrícola, contando con acceso de agua y vías de comunicación en los principales polos de desarrollo agrícola.[76] Según Braulio Serna Hidalgo jefe de la Unidad Agrícola de la sede subregional de la CEPAL en México, "el sector agropecuario es el más importante generador de producción, ingresos, exportaciones y empleo de la economía hondureña, además de que aporta valiosos servicios ambientales." De acuerdo al programa de inversiones del gobierno de Honduras, "los agronegocios y sus sub-sectores relacionados

---

[75] The doctrine of odious debt, en *Unconstitutional regimes and the validity of sovereign debt: a legal perspective* de Sabine Michalowski, 2007, Ashgate, ISBN 978-0-7546-4793-5, pág. 41
[76] Tomado de VIVAS, ESTHER: *El 'no' a la deuda diez años después*. Publicado en el jornal El País. Obtenible en http://esthervivas.com/2008/05/15/el-%E2%80%98no%E2%80%99-a-la-deuda-diez-anos-despues/. Consultado el 16 de enero de 2016 a las 21:09hrs.

representan 40% del Producto Interno Bruto (PIB) de Honduras."[77]

Según informes del gobierno de la república, "el clima tropical permite la producción agrícola todo el año, garantiza el cultivo de una serie de rubros que incluyen leche y derivados, pescado y camarones, una amplia variedad de frutas y vegetales, azúcar, cacao, café y banano. Además los bajos costos de la tierra, salarios competitivos, cercanía a 300 millones de consumidores en Estados Unidos"[78] (su principal socio comercial) además de México y Canadá representan algunas ventajas para los inversionistas.

Sin embargo, "el sector recibe escaso apoyo estatal, crédito e inversiones, lo que restringe su desarrollo sostenido. Así, en los últimos años su crecimiento ha sido débil y volátil, con baja productividad y escasamente competitivo. Algunas actividades (melón, palma africana, avicultura acuicultura, cana de azúcar y piña) muestran un fuerte dinamismo y en ellas se ha logrado cierta diversificación. El superávit comercial agropecuario ha declinado, a raíz del débil aumento de las exportaciones y la elevación considerable de las

---

[77] SERNA HIDALGO, BRAULIO: (2011). CEPAL, ed. *Honduras: tendencias, desafíos y temas estratégicos del desarrollo agropecuario.* Mexico D.F.: Publicación de la Naciones Unidas.
[78] Vid: Honduras, Gobierno (2011). *Oportunidades de inversión sector agronegocios.* Tegucigalpa: Secretaria de Relaciones Exteriores de Honduras.

importaciones agroindustriales y de granos." Asegura Serna Hidalgo.[79]

4.1.1 Comportamiento agropecuario.

Los rubros de mayor peso en la conformación del PIB agropecuario son: a)café, b)cultivos de tuberculoso, hortalizas, legumbres y frutas, c) cría de ganado vacuno, d) granos básicos, e) banano, f)cultivos agroindustriales.[80] Según la Secretaria de Agricultura (SAG), en las últimas décadas el producto Interno Bruto Agropecuario mostró un comportamiento volátil ante los choques internos y externos. Durante el periodo 2000-2010, el PIB creció a una tasa promedio anual de 3.7%. En 2009, el PIB agropecuario represento el 12,7 % del PIB total. Si se toma en cuenta los productos agroindustriales y los servicios vinculados directa o indirectamente con la producción y comercialización de productos de origen agroalimentario, su aporte al PIB oscilaría entre el 40% y 45%.

Durante el periodo 2006-2010, el PIB agropecuario creció un 18.6% acumulado, a una tasa promedio anual de 4.7%, superior al aumento obtenido en el quinquenio de 2000-2005 que fue de 10.8%, a una tasa de crecimiento anual de del 2.7%. El comportamiento de la agricultura durante el periodo 2005-2009 fue

[79] SERNA HIDALGO, BRAULIO: (2011): *ob.cit.*
[80] Vid: Honduras, Gobierno (2011). *Oportunidades de inversión sector agronegocios.* Tegucigalpa: Secretaria de Relaciones Exteriores de Honduras.

errático. Entre el 2006 -2007 se registró un aumento pronunciado con respecto a los anos 2004-2005, como resultado de las políticas de apoyo a producción a los pequeños y medianos agricultores combinado con el aumento en los precios de los productos agrícolas.[81]

Sin embargo, las tormentas tropicales que afectaron el país en octubre del 2008 provocaron una contracción que generó una caída en la producción y en la exportación de banano y a su vez, desincentivo al gremio cafetalero a exportar debido a los bajos precios y menor demanda externa. En el 2008 se registró un crecimiento del 2.4% y en el 2009 tan solo registro un crecimiento del 0.3%.[82]

Entre los productos no tradicionales, la actividad avícola mostró variaciones positivas de 3.4% en comparación al 2009. Esto debido a la demanda doméstica y a la apertura de las exportaciones de carne de pollo hacia Estados Unidos. Mientras tanto la producción de camarón cultivado reporto variaciones negativas por 14.2% en comparación a los incrementos de 40.4% registrados para el 2009.[83]

4.2 Industria eléctrica en Honduras.

El sector eléctrico de Honduras es una industria estratégica para el desarrollo nacional ya que de este

---

[81] Ibídem.
[82] Ibídem.
[83] Ibídem.

dependen todos los demás sectores y empresas en Honduras.

Honduras cuenta con una demanda de aproximadamente 1,400 megavatios cada hora, los cuales son cubiertos por la ENEE en un 40 % el resto es comprado a productores de energía en Honduras o en el extranjero. La capacidad instalada de Honduras es de 1.6 gigavatios. Se espera que con la finalización de la construcción de la represa El Portal del Infierno se acaben las limitantes de el sector ya que produciría 600 megavatios de energía por hora. En 2014 se unió al Sistema de Interconexión Eléctrica de los Países de América Central.

4.3 Industria Minera.

Durante los últimos 5 años, las mineras estadounidenses han generado ingresos por valor de 9.920 millones de Lempiras (524 millones USD) a costa del territorio hondureño. Únicamente pagaron 618,4 millones de Lempiras (32 millones USD), esto solamente es el 16%. Por lo tanto la ganancia de estas mineras ha sido del 85% del total generado.[84] En cambio estas mineras han dejado a Honduras gran deforestación, sequía y envenenamiento de los ríos, menos agua y menor potencial hidroeléctrico.

84

4.4 Industria manufacturera.

La industria manufacturera presentó una recuperación significativa en el 2010 con un aumento de 6.4% en contraste con 1.4% en el mismo periodo de 2009. El crecimiento en la actividad de este sector se debió al incremento en la industria de textiles y productos de otras industrias manufactureras e industrias de productos metálicos, a pesar de la reducción de la actividad de alimentos, bebidas y tabaco.[85]

De acuerdo a la Honduras American Chamber of Commerce el sector de industria es el que más atención está recibiendo a nivel de inversión local y extranjera. Con el creciente flujo de inversión dirigida hacia el país principalmente a la producción de textiles, este sector ha experimentado un rápido crecimiento[86] (8.3% en 2010).[87] generando considerables ingresos e impulsando el desarrollo económico del país.[7] El éxito en el sector de textiles y la magnífica respuesta de condiciones favorables y mano de obra calificada ha creado la oportunidad para que otros productos de manufactura más compleja sean introducidos a la industria hondureña, como ser ensamblaje productos

[85] Programa de las Naciones Unidas para el Desarrollo, ed. (19 de febrero de 2011). «Economía hondureña 2010 y perspectivas 2011»

[86] Programa de las Naciones Unidas para el Desarrollo, ed. (19 de febrero de 2011). «Economía hondureña 2010 y perspectivas 2011». ISBN 978-99926-768-1-3.

[87] Programa de las Naciones Unidas para el Desarrollo, ed. (19 de febrero de 2011). «Economía hondureña 2010 y perspectivas 2011»

electrónicos, arneses de carro, sector construcción entre otros.[88]

4.5 Industria forestal.

La industria forestal en Honduras aportaba en 2002 el 3 % de el producto interno bruto, favoreciendo la creación de 36 mil empleos directos y 24 mil empleos indirectos. Los principales productos generados por esta industria son, madera en trozos, madera aserrada, pulpa química, papel periódico, chapas y tableros, molduras de madera, madera elaborada, astillas, muebles, entro los más importantes.

En los 90's Honduras contaba con 5 millones de hectáreas de bosque, en el 2000 había deforestado 59 mil hectáreas o el 10 % de sus bosques, de ahí la importancia de desarrollar plantaciones forestales en lugar de deforestar los bosques para preservar su biodiversidad y fuentes de agua. Honduras cuenta con 25 mil hectáreas de plantaciones forestales con fines industriales, una de las más bajas de Centro América, Costa Rica cuenta con 180 mil hectáreas de plantaciones. En Honduras son 7 las empresas que abastecen el 45% del mercado interno y el 50% del mercado de externo.

El sector forestal presenta grandes logros en el ámbito económico y productivo, y esta en condiciones de efectuar un aporte estructural al desarrollo nacional,

---

[88] Honduran American Chamber of Commerce, ed. (19 de agosto de 2011).

sobre la base de la utilización de las plantaciones forestales como principal recurso renovable. Actualmente existen en Honduras las condiciones necesarias para lograr un crecimiento sustentable de la producción, aprovechando el volumen potencial de madera que estará disponible cuando maduren las plantaciones forestales existentes.

Pero al correr de los años, el aporte que hace este sector al PIB del país ha tendido a ser decreciente y poco significativo. el aporte que ha generado dicho sector a la economía según Hernández, Velásquez y Villatoro (2014) ha rondado entre 0.87%. lo que refleja el poco aprovechamiento que se le ha dado al sector teniendo presente que aproximadamente el 60% del territorio es tierra forestal. lo anterior se explica por situaciones que permiten que los bosques del país tiendan a ser sustituidos por otras actividades que resultan más rentables y generadoras de ingresos como lo es la agricultura sin tener un proceso de cambio de vocación que permita ser sostenible; dicha actividad ha presentado aportes de entre 12% y 15% (Banco mundial, 2014) durante los últimos 4 años.[89]

[89] HERNÁNDEZ, ISRAEL E. At all: *Explotación del Sector Forestal y su Aporte al Crecimiento Económico de Honduras en el Periodo 2000-2012.* I Congreso de Economía, Administración y Tecnología (CEAT 2014) "Impactos y Desafíos de las Ciencias Económicas y la Tecnología en Países en Desarrollo" Nov 04-06, 2014 Tegucigalpa, Honduras.

4.6 Industria financiera

Debido a la imperiosa necesidad de regular la actividad bancaria del país, se dio en 1868, el primer proyecto para fundar el Banco Central de Honduras. A este infructuoso intento le siguió el de 1891 durante la administración presidencial de Ponciano Leiva. No fue hasta en 1889 que se funda el primer banco privado, el Banco Centro-Americano.

En 1918, durante el período presidencial de Francisco Bertrand Barahona, se intentó fundar un banco de emisión, depósito y descuento, que se denominaría "Banco de la República de Honduras", proyecto que no prosperó.[90] No obstante, se declaró como moneda de curso legal la moneda de Estados Unidos de América, y se estableció como patrón el oro en sustitución del patrón plata vigente desde 1879. En 1913 se funda el Banco Atlántida S.A. (banco privado), fue el primer emisor de papel moneda del país.

El dólar fue la moneda oficial hasta 1926, cuando el gobierno del Doctor Miguel Paz Barahona, mediante el decreto N° 102 de fecha 3 de abril de 1926, adoptó el Lempira como moneda nacional, y se ratificó el tipo de

---

[90] RAMSSES TÁBORA, MARLON (2008). Sede subregional de la CEPAL, ed. *«Competencia y regulación en la banca: el caso de Honduras»*. México: Naciones Unidas. ISBN 978-92-1-323135-7. http://www.cepal.org/es/sedes-y-oficinas/cepal-mexico. Consultado el 16 de enero de 2016 alas 23:04hrs.

cambio de dos Lempiras por un dólar estadounidense.[91]

Finalmente, el 3 de febrero de 1950, mediante Decreto Legislativo No. 53, nació el Banco Central de Honduras, que inició sus operaciones el primero de julio de ese mismo año, bajo la titularidad del Abogado Roberto Ramírez, en un acto de inauguración presidido por el Doctor Juan Manuel Gálvez, Presidente constitucional de la república.[92]

La Ley de 1950 fue la base primordial para que el BCH se constituyera como pilar básico de la economía hondureña. Posteriormente, 46 años después, el 17 de diciembre de 1996, el Congreso Nacional, mediante Decreto No. 228-96, aprobó un conjunto de reformas a la mencionada Ley para armonizar el quehacer de la institución con las condiciones y exigencias actuales de los mercados financieros."[93]

El Banco Central de Honduras se rige por su Ley fundacional y por los reglamentos que dicte su Directorio, dirección colegiada con funciones estrictamente técnicas de banca central. Este órgano superior determina y dirige la política monetaria, crediticia y cambiaría del Estado."[94]

---

[91] *Ibídem.*
[92] BCH, ed. (2011). «*Reseña Histórica del Banco Central de Honduras*». Obtenible en http://www.bch.hn/historia_bch.php. Consultado el 16 de enero de 2016 a las 23:15hrs.
[93] *Ibídem.*
[94] *Ibídem.*

105

4.6.1 Bolsa Hondureña de Valores.

La Bolsa Hondureña de Valores se crea en 1990, es una organización privada que brinda las facilidades necesarias para que sus miembros introduzcan órdenes y realicen negociaciones de compra venta de valores. Fortalecen el mercado de capitales e impulsan el desarrollo económico y financiero. Canaliza el ahorro hacia la inversión, contribuyendo así al proceso de desarrollo económico.

En septiembre de 1993 inicia operaciones la Bolsa Centroamericana de Valores (BCV).

Los oferentes de capital (ahorradores e inversionistas) ofrecen capital a los demandantes de capital (empresas, organismos públicos o privados y otros entes). Los oferentes de capital ayudan al crecimiento de la empresa, beneficiando de una alza en las acciones. Son muy útiles para el apoyo de todas las empresas que requieren capital y para el desarrollo de las empresas tecnológicas. Los intermediarios entre demanantes y oferentes de capital son las casas de bolsa, las sociedades de corretaje y bolsa, el vendedor de títulos, las sociedades de valores y las agencias de valores y bolsa.

Hay dos tipos de mercado, el mercado primario que coloca nuevas emisiones de títulos en el mercado y el mercado secundario que se encarga de ofrecer liquidez a los vendedores de títulos.

4.7 Industria turística.

Honduras cuenta con una gran variedad cultural y de paisajes naturales lo que la hace un excelente punto de atracción para turistas, tanto costeras en donde cuenta con numerosas playas naturales de arena blanca y de arena oscura, arrecifes de coral, una abundante flora y fauna, así como bellezas arqueológicas, además toda su cultura expresada en sus costumbres y gastronomías típicas.

Honduras es visitada por visitantes de todo el planeta por varios motivos, entre ellos, la visita de sus bosques, islas y playas. Las mejoras de las rutas de Transporte en Honduras ha facilitado la visita de turistas mediante cruceros, aviones o por carretera, siendo sus principales motores el turismo ecológico, el turismo cultural y el turismo arqueológico. Su amplia variedad cultural le permite ofrecer una gran variedad de platos por lo que también es uno de sus puntos de atracción el Turismo gastronómico.

Honduras es un lugar ideal para hacer turismo ecológico, cuenta con muchos bosques, playas, arrecifes de coral y una gran diversidad de zonas protegidas ideales para hacer turismo, se estima que en Honduras existen; unas 8000 especies de plantas, alrededor de 250 reptiles y anfibios, más de 700 especies de aves[95] y 110 especies de mamíferos,

---

[95] 2010 Destination 360, ed. (2010). «*2010 Destination360*». «*700 species of birds that have been spotted in Honduras*». Obtenible

distribuidos en las diferentes regiones ecológicas de Honduras.

El turismo arqueológico es otro de los puntos de atracción, existe un marcado interés de la comunidad internacional por lugares arqueológicos como la ciudad de Copán, que fue construida y habitada en un periodo donde la cultura maya tuvo su mayor expresión literal, gobernada por una dinastía de 16 reyes, los mayas de Copán construyeron muchos templos, altares y estelas en alto y bajo relieve, además cuenta con el parque de pelota, es uno de los sitios más visitados por turistas en Honduras.

En cuanto a el turismo cultural se destacan las visitas a los Museos de Honduras a el Teatro Nacional Manuel Bonilla y a las distintos lugares donde habitan los diferentes grupos étnicos de Honduras, también son de interés el Archivo Nacional de Honduras y la Biblioteca Nacional de Honduras.

5. Puntos de interés. 5.1 Reservas internacionales.

Honduras cuenta con US$ 3.019 millones de dólares en reservas internacionales. Las Reservas internacionales son depósitos de moneda extranjera controlados por los Bancos Centrales y otras autoridades monetarias. Estos activos se componen de diversas monedas de reserva, especialmente de Euros y Dólares, y en menor medida de Yenes, Libras

---

enhttp://www.destination360.com/central-america/honduras/honduras-animals. Consultado 16 de enero de 2016 a las 23:55hrs.

Esterlinas y Francos Suizos. Estos activos se usan para dar apoyo a los pasivos, por ejemplo, a la moneda local emitida, o a las reservas depositadas por los bancos privados, por el gobierno o por instituciones financieras. Adicionalmente existen otros tipos de activos, especialmente los formados por las reservas de oro.

5.2 Remesas familiares y emigración.

La emigración en Honduras en un fenómeno reciente que se aceleró desde 1998, con el paso por el país del huracán Mitch. Los bajos ingresos por habitantes, unido a la escasez de puestos de trabajo, el subempleo y la precariedad de los mismos son las causas principales de la emigración hondureña. Según el Instituto Nacional de Estadísticas de Honduras (INE), Estados Unidos es el principal destino de los hondureños con 91,4%, seguido por México, España, y Centroamérica (2007).[96]

En 1998 año en que el huracán Mitch azotó a Honduras, se recibieron en US$ 220 millones por remesas familiares, que se multiplicaron por diez en términos nominales hasta alcanzar un monto de US$ 2.359 millones en 2006. En el 2010 las remesas

---

[96] Banco Interamericano de Desarollo (2008). *Estudios Monetarios Latinoamericanos*. México: Centro de Estudios Monetarios Latinoamericanos. ISBN 978-968-5696-33-3.

repuntaron hasta 2.529 millones, después de una breve caída en el 2009.[97]

Este crecimiento, ha puesto a Honduras entre los mayores receptores de remesas en el mundo y especialmente en Latinoamérica.[98] A pesar de la crisis de la economía mundial el flujo de remesas a Latinoamérica se mantiene estable. Según el banco mundial las remesas alcanzaron US$ 58.000 millones, con México a la cabeza de receptores (22.600 millones USD). Países como Brasil, Guatemala recibieron 4.300 millones, y más atrás de estos se encuentran Colombia y El Salvador. Junto a estos países, Honduras se colocó en los últimos años entre los diez principales receptores de remesas familiares en la región.[99]

Las remesas se han convertido así en una de las principales fuentes de divisas del país, al haber superado en 2002 los ingresos por servicios de transformación de bienes (maquila). En 1999 las remesas sobrepasaron los ingresos por la exportación de banano y en el 2001 al café. Desde el punto de vista macroeconómico, las remesas, representaron un 7,5% del PIB en 2001, el 12,8% en el 2004, un 20,8 en el 2007 y el 19% en el 2010.

[97] Red de Oficinas Económicas y Comerciales de España en el Exterior (2008). La Tribuna de Honduras, ed. *Honduras entre los principales receptores de remesas.*
[98] *Ibídem.*
[99] *Ibídem.*

5.3 Competitividad.

Indicador	Valor	Posición en el mundo	Incremento
Producto Interior Bruto (nominal)	**14.317.853. 700 $** *Fuente: Banco Mundial (2009)*	**Países más ricos del mundo por PIB** Puesto 101º	5.956.096.000 $ en 2000 *Fuente: Ficha de Honduras en Banco Mundial*
Superficie	**112,492 km²** *Fuente: Banco Mundial (2008)*	**Países más extensos del mundo** Puesto 102º	N/A
Población	**8,045,990 personas** *Fuente: INE 2010*	**Países más poblados del mundo** Puesto 93º	6.195.604 personas en 2000 *Fuente: Banco Mundial*
Emisiones de CO2	**1,20 toneladas** *Fuente: Banco Mundial (2007)*	**Países con mayores emisiones de CO2** Puesto 122º	0.811 toneladas en 2000 *Fuente: Banco Mundial*

Renta per cápita	1,918.00$ *Fuente: Banco Mundial (2009)*	**Países con mayor Renta Per Cápita** Puesto 124º	7.470 $ en 2000 *Fuente: Banco Mundial*
Tasa de natalidad	3,20 personas *Fuente: Banco Mundial (2008)*	**Países con mayor natalidad (niños por mujer)** *Fuente: Banco Mundial*	*Fuente: Banco Mundial*
% usuarios Internet	9,80 % *Fuente: Banco Mundial (2008)*	**Países con mayor tasa de usuarios de Internet** Puesto 130º	1,21 % en 2000 *Fuente: Banco Mundial*
Promedio de días para crear una empresa	14 días *Fuente: Banco Mundial (2009)*	**Países más rápidos para montar una empresa**	20 días en 2008 *Fuente: Banco Mundial*

Puesto 59º

Consumo de energía por habitante	**632.0 kilogramos** *Fuente: Banco Mundial (2008)*	**Países con mayor consumo de energía por habitante** Puesto 101º	486.15 kilogramos en 2000 *Fuente: Ficha de Honduras en Banco Mundial*
Terreno dedicado a agricultura	**28,50%** *Fuente: Banco Mundial (2007)*	**Países con más terreno dedicado a la agricultura** Puesto 134º	26,23 % en 2000 *Fuente: Banco Mundial (2008)*
Potencia eléctrica consumida	**632.0 kilowatios-hora** *Fuente: Banco Mundial (2007)*	**Países con más potencia eléctrica consumida** Puesto 56º	519.4 kilowatios-hora en 2000 *Fuente: Banco Mundial*
Superficie forestal	**51.920 km²** *Fuente: Banco Mundial*	**Países con mayor superficie forestal**	73.850 km² en 1990 *Fuente: Banco Mundial* Pero al correr de los años,

113

(2007) Puesto 69º el aporte que hace este sector al PIB del país ha tendido a ser decreciente y poco significativo. el aporte que ha generado dicho sector a la economía según Hernández, Velásquez y Villatoro (2014) ha rondado entre 0.87%. lo que refleja el poco aprovechamiento que se le ha dado al sector teniendo presente que aproximadamente el 60% del territorio es tierra forestal. lo anterior se explica por situaciones que permiten que los bosques del país tiendan a ser sustituidos por otras actividades que resultan más rentables y generadoras de ingresos como lo es la agricultura sin tener un proceso de cambio de vocación que permita ser sostenible; dicha actividad ha presentado aportes de entre 12% y 15% (Banco

mundial, 2014) durante los últimos 4 años. http://www.iies-unah.org/ceat2014/archivos/75.pdf

Carreteras pavimentadas	**20%" (2001)**	**Países con más carreteras pavimentadas** Puesto 126º	20 % en 1996 *Fuente: World Bank*
Índice de Competitividad Global	**3,9** *Fuente: Foro Económico Mundial (2011)*	**Países más competitivos** Puesto 91º	3,6 unidades en 2007 *Fuente: World Economic Forum"*

Fuentes de estadísticas:[100]

5.4. Salario Mínimo.

Desde octubre de 2014 el gobierno de Honduras decretó un aumento del salario mínimo que cubre el costo de la canasta básica que es de 6,474.60

---

[100] Classora, ed. (2010). «Ficha de Honduras» 2011; Honduras country profile.Publicado por la BBC. Obtenible en http://news.bbc.co.uk/2/hi/americas/country_profiles/1225416.stm. Consultado el 13 de enero de 2016 a las 23:45hrs.

Lempiras.[101] Aun así el salario de una empleada doméstica o un conserje en Costa Rica es más alto, 326 $ al mes (6,163 Lps), y un contador en Costa Rica gana muchísimo mas 529 US$ al mes (10 mil Lps), el doble de lo que ganan se gana en el resto de países centroamericanos[, sin incluir a Panamá. Está más detallado en la siguiente tabla:

6. Presupuesto General de Ingresos y Egresos.

En noviembre de 2014 se aprobó el Presupuesto General de Ingresos y Egresos del país, que es de 183,635 millones 280 mil Lempiras (9 mil millones de dólares estadounidenses),[102] de los cuales 179,681 millones están destinados al Poder Ejecutivo, 1,864 millones son destinados para el Poder Judicial y 2,089 millones son para el Poder Legislativo.

7. Inmigración en Honduras.

La inmigración en Honduras ha permitido un fuerte de crecimiento de la población y cambio cultural en gran parte de la historia de Honduras. En términos generales Honduras permite la entrada de personas de

---

[101] *Diario La Prensa, Aumento al salario mínimo en el gobierno de Honduras aumenta a 5,500 Lemprias.*Linc: http://web.archive.org/web/20140714185638/http://www.laprensa.h n/Ediciones/2008/08/29/Noticias/Gobierno-hondureno-aumenta-salario-minimo/%28offset%29/5
[102] *Diario El Heraldo, Honduras: Congreso Nacional aprueba Presupuesto General para 2014.* Obtenible en http://www.elheraldo.hn/csp/mediapool/sites/ElHeraldo/Pais/story.c sp?cid=702337&sid=299&fid=214. Consultado el 13 de enero de 2016 a las 23:56hrs.

cualquier país con las que tenga relaciones diplomaticas. La inmigración y la naturalización nunca ha estado limitado por sexo, raza o relgion. La migración en Honduras es abierta y de fácil acceso, de bajo costo y sin complicaciones.

La inmigración ha traído a Honduras inyección de capitales extranjeros, creación de empresas y puestos de trabajo e intercambios culturales, además de mejorar las relaciones con estos países.

Durante el siglo XV se dio la colonización española, de esta forma comenzaron a llegar europeos al país. En el año 2013 el censo oficial de los extranjeros nacionalizados hondureños fue de 29,000 personas, de los cuales 23,577 eran de países del continente americano, 2,939 de países de Europa, 56 de países de África, 19 de países de Oceanía y 2, 603 provenientes de Asia, de los cuales 1,415 son chinos.[103]

---

[103] Artículo: "29 mil extranjeros viven el sueño hondureño", El Heraldo (Honduras), 31 de marzo de 2013

Tema III: Economía de Guatemala

Sumario:

1. Datos de interés.[104]

Guatemala es un país multicultural que ha conseguido avances en estabilidad macroeconómica y en la consolidación democrática luego de una cruenta guerra de 36 años. A partir de la Firma de los Acuerdos de Paz en 1996, Guatemala ha mejorado su acceso a mercados extranjeros a través de diversos acuerdos comerciales.

Guatemala ha mantenido un crecimiento económico relativamente estable durante las últimas décadas. Un manejo macroeconómico prudente le permitió al país un crecimiento económico promedio anual del 4.2% entre 2004 y 2007. Después de la crisis financiera global de 2008-2009, la economía se ha recuperado a un ritmo moderado pero constante, con crecimientos del 3.0% en 2012, 3.7% en 2013 y un estimado de 4.2% en 2014. Se prevé que el crecimiento anual promedio en 2015-2016 será de 3.6%, impulsado por el consumo privado y un aumento en las exportaciones y las remesas.

Guatemala es la economía más grande de Centroamérica, pero se ubica dentro de los países con mayores niveles de desigualdad en Latinoamérica, con altos índices de pobreza −particularmente en zonas

[104] BANCO MUNDIAL: *Guatemala Panorama general*. Obtenible en http://www.bancomundial.org/es/country/guatemala/overview. Consultado el 16 de nero de 2016 alas 23:56hrs.

rurales y entre poblaciones indígenas- y con tasas de desnutrición crónica y de mortalidad materno-infantil de los más altos en la región.

El estudio Evaluación de la pobreza en Guatemala del Banco Mundial señala que el país fue capaz de reducir la pobreza de un 56% al 51% entre 2000 y 2006. No obstante, cifras oficiales de 2011 indican que la pobreza subió a un 53.7%. La situación es particularmente difícil en casi la mitad de los municipios rurales, donde ocho de cada 10 personas son pobres, de acuerdo con los Mapas de Pobreza Rural de 2011.

A partir en la capacidad de recuperación macroeconómica de Guatemala, los próximos años ofrecen la oportunidad para reducir la pobreza mediante un crecimiento económico más alto. Si bien las políticas que favorezcan a los pobres podrían producir mejoras marginales, acelerar el crecimiento será crucial para alcanzar los objetivos sociales a mediano y largo plazo. Según estimaciones del Banco Mundial, si Guatemala crece al 5.0% anual durante los próximos años y el crecimiento no viene a expensas de los pobres, el impacto sobre la pobreza y la equidad será significativo. La tasa de incidencia de la pobreza se reduciría en un 1.0% adicional a finales de 2016, lo que permitiría salir de la pobreza a más de 160 mil personas adicionales.

La inversión pública es esencial para alcanzar los objetivos de desarrollo de Guatemala, sin embargo, persiste fuertemente limitada por la falta de recursos, y el gobierno recauda el menor porcentaje de ingresos públicos en el mundo en relación con el tamaño de su economía. Impulsar el crecimiento dependerá de reformas continuas para movilizar una mayor inversión privada, al igual que de la movilización de ingresos para financiar inversiones en infraestructura y capital humano que fomenten el crecimiento.

Un desafío cada vez más importante para el país es mejorar los índices de seguridad ciudadana: de acuerdo con el reporte Crimen y Violencia en Centroamérica: Un Desafío para el Desarrollo, del Banco Mundial, el crimen y la violencia conllevan costos económicos abrumadores para Guatemala, equivalentes al 7.7% de su PIB.

Los desafíos principales para el nuevo gobierno en 2016 incluyen aumentar la transparencia, fomentar el crecimiento incluyente, atender las desigualdades sociales y asegurar recursos para financiar el gasto público en educación, salud, seguridad e infraestructura, entre otros.

2.Importaciones y exportaciones.

Las exportaciones de Guatemala están divididas en dos rubros, productos tradicionales y no tradicionales. Durante los últimos años, los productos no tradicionales han adquirido un mayor porcentaje en el mercado de exportaciones y en la actualidad, representan la categoría más importante. Los productos tradicionales representan el 25% del total exportado y los productos no tradicionales representan el 75%. La agricultura contribuye con el 23% del PIB nacional y constituye el 75% de las exportaciones. Dentro de los productos no tradicionales se encuentran todas las exportaciones de vestuario, vegetales de invierno, frutas y flores. Entre los tradicionales se encuentran el Café, el Azúcar y el Banano.[105]

En Guatemala, el rubro que representa la mayor cantidad de exportaciones son los artículos de vestuario con cerca de US $1,200 millones en 2012, seguido por el café, el azúcar, las piedras preciosas y el banano. Clasificado por regiones, el flujo comercial de Guatemala tiene la característica de que, desde hace mucho tiempo, una parte importante de sus exportaciones e importaciones está orientada hacia un solo país: Estados Unidos, nuestro mayor socio comercial que provee el 41% de nuestras importaciones y recibe el 34% de nuestras exportaciones. El resto se diluye entre Centroamérica, México, Europa y otro grupo de países. La exportación de productos guatemaltecos contribuye con todos los niveles socioeconómicos y financieros, los cuales satisfacen las necesidades exteriores aprovechando los recursos que sólo en Guatemala se producen,

[105] Tomado de Datos Sobre *Exportaciones e Importaciones de Guatemala.* Publicado en *DeGuate.com.* Obtenible en ww.deguate.com/artman/publish/ecofin_articulos/Datos_Sobre_Ex portaciones_e_Importaciones_de_Guate_356.shtml#.VprdrFLpxpy Consultado el 13 de enero de 2016 alas 12:47hrs.

promoviendo el desarrollo de empresas, comercializadoras, industrias y de la población por la generación de empleo fijo.[106]

En 2013, Guatemala exportó $ 11,3 Miles de millones e importó $ 17,4 Miles de millones, resultando en una balanza comercial negative de $ 6,1 Miles de millones. En 2013 el PIB de Guatemala fue de $ 53,8 Miles de millones y su PIB per cápita fue de $ 7,3 Miles. Las principales exportaciones de de Guatemala son Azúcar Crudo ($1,1 Miles de millones), Plátanos ($869 Millones), Café ($824 Millones), Precious Mineral metálico ($458 Millones) y Oro ($440 Millones), de acuerdo ala clasificación del Sistema Harmonizado (HS). Sus principales importaciones son Refinado de Petróleo ($2,71 Miles de millones), Medicamentos envasados ($454 Millones), Coches ($394 Millones), Equipos de Radiodifusión ($348 Millones) y Gas de petróleo ($287 Millones).[107]

Los principales destinos de las exportaciones de de Guatemala son los Estados Unidos ($4,49 Miles de millones), El Salvador ($1,01 Miles de millones), Honduras ($783 Millones), México ($546 Millones) y Nicaragua ($440 Millones). Los principales orígenes de sus importaciones son los Estados Unidos ($6,37 Miles de millones), México ($1,84 Miles de millones), China

---

[106] *Ibídem.*
[107] Sitio web oficial de la OEC. Obtenible en http://atlas.media.mit.edu/es/profile/country/gtm/. Consultado el 15 de enero de 2016 a las 12:03hrs.

($1,53 Miles de millones), El Salvador ($748 Millones) y Colombia ($700 Millones).[108]

En 2013 Guatemala importó $ 17,4 Miles de millones, por lo que es el importador más grande de 87° en el mundo. Durante los últimos cinco años las importaciones de Guatemala han increased a una tasa anualizada del 3,6%, de $ 14,6 Miles de millones en 2008 a $ 17,4 Miles de millones en 2013. Las importaciones más recientes son lideradas por Refinado de Petróleo, que representa el 15,6% de las importaciones totales de Guatemala, seguido por Medicamentos envasados, que representa el 2,61%.[109]

De acuerdo con estadísticas publicadas por el Banco de Guatemala (central) el ingreso de divisas entre enero y marzo pasado por la venta de productos al exterior fue superior en 119.7 millones de dólares al mismo periodo de 2014. Los productos que generaron más divisas fueron los artículos de vestuario con 302.9 millones de dólares, azúcar 251.6 millones, café 198.2, banano 172.3 y frutas frescas, secas o congeladas con 118.7 millones de dólares, detalló la fuente. La banca central dijo que el principal destino de las exportaciones guatemaltecas sigue siendo Estados Unidos con 1,014.4 millones de dólares, es decir el 36.3 por ciento del total de divisas. En segundo lugar sigue el mercado centroamericano con 741.2 millones

---

[108] *Ibídem.*
[109] *Ibídem.*

124

de dólares seguido de la Eurozona con 204 millones de dólares, entre otros.[110]

El monto total de las exportaciones del Comercio General, a noviembre de 2015, se situó en US$9,941.5 millones, mayor en US$58.1 millones (0.6%) al registrado al mismo mes de 2014 (US$9,883.4 millones). Los productos más importantes, según su participación en el total de exportaciones, fueron: Artículos de Vestuario, con US$1,224.9 millones (12.3%), Azúcar, con US$809.1 millones (8.1%); Banano, con US$722.3 millones (7.3%); Café, con US$637.1 millones (6.4%) y Grasas y aceites comestibles, con US$331.4 millones (3.3%); productos que, en conjunto, representaron el 37.4% del total. Los principales destinos de las exportaciones a noviembre de 2015 fueron: los Estados Unidos de América, con US$3,460.1 millones (34.8%); Centroamérica, con US$2,848.9 millones (28.7%); Eurozona, con US$709.8 millones (7.1%); México, con US$391.8 millones (3.9%) y Panamá, con US$244.3 millones (2.5%), países y regiones que, en conjunto, representaron el 77.0% del total.[111]

---

[110] *Vid: Exportaciones Guatemala dejaron US$2,797 millones primer trimestre 2015.* Publicado en Prensa Libre. Obtenible en http://www.prensalibre.com/economia/exportaciones-guatemala-dejaron-us2797-millones-primer-trimestre-2015
[111] *Vid:* Informe General del Banco Central de Guatemala. Obtenible en http://www.banguat.gob.gt/inc/ver.asp?id=/estaeco/ceie/CG/2015/nota_comercio_mensual.htm&e=120695. Consultado el 17 de enero de 2016 a las 08:56hrs.

A noviembre de 2015, el monto total de las importaciones realizadas se situó en US$16,246.5 millones, inferior en US$522.1 millones (-3.1%) al registrado en 2014 (US$16,768.6 millones). La disminución en las importaciones estuvo influenciada por la variación negativa observada en el siguiente rubro: Combustibles y Lubricantes, con una caída de US$919.8 millones (-28.2%). Las importaciones, para noviembre de 2015 provinieron principalmente de: los Estados Unidos de América, con US$6,007.1 millones (37.0%); México, con US$1,872.3 millones (11.5%); Centroamérica, con US$1,846.3 millones (11.4%); República Popular China, con US$1,726.5 millones (10.6%) y Eurozona, con US$1,097.8 millones (6.8%); países y regiones que, en conjunto, representaron el 77.3% del total.[112]

2.1 Comercio Exterior.

El viceministerio de integración y comercio exterior es el encargado de promover las relaciones económicas y el desarrollo del comercio exterior en Guatemala, así como impulsar el perfeccionamiento de la integración económica regional.

Misión

Formular e implementar las estrategias y políticas de comercio exterior, fortaleciendo la integración centroamericana, generando alianzas y acuerdos comerciales internacionales que aporten al desarrollo

---

[112] *Ibídem.*

de Guatemala a través del impulso, fortalecimiento y diversificación de la oferta exportable de mercancías y servicios, fortaleciendo la atracción de inversiones y una importación balanceada.

Visión

Ser reconocida como la institución líder representativa del comercio exterior de Guatemala, que optimice la integración económica centroamericana y la negociación y administración de los acuerdos comerciales internacionales, con el objetivo de contribuir al desarrollo económico sostenible del país.

A través de las Direcciones de Administración de Comercio Exterior, Política Comercial Externa, Análisis Económico, y la Misión Permanente de Guatemala ante la Organización Mundial del Comercio -OMC-, el Viceministerio desempeña las funciones siguientes:

- Impulsa las políticas de comercio exterior

- Coordina las acciones interinstitucionales del sector público en materia de desarrollo de comercio exterior

- Diseña y desarrolla de estrategias de participación nacional en organizaciones y foros regionales, multilaterales, plurilaterales o bilaterales de comercio exterior

- Diseña estrategias y conduce negociaciones de convenios y tratados de comercio internacional

- Administra los convenios y tratados de comercio internacionales vigentes

- Protege los derechos que le asisten a Guatemala en el marco de convenios y tratados internacionales, y vigila el cumplimiento de los acuerdos comerciales negociados

- Coadyuva a la Integración Económica Centroamericana, velando porque la misma sea un instrumento para elevar la producción competitiva de bienes y de prestación de servicios

- Conduce las negociaciones de los convenios y tratados de promoción y protección recíproca de inversiones

- Elabora instrumentos técnicos para la ejecución de la política arancelaria del país

- Da seguimiento y mantiene información actualizada sobre la evolución de las negociaciones comerciales

- Impulsa el desarrollo y promoción de las exportaciones del país

- Establece sistemas de información y orientación para las acciones de exportación y condiciones de acceso a mercados

- Impulsa el diseño y desarrollo de una red de inteligencia comercial en el exterior

- Dirige las acciones técnicas y administrativas de las dependencias bajo su responsabilidad

  - Con los Estados Unidos de América: Durante los primeros seis meses de 2008, el 41.2% de las exportaciones de Guatemala se destinaron al mercado de los Estados Unidos de América, mientras que 36.3% de las importaciones tuvo su origen en el mismo país. El valor de las exportaciones fue de US$ 1,646.3 millones mayor en 7.5% a las realizadas a junio de 2007, en tanto que las importaciones que ascendieron a US$ 2,712.4 millones resultaron mayores en 24.5%. Como resultado de lo anterior la balanza comercial con dicho país fue deficitaria en US$ 1,066.1 millones, con un incremento de US$ 419.0 millones (64.8%) en relación al primer semestre de 2007.

Las remesas enviadas por la diáspora guatemalteca, principalmente residente en Estados Unidos, son la principal fuente de ingresos en moneda extranjera de Guatemala, y llegaron a US$4.300 millones en 2008, superando al café, el azúcar y otras exportaciones. Aproximadamente 1,35 millones de ciudadanos guatemaltecos, o 10% de la población, viven en EE.UU. Unos 3,5 millones de personas que aún viven en Guatemala dependen de estas remesas, según el Instituto Centroamericano de Estudio Sociales y Desarrollo, en Guatemala.

- Con Países que tienen Tratados de Libre Comercio con Guatemala: al mes de junio de 2009, se encontraban en pleno funcionamiento los tratados de libre comercio suscritos con Centroamérica, México, República Dominicana, Taiwán, Panamá, Colombia y los Estados Unidos de América. La cobertura de estos tratados abarcó el 78.2% de las exportaciones y 57.5% de las importaciones. Excepto el comercio con Estados Unidos, el monto de las exportaciones realizadas durante el primer semestre con los otros socios comerciales se sitúo en US$ 1,480.9 millones mayor en 23.2% al registrado en igual período de 2007. Por su parte, el valor de las importaciones fue de US$ 1,583.9 millones con un aumento de 24.0% sobre el año anterior. El resultado consolidado de la balanza comercial fue negativo en US$ 103.0 millones.

  o Centroamérica. Como resultado de exportaciones por US$ 1,158.0 millones e importaciones por US$ 795.0 millones, el intercambio comercial de Guatemala con los demás países de la región centroamericana durante los primeros seis meses del presente año, se tradujo en un superávit de US$ 363.0 millones, mayor en 22.7% al obtenido en igual período del año anterior. Con El Salvador, Honduras y Nicaragua la balanza comercial, en su orden, fue favorable en US$ 127.3, US$ 173.3 y US$ 117.7 millones, respectivamente, mientras que con Costa Rica el saldo fue negativo en US$ 55.4 millones.

o México. Con un monto de US$ 251.0 millones las exportaciones a México se incrementaron en 25.2% respecto al primer semestre del año precedente. Los principales productos exportados fueron metales preciosos (US$ 68.3 millones); grasas y aceites comestibles US$ 46.6 millones; caucho natural (US$ 35.6 millones); materiales textiles (US$ 14.5 millones); camarón y langosta (US$ 16.9 millones); preparados a base de cereal US$ 5.7 millones; y, bebidas alcohólicas US$ 5.2 millones. Por su parte, las importaciones que sumaron US$ 720.3 millones con un aumento de 28.8%, generaron un saldo negativo de US$ 469.3 millones.

o República Dominicana. Durante el semestre se realizaron exportaciones por valor de US$ 60.6 millones, mayor en 35.3% a las de igual período del año anterior. Dentro de una variedad de productos vendidos destacaron: detergentes y jabones US$ 10.0 millones; vidrio y sus manufacturas US$ 8.4 millones; insecticidas US$ 3.0 millones; y, preparados de cereales US$ 4.9 millones. Las importaciones fueron de US$ 12.3 millones y, por lo tanto, se registró un superávit comercial de US$ 48.3 millones.

o Taiwán. Las exportaciones efectuadas a la isla fueron del orden de los US$ 11.3 millones con una disminución de 5.3% en relación a las del primer semestre de 2007. Los principales productos exportados fueron: desperdicios y desechos de metales US$ 4.6 millones; café US$ 2.3 millones; azúcar US$ 2.1 millones; y, tabaco en rama US$ 1.4 millones. A la vez, las importaciones cuyo monto aumentó 15.4% se situaron en US$ 56.3 millones. La balanza comercial cerró con un saldo negativo de US$ 45.0 millones.

3.Historia económica.

En marzo de 1897, coincidiendo con el inicio de la Exposición Centroamericana la revista cultura *La Ilustración Guatemalteca* publicó un análisis detallado de la situación económica de Guatemala.[113] Para entonces, los bancos del país presentían una mala situación y habían querido mejorar sus créditos exigiendo garantías fiduciarias, retirando créditos y pasando circulares con lo que consiguieron general el pánico entre la población guatemalteca.[114] Por otra parte, algunos bancos habían incrementado considerablemente el tipo de interés aprovechando la concesión que tenían del gobierno para emitir billetes.[115]

---

[113] La Ilustración del Pacífico (1 de agosto de 1897). «Editorial: Confirmado». *La Ilustración del Pacífico* (Guatemala: Siguere, Guirola y Cía) II (25).
[114] *Ibídem.*
[115] *Ibídem.*

En ese momento, la cesación del alza de los precios de los valores públicos se había convertido en un descenso rápido y desconsolador; por ejemplo, las acciones del Banco Internacional bajaron de $5500 a $5000 entre junio de 1896 y febrero de 1897, mientras que las bonos de la Exposición y del Ferrocarril del Norte bajaron de $90 y $44 a $80 y $32, respectivamente en el mismo período.[116] Sólo se mantuvieron estables las acciones del Banco de Occidente y los bonos de la deuda flotante ya que las acciones del banco no podían estar más bajas produciendo 11% por acción;[117] de los bonos de la deuda flotante, emitidos originalmente por tres millones de pesos, restaban ya solamente $380,000 que se encontraban en un reducido círculo de personas acuadaladas, quienes no las ofrecían porque no tenían ninguna necesidad de hacerlo por el momento.[118] Finalmente, los bonos del Ferrocarril del Norte fueron los que más cayeron, pues estaban en manos de empleados y personas poco acaudaladas, que se habían visto en la necesidad de venderlos para subsistir.

De acuerdo al análisis de La Ilustración Guatemalteca, en marzo de 1897 existía una paralización completa en los negocios por carencia casi absoluta de efectivo, situación muy grave que estaba empezando a afectar el comercio, la agricultura, la industria y demás fuentes

---

[116] Ibídem.
[117] Ibídem.
[118] Ibídem.

de riqueza.[119] Las causas de este serio problema eran el excesivo desarrollo que el gobierno de Reina Barrios había dado a necesidades ficticias -o sea, el embellecimiento de la Ciudad de Guatemala, proyecto de Acatán y el gasto millonario en la Exposición Centroamericana- sin haber tomado en cuenta el verdadero estado de las cuentas nacionales y para las que necesitó de muchos recursos particulares obtenidos por medio de bonos.[120] Esta actitud se había trasladado a la población en general, ya que las familias habían entrado en una época de lujo y vanidad en el que se buscaban coches, caballerizas, lacayos con lujosa librea, visitas al teatro y otras cosas en las que se gastaba más de lo que las familias tenían de ingresos; esto resultaba en que se hubiera abusado del crédito y de la especulación.[121] Se consideraba para entonces que la única solución era una austeridad completa con un plan de economías y la abstención absoluta de todo dispendio innecesario y se temía que se llegara a una bancarrota estatal.[122]

Por otra parte se indicaba que el país solamente producía café y no tenía ningún otro fruto con qué hacer frente al sinnúmero de necesidades aumentadas por los bonos para el Ferrocarril del Norte, para Acatán y para la Exposición, entre otros; por otra parte, todo era importado y por consiguiente, el país era deudor no

---

[119] *Ibídem.*
[120] *Ibídem.*
[121] *Ibídem.*
[122] *Ibídem.*

sólo por el importe de los bienes, sino también por el cambio de moneda, los fletes y las comisiones. Las exporaciones guatemaltecas no llegaban a veinte millones de pesos y como eran muchas la fincas en manos extranjeras, no regresaba al país el valor total de las exportaciones.[123]

En resumen, no quedaba saldo alguno que pudiera equilibrar la balanza del comercio guatemalteco en 1897[124]y se recomendaban medidas de austeridad y que se hiciera un préstamo a largo plazo negociado en buenas condiciones, y que no fuera como los que hasta entonces se habían hecho por los gobierno guatemaltecos que no solamente tenían intereses excesivos, sino que no eran administrados de forma honrada.[125]

El 10 de marzo, el periódico opositor *La República* publicó que no existía regocijo entre la población guatemalteca por la realización de la Exposición, a pesar de la majestuosidad de la misma; dicha apatía se debía a la preocupación por los acontecimientos económicos y políticos de los últimos meses.[126] Se hizo ver que desde un principio la idea de hacer la exposición no fue bien recibida -a pesar de que la situación económica del país era muy buena en ese

---

[123] *Ibídem.*
[124] *Ibídem.*
[125] *Ibídem.*
[126] *Vid*: JULIO CASTELLANOS CAMBRANES: *Introducción a la Historia agraria de Guatemala. 1500-1990.* Ed. Serviprensa Centroamericana, 2da edición. Guatemala.1986. P.250.

momento- y que en 1897 la crisis hacía por demás impopular a la celebración: la escasez de dinero, la reducción de negocios y la imposición de mayores sacrificios para sufragar la Exposición, hicieron que los ciudadanos la rechazaran por completo.[127]

A finales de marzo de 1897 continuaron los fuertes editoriales contra el gobierno en *La República*. En uno se indicaba que no se había concluido la línea del Ferrocarril del Norte y que para ello se necesitan casi doce millones de pesos guatemaltecos y que si se suspendían dichos trabajos, el costo del mantenimiento de lo ya construido costaría cerca de cuatro millones y medio de pesos guatemaltecos. Los editores de *La República* acusaron al gobierno de despilfarrar el erario pues trató de hacerlo todo a la vez: aparte del Ferrocarril del Norte -que por sí solo hubiera traído grandes beneficios económicos a Guatemala- se habían construido bulevares, parques, plazas, edificios suntuosos, aparte de gastar tres millones de pesos guatemaltecos en la Exposición.[128] *La República* fue incluso un poco más allá y acusó al presidente de apropiarse de bienes del Estado.[129] En otro fuerte artículo contra el gobierno, acusan de deficiente el manejo de agua -la cual se obtenía en parte del proyecto de Acatán- y que se estaba utilizando en las fuentes de la Exposición dejando sin abastecimientos a

---

[127] *Ibídem.*
[128] *Vide*: EDELBERTO TORRES-RIVAS: *Anuario de Estudios Centroamericanos*. Vol. 13, No. 1 (1987), pp. 163-165
[129] *Ibídem.*

136

la población de la Ciudad de Guatemala.[130] Por estas publicaciones, el periódico fue cerrado temporalmente por el gobierno de Reina Barrios, aunque fue reabierto pocos meses después.

A principios del siglo XX el gobierno guatemalteco del licenciado Manuel Estrada Cabrera suscribió un contrato con la United Fruit Company (compañía estadounidense) para cultivar y comprar banano, así como para mantener una línea de vapores con Nueva Orleans. Este hecho como muestran los datos (entre 1900 y 1914 los TOT estuvieron variando entre un 137% y un 121%) mantuvo más o menos estables los precios de las exportaciones, y por encima de los precios de las importaciones con EE. UU..

Por otro lado, un aspecto que afectaba e, incluso hoy día, continúa afectando la producción del café, son las fuertes fluctuaciones del sistema de precios en el comercio internacional. Para tratar de corregir estas alteraciones, desde finales del siglo pasado Brasil introdujo medidas restrictivas en la siembra de café, con el objeto de reducir la oferta exportable y mantener precios altos. Esta política fue repetida por Brasil en 1907, 1909 y 1913, y que favoreció a Guatemala, ya que en las tres primeras décadas del siglo, se disfrutaron ingresos provenientes de precios relativamente altos del café, hasta la crisis económica de 1929, cuando, como resultado de la caída de los precios, muchos finqueros quebraron y las propiedades

---

[130] *Ibídem.*

pasaron a las manos de los extranjeros que les habían otorgado créditos.

En las décadas de 1920 y 1930, Guatemala suscribió convenios y tratados comerciales con varios países europeos, como Francia, Gran Bretaña y Noruega, así como con Canadá; todos ellos ampliaron las posibilidades de colocar exportaciones adicionales de café. Este acuerdo al igual que el que se suscribió a principios de siglo con la UFCO, implicó que las exportaciones guatemaltecas tuvieran salida no solo ha Estado Unidos, y que por lo tanto se mejorase la relación de intercambio existente con el resto del mundo.

La Gran depresión paró los mercados internacionales y esto afectó al intercambio de bienes con todo el mundo, incluyendo a EEUU, lo que hizo que se encarecieran las importaciones, y que los países que recibían los productos guatemaltecos dejaran de adquirirlos. Este descenso del nivel de intercambio se mantuvo hasta bien entrada la Segunda Guerra mundial.

A partir de 1944 se comenzó a promocionar las exportaciones, especialmente de productos no tradicionales. Para alcanzar dichos fines se procuró ofrecer servicios de ayuda al productor-exportador nacional y al importador extranjero. A esto hay que sumarle la participación de Guatemala en el MCCA, lo que benefició el libre comercio de productos originarios del país y de los otros socios centroamericanos, a raíz

138

de los primeros tratados de integración, a finales de la década 1950, y de otros, especialmente del Tratado General, suscrito en el año 1960. Por otro lado la Segunda Guerra Mundial que asoló los países de los principales proveedores guatemaltecos, ayudó al comercio de este ya que estos países necesitaban abastecimiento sobre todo de materias primas, pero también algunos productos manufacturados que ya la industria guatemalteca producía, y además la segunda guerra mundial provocó una bajada de los productos que Guatemala importaba. Así que como observamos en los datos obtenidos de la OXLAD, entre 1945 y 1960 los términos de intercambio guatemaltecos llegan a alcanzar el 165,3% en los intercambios comerciales con el resto del mundo, especialmente con el continente europeo. Así mismo el pico de Estados Unidos fue menor, ya que la Segunda Guerra Mundial no le afectó tanto, y además Guatemala tenía una serie de acuerdos comerciales con este de comercio, que no se vieron afectados por el acontecimiento bélico.

A partir de 1960, los términos de intercambio con el resto del mundo empeoran para la economía guatemalteca, es decir, es más caro lo que Guatemala compra que lo que vende. La relación de los precios va empeorando bruscamente lo que queda de siglo y en el año 2000 desciende a niveles del 30%, es decir, el precio de las exportaciones, es el 30% de las importaciones. Por el lado norteamericano también se produce un descenso a partir de los años sesenta, pero no tan acusado como el que se produce con el resto del mundo. Este descenso se detiene a comienzos de la década de los 70, y más o menos, lo que queda de siglo se mantiene al alza, estando en el 2000 casi al 140%, es decir, el precio de las exportaciones guatemaltecas son un 40% más alto que el precio de las importaciones con EEUU.

Por último en el caso de Guatemala se cumple la teoría de Prebish en el largo plazo con todo el mundo, menos con EEUU. Como ya hemos dicho anteriormente el siglo XX termina con unos términos de intercambio favorables para la economía guatemalteca en el caso de su comercio con Estados Unidos. En el caso estadounidense la teoría de la dependencia no se cumple, ya que esta dice que las economías de los países periféricos (en este caso sería Guatemala) se ven perjudicadas respecto a las economías de los países centro (en este caso EEUU). . No ocurre lo mismo con el caso del resto del mundo, en el que al final del periodo el comercio guatemalteco con el resto se ve muy mermado. Aquí si que se cumple la teoría desarrollada por Prebish, ya que en este caso el país periférico sale perdiendo con respecto de los países centro (en este caso sería sobre toda Europa).

Una política muy importante en el marco económico para Latinoamérica, fue la implantación del modelo de industrialización por sustitución de importaciones (ISI), entre 1950 y 1970. Está política se basaba en la producción local de los productos que hasta ahora se importaban, es decir, de fabricar uno mismo las manufacturas que su economía adquiría del exterior. Este modelo de industrialización no obstante no redujo el volumen de importaciones, sino que, simplemente, cambió el tipo de importaciones. Antes importaban el bien completo, ahora importan lo necesario para producirlo. La ISI no solo implica cambios en materia de importaciones, sino que también significa un crecimiento en el sector industrial, un cambio en las exportaciones y un crecimiento económico. En este apartado por tanto queremos analizar estos cambios para la economía guatemalteca. Hemos vuelto a extraer datos de la "Oxford Latin America Economic History Database" (OXLAD) para observar la evolución de las exportaciones, las importaciones, el gasto público y el porcentaje de industrialización del país.

Vamos a comenzar observando el cambio que presentaron las exportaciones en Guatemala. En teoría el modelo ISI trataba de reducir el peso de las exportaciones, conseguir esto, suponía un éxito en este sentido, pero en el caso de Guatemala ocurrió todo lo contrario a lo previsto.

Durante las tres décadas que duró el periodo de las políticas de industrialización por sustitución de importaciones (ISI) vemos como el peso de las importaciones de la economía guatemalteca, en líneas generales aumentó. Esto quiere decir que en Guatemala la importancia de las exportaciones no siguió el mismo patrón de decrecimiento que, por lo general, se repitió en las demás economías

141

latinoamericanas. De hecho el peso de las exportaciones para la economía guatemalteca en 1950 era tan solo de un 11'78%, y en 1980 este peso pasó a ser del 19'29% es decir, casi se duplicó.con los datos en la mano vemos como el peso de las importaciones no es muy regular, ya que se aprecian grandes altibajos. Hasta la primera década, llegando hacia 1963 vemos como la tendencia fue como las de las economías latinoamericanas, es decir, las exportaciones comenzaron a perder importancia respecto al PIB, pero es a partir de esta fecha en la que se observa una tendencia alcista de la repercusión de las exportaciones en la economía guatemalteca.

Por otro lado como he mencionado anteriormente, la ISI modificaba los patrones importadores.para analizar esto hemos observado el toral de las imprtaciones guatemaltecas agrupadas en 3 grupos, bienes de consumo, bienes de capital y de productos intermedios.

La teoría del modelo buscaba reducir las importaciones de bienes de consumo. Estos bienes son productos que ya puede consumir directamente la sociedad como pueden ser el calzado, el vestido, alimentos. En este sentido vemos como si que se consiguió, aunque la mayor parte del periodo crecieron, en 1966 se alcanzó un máximo llegando al 29,3%, a partir sobre todo de 1973 estas se fueron reduciendo, pasando de un 26,3% en 1960, a un 17,1% en 1980.

Por otro lado la ISI pretendía reducir las importaciones de manera progresiva de bienes de capital y de bienes intermedios. Esto supondría un descenso en los niveles de importación de estos productos (ya que se fabricarían dentro del propio país). Podemos observar que también se redujeron considerablemente los bienes de capital. Estos son aquellos que no se destinan directamente al consumo, sino que sirven para continuar un proceso productivo. En este caso al principio del período de la ISI, 1950, las importaciones de bienes de capital significaban un 22,3% del total, mientras que en 1980 pasaron a ser el 17,4%. No obstante, estas importaciones no se mantuvieron en niveles decrecientes durante todo el período, sino que hubo altibajos, llegando en 1976 a su máximo del período llegando a ocupar el 27,3% de las exportaciones totales.

No obstante, no ocurrió lo mismo con las importaciones de bienes intermedios. Estos bienes son aquellos que ya han sufrido alguna transformación pero que necesitan algún proceso productivo más para convertirse en productos finales. Como podemos observar, este tipo de importaciones son las que más peso tienen dentro de las exportaciones totales ya que en general suponen en torno a un 50% o 60% de ellas. En este tipo de importaciones podemos decir que ocurrió todo lo contrario que con los otros dos tipos de importaciones, ya que las importaciones de bienes intermedios crecieron prácticamente en todo el período, pasando en 1950 de un 51,1% a un 65,5% en 1980.

Como conclusión podríamos decir que en materia de importaciones la ISI no tuvo un éxito rotundo, ya que no se alcanzaron todos los objetivos. La economía guatemalteca en este sentido se quedó a medias, ya que solo se consiguieron reducir las importaciones de consumo y de capital.

Viendo el escaso éxito que la ISI tuvo para la economía guatemalteca, sin necesidad de ver los datos para el déficit público, podemos intuir que va a seguir la tónica de la mayoría de los países latinoamericanos, y es que la ISI implicó un aumento desmesurado del gasto público para casi todas las economías. Y en el caso de Guatemala no fue diferente.

En 1950 la economía presentaba un déficit entorno al -0,5% pero que con los primeros tres o cuatro años de andadura con el modelo ISI se solventó teniendo un superávit del 0,5%. Este hecho, quiero decir, que la economía guatemalteca se mantuviera en superávit, solo duró un par de años. A partir de entonces, se empezaron a registrar brutales déficits públicos llegando en 1976 a un déficit del 3,78%. Esto se da porque los gastos ocasionados por el modelo de sustitución de importaciones no podrían cubrirse con los ingresos que el país generaba, ya que básicamente el 72% de estos ingresos venían de los impuestos de los ciudadanos.Como podemos observar a partir de 1953 se empieza a registrar una bajada, que en tan solo 3 años pasó de un 0,5% a un -2,34%.

A partir de que en 1956 se tocara fondo, se plantearon políticas para contener el gasto público, que en un principio comenzaron a dar sus frutos y en 1960 el déficit se situó en un 0,67%. Pero no consiguieron equilibrar la balanza gasto-ingreso, como se puede ver en el periodo en 1960 u 1971, en el que se producen unos altibajos podríamos decir que cíclicos, se alcanzaban niveles de -0,5% y dos años después se volvía a llegar a niveles de -1,8%. A partir de 1971 se comenzó a desequilibrar la balaza nuevamente, y aunque en 1975 se conseguía volver los niveles de 1971. pero todos estos esfuerzos fueron en vano y en 1976 se alcanzó la cifra record del periodo en cuanto a déficit público, como hemos mencionado anteriormente se llegó a un -3,78%. Y aunque pocos años después este nivel se recuperó no tardó en volver a retroceder y se situó en 1980 en un déficit cercano al -3%.

Ante estos niveles de gasto público, y visto que los ingresos que el país generaba por si mismos no eran suficientes, se optó por un endeudamiento primero interno, y después externo para intentar equilibrar la balanza, pero estas medidas no fueron suficientes, y como veremos más adelante, esto no hizo más que empeorar la situación. Por último nos queda ver, si, aun así, el hecho de haber implantado el modelo de sustitución de importaciones, que sobre todo sirve para industrializar el país, sirvió de algo en este sentido, ya que como hemos visto, para lo demás no sirvió de mucho.

Como podemos observar la ISI supuso un crecimiento significativo del sector industrial, pero sin que este se desarrollara. La industrialización apenas ha transformado las estructuras dependientes de la economía o aumentado el nivel de vida de la mayor parte de la población del país. Guatemala siguió siendo un país agrícola, y las posibilidades de un futuro crecimiento industrial y de una diversificación son limitadas.

No obstante, la industria ha crecido bastante desde 1950 pasando de un 11% en ese año, y llegando a un 15% en 1980. Aunque no nos parezca un crecimiento muy espectacular hay que decir, que para como le ha ido a Guatemala con la ISI es bastante. Se establecieron muchas empresas nuevas, con grandes inversiones de capital y mecanización. El resultado fue una modesta diversificación de la economía y la creación de miles de nuevos empleos. Sin embargo, la industrialización no satisfizo las expectativas.

4. La Industrialización por sustitución de importaciones.

El sector más grande en la economía guatemalteca es la agricultura, siendo Guatemala el mayor exportador de cardamomo a nivel mundial, el quinto exportador de azúcar y el séptimo productor de café. El sector del turismo es el segundo generador de divisas para el país, mientras que la industria es una importante rama de la economía guatemalteca y el sector de servicios que año tras año cobra mayor importancia, por lo que convierte la típica economía guatemalteca basada en la agricultura en una economía basada en la prestación de servicios.

Los sectores que más aportes generan al PIB en Guatemala son:

• Agricultura, Ganadería y Pesca: El sector agrícola conforma un cuarto del PIB, dos tercios de las exportaciones, y la mitad de la fuerza laboral. Los productos agrícolas principales son café, caña de azúcar, bananos y plátanos. También se cultiva tabaco, algodón, maíz, frutas y todo tipo de hortalizas. El país destaca por el cultivo de productos agrícolas no tradicionales como brócoli, arveja china, col de Bruselas, ajonjolí, espárragos y chile, que en su mayor parte se destinan al comercio exterior. Guatemala cuenta con ganadería, básicamente para consumo interno y un pequeño porcentaje para exportación a Honduras y El Salvador. La pesca es importante principalmente en la costa sur, los principales productos de exportación son los camarones, langostas y calamares. Los departamentos de Escuintla y Retalhuleu son los más importantes para la pesca. Por su aridez, el llamado corredor seco que cubre parte de los departamentos de Baja Verapaz, Zacapa, El Progreso, Jalapa, Chiquimula, Jutiapa y Santa Rosa, es muy vulnerable a las sequías, no cuenta con seguridad alimentaria además de tener un alto grado de pobreza extrema.

- Minería: el único metal existente en grandes cantidades es el níquel, cuya extracción se destina mayoritariamente a la exportación —la explotación de níquel en El Estor, Izabal por la compañía canadiense EXMIBAL fue fuente de conflictos durante al Guerra Civil de Guatemala, especialmente en la década entre 1976 y 1986. Existen en el país grandes minas de oro y plata así como de jade y cobre. La mina más grande del país pertenece a la compañía Canadiense Goldcorp, que se dedica a la explotación de oro para la exportación.

- Manufactura y construcción: conforman un quinto del PIB. Las principales industrias son: transformación de alimentos, ensamblado de vehículos, aparatos eléctricos, pinturas, farmacéuticas, bebidas alcohólicas y no alcohólicas, editoriales y textiles, entre otras. La Ley de Propiedad Industrial vela por los derechos de la propiedad intelectual sobre patentes de invención y signos distintivos, lo que contempla la denominación de origen y la marca de certificación. Las principales industrias del país son de capital extranjero como American British Tabaco, Menarini, Laprin, Unipharm, Ambev. Existen muchas otras de capital mixto como Toyota, Hino, Mabe, General Electric, y empresas guatemaltecas como Kern´s, Cervecería Centroamericana, Cementos Progreso, etc.

- Turimso: el turismo se convirtió en uno de los motores principales de la economía, una industria que reportó más de $1,800 millones en el año 2008. Guatemala recibe alrededor de dos millones de turistas anualmente. En los últimos años se ha originado la visita de muchos cruceros que tocan puertos marítimos importantes de Guatemala, lo que conlleva la visita de más turistas al país.

En su territorio se encuentran fascinantes enclaves arqueológicos mayas (Tikal en el Petén, Quiriguá en Izabal, Ixinché en Tecpán Chimaltenango, y en la Ciudad de Guatemala); además el lago de Atitlan y la ciudad colonial de Antigua Guatemala tienden a ser los más visitados por turistas extranjeros.

5. Sectores económicos principales.

El sector más grande en la economía guatemalteca es la agricultura, siendo Guatemala el mayor exportador de cardamomo a nivel mundial, el quinto exportador de azúcar y el séptimo productor de café. El sector del turismo es el segundo generador de divisas para el país, mientras que la industria es una importante rama de la economía guatemalteca y el sector de servicios que año tras año cobra mayor importancia, por lo que convierte la típica economía guatemalteca basada en la agricultura en una economía basada en la prestación de servicios.

Los sectores que más aportes generan al PIB en Guatemala son:

- Agricultura, Ganadería y Pesca: El sector agrícola conforma un cuarto del PIB, dos tercios de las exportaciones, y la mitad de la fuerza laboral. Los productos agrícolas principales son café, caña de azúcar, bananos y plátanos. También se cultiva tabaco, algodón, maíz, frutas y todo tipo de hortalizas. El país destaca por el cultivo de productos agrícolas no tradicionales como brócoli, arveja china, col de Bruselas, ajonjolí, espárragos y chile, que en su mayor parte se destinan al comercio exterior. Guatemala cuenta con ganadería, básicamente para consumo interno y un pequeño porcentaje para exportación a Honduras y El Salvador. La pesca es importante principalmente en la costa sur, los principales productos de exportación son los camarones, langostas y calamares. Los departamentos de Escuintla y Retalhuleu son los más importantes para la pesca. Por su aridez, el llamado corredor seco que cubre parte de los departamentos de Baja Verapaz, Zacapa, El Progreso, Jalapa, Chiquimula, Jutiapa y Santa Rosa, es muy vulnerable a las sequías, no cuenta con seguridad alimentaria además de tener un alto grado de pobreza extrema.

- Minería: el único metal existente en grandes cantidades es el níquel, cuya extracción se destina mayoritariamente a la exportación —la explotación de níquel en El Estor, Izabal por la compañía canadiense EXMIBAL fue fuente de conflictos durante al Guerra Civil de Guatemala, especialmente en la década entre 1976 y 1986. Existen en el país grandes minas de oro y plata así como de jade y cobre. La mina más grande del país pertenece a la compañía Canadiense Goldcorp, que se dedica a la explotación de oro para la exportación.

- Manufactura y construcción: conforman un quinto del PIB. Las principales industrias son: transformación de alimentos, ensamblado de vehículos, aparatos eléctricos, pinturas, farmacéuticas, bebidas alcohólicas y no alcohólicas, editoriales y textiles, entre otras. La Ley de Propiedad Industrial vela por los derechos de la propiedad intelectual sobre patentes de invención y signos distintivos, lo que contempla la denominación de origen y la marca de certificación. Las principales industrias del país son de capital extranjero como American British Tabaco, Menarini, Laprin, Unipharm, Ambev. Existen muchas otras de capital mixto como Toyota, Hino, Mabe, General Electric, y empresas guatemaltecas como Kern´s, Cervecería Centroamericana, Cementos Progreso, etc.

- Turimso: el turismo se convirtió en uno de los motores principales de la economía, una industria que reportó más de $1,800 millones en el año

2008. Guatemala recibe alrededor de dos millones de turistas anualmente. En los últimos años se ha originado la visita de muchos cruceros que tocan puertos marítimos importantes de Guatemala, lo que conlleva la visita de más turistas al país.

En su territorio se encuentran fascinantes enclaves arqueológicos mayas (Tikal en el Petén, Quiriguá en Izabal, Ixinché en Tecpán Chimaltenango, y en la Ciudad de Guatemala); además el lago de Atitlan y la ciudad colonial de Antigua Guatemala tienden a ser los más visitados por turistas extranjeros.

Tema IV: Sistema económico de El Salvador

1. Generalidades sobre El Salvador.

Densidad de población: (2012) El Salvador tiene la mayor densidad de población de la América continental con 294 habitantes por Km2, siendo el cuadragésimo tercer país más densamente poblado del planeta. La población urbana representa el 64,8% y la rural el 35,2% del total de la población.

Indigenismo:

La población indígena, según datos de CONCULTURA, es estimada en más del 12% de la población total del país. Los pueblos indígenas identificados en El Salvador principalmente en los departamentos de Sonsonate, Ahuachapán, La Libertad, San Salvador y Morazán son los Nahua-Pipiles, Lencas, Kakawiras; no obstante, otros estudios y opiniones dan cuenta de la existencia de algunas comunidades Mayas y Chortís. En el año 2011, se registró un 86% de población mestiza; 12% blanca; 0,23% de indígenas, entre ellos kakawiras (0,07%), nahua-pipiles (0,06%), y lencas (0,04%); también un 0,13% de población negra; y 0,56% de otros grupos étnicos.

Renta per cápita:

(2013): 3.826,1 $* (*cifras preliminares del BM). (A finales de marzo del 2015 el Banco Central de Reserva volverá a dar los datos exactos de 2014)

Coeficiente GINI:

0,48 (BANCO MUNDIAL, últimos datos disponibles).

Esperanza de vida:

72.7 (hombres: 67,8 años y mujeres: 77 años) (UNFPA-CEPAL)

Crecimiento de la población %:

(2012) 0,32%.IDH (2013): El Salvador se sitúa en puesto 105 (de un total de 187).

Tasa de analfabetismo:

La tasa de analfabetismo en El Salvador es del 6 por ciento entre los jóvenes de 15 a 24 años, y de un 16 por ciento para los adultos de entre 25 y 59 años (Ministerio de Educación de El Salvador).

Tasa de natalidad:

(2014) 18.0 nacimientos por cada 1.000 habitantes (UNFPA-CEPAL)

Tasa de fertilidad:

(2014) 1.91 por mujer (UNFPA-CEPAL)

Situación económica del país:

El PIB en 2013 alcanzó los 24.533M$, con un crecimiento del 1,7% y una población de 6.340 millones de habitantes, y el PIB per cápita registró un aumento hasta los 3.869$.

La composición del PIB salvadoreño refleja la importancia de la industria manufacturera. Asimismo, el sector agropecuario mostró una fuerte recuperación en el segundo trimestre de 2014 con un crecimiento de un 1,95% frente al mismo período en 2013 (-1,41%). En el segundo trimestre de 2014 (últimos datos disponibles) el sector agropecuario tuvo una fuerte recuperación con un crecimiento de un 1,95% frente al mismo período en 2013 en donde debido a las condiciones climatológicas y la plaga de la roya tuvo un crecimiento de -1,41%. En lo que se refiere a la industria manufacturera, en 2012 registró un leve crecimiento del 1,3%. En 2013 este crecimiento fue algo más significativo, alcanzando el 2,1%. En el segundo trimestre de 2014 esta industria reflejó un crecimiento de un 2,11%. Asimismo destaca el sector comercio que pasó de un 2,04% en el segundo trimestre de 2014 a un 2,64% en el mismo período de 2014. El sector más dinámico durante el 2013 fue el financiero, que creció a un ritmo del 3,8% después de haber experimento un retroceso similar en 2012. Tras él, se sitúan los sectores de transporte, almacenamiento y comunicaciones y los servicios, con crecimientos del 2,2% en el año 2013. El PIB bruto en 2013 fue 1,7%. En el segundo trimestre de 2014 el PIB fue 2,03%. El producto interior bruto de El Salvador en 2014 creció un 2,0% respecto a 2013. Se trata de una tasa 2 décimas mayor que la de 2013, que fue del 1,8%.

En 2014 la cifra del PIB fue de 18.932 M.€, con lo que El Salvador es la economía número 106 en el ranking de los 196 países de los que publicamos el PIB. El valor absoluto del PIB en El Salvador creció 598 M.€ respecto a 2013.

El PIB Per cápita de El Salvador en 2014 fue de 3.100€, 89€ mayor que el de 2013, que fue de 3.011€. Para ver la evolución del PIB per cápita resulta interesante mirar unos años atrás y comparar estos datos con los del año 2004 cuando el PIB per cápita en El Salvador era de 2.100.

Si ordenamos los países en función de su PIB per cápita durante el 2014, El Salvador se encuentra en el puesto 113, por lo que sus habitantes tienen, según este parametro, un bajo nivel de riqueza en relación a los 196 países de los que publicamos este dato.

En esta página puedes ver la evolución del PIB en El Salvador. Puedes ver el listado completo de los países de los que publicamos el PIB clicando en PIB y ver toda la información económica de El Salvador en Economía de El Salvador.

2. Historia del Sistema económico salvadoreño.[131]

Durante la colonia la economía del territorio que en la actualidad es El Salvador y hasta mediados del siglo

[131] Tomado del artículo Economía del Salvador. Obtenible en https://es.wikipedia.org/wiki/Econom%C3%ADa_de_El_Salvador. Consultado el 17 de enero de 2016 a las 12:03hrs. Toda la información aquí tratada ha sido corroborada con otras fuentes bibliográficas citadas en los pie de páginas y en la bibliografía citada al final de la obra.

XX El Salvador tuvo como principal característica la dependencia a los productos agropecuarios sobre todo los referente a la exportación.

Desde la conquista las provincias cuyo territorio forma actualmente El Salvador y posteriormente con la independencia y la unificación de la Alcaldía Mayor de Sonsonate y la Intendencia de San Salvador en la nación salvadoreña la cual estaba unida y posteriormente separada de la Federación Centroaméricana; la economía giraba alrededor del cultivo de cacao, añil, café, algodón, entre otros. Entre todos los cultivos el más relevante en la parte económica y social fue el café, el cual se convirtió en la principal fuente de ingresos de los salvadoreños.

El desarrollo del cultivo del cacao y el bálsamo (1492-1800). [132]

Durante la época precolombina el cacao estaba difundido entre las naciones indígenas utilizado como moneda de intercambio y el chocolate era una bebida tomada únicamente por las personas importantes de la población. El consumo del chocolate se difundió por Europa, con su introducción el cacao se convirtió en un producto comercial invaluable para los españoles. Se estima que en el año 1574, la producción anual de este cultivo ascendía a los 300.000 reales; once años

---

[132] BROWNING, DAVID.: *"El Salvador, La Tierra y el hombre"*. Cuarta edición, Dirección de Publicaciones e Impresos CONCULTURA, San Salvador, El Salvador. 1998

después dicho valor se había incrementado a más de 500.000 reales.

A pesar del auge que tuvo el cacao, en 1585 la producción de este cultivo había comenzado a decaer, principalmente por la disminución de la población indígenas debido a las enfermedades traídas por los españoles y por consiguiente la falta de mano de obra.

Además del cacao, los españoles vieron en la recolección del bálsamo una forma de asegurar sus intereses comerciales, ya que el bálsamo era utilizado en Europa para fines medicinales, como base para perfumes y por la Iglesia Católica en la elaboración del Crisma. Al igual que el cacao, el proceso de extracción del bálsamo quedó en manos de los indígenas quienes utilizaban el fuego como medio para extraer el bálsamo. Tales técnicas resultaban destructivas y provocaban reducciones de las reservas de los árboles de bálsamo, este fue el principal motivo por eso el bálsamo nunca se convirtió en un soporte económico para las provincias españolas en lo que hoy es El Salvador.

En El Salvador el cultivo del añil constituía una actividad productiva totalmente española, en tanto que la producción del bálsamo y el cacao había quedado en su mayoría en la comunidad indígena. El cultivo de añil se convertiría en el producto primordial de exportación y en la base económica de las familias, gracias a la demanda mundial de tintes naturales. A principios del siglo XVII, se envió un aproximado de

500,000 libras del añil de Centroamérica a Europa, esta cantidad se duplicó repetidamente dentro del siglo XVII. La producción añilera siguió creciendo, tanto así que las exportaciones de añil en 1855 representaban el 86.30% de total de El Salvador.[133]

A nivel internacional el precio del añil experimentó aumentos desde finales de la década de 1840 hasta el año 1868, año a partir del cual su precio empezó a disminuir. Debido a la guerra y a los desastres naturales los productores perdieron parte de los años en que el añil era cotizado a precios altos, pero al lograrse condiciones estables la producción del añil incrementó nuevamente, oscilando entre 1 y 2 millones de libras. Sin embargo, el descubrimiento de los primeros colorantes sintéticos a mitad del siglo XIX obligó a los productores de añil a abandonarlo lentamente, dando paso al cultivo del café.[134]

Durante la década de 1840s hubo intentos de exportar otros productos agrícolas entre los que figuraba el algodón, lo cual fracaso por no tener las condiciones económicas adecuadas. Los esfuerzos del gobierno por aumentar la producción de algodón fueron insuficientes, pues para 1858 solo el departamento de Usulután era el que producía una pequeña cantidad de algodón. Debido a la escasez de algodón para alimentar los telares, el precio del algodón comenzó a

---

[133] Ibídem.
[134] LINDO-FUENTES, HÉCTOR. *"La economía de El Salvador en el siglo XIX"*. Primera edición. Dirección de Publicaciones e Impresos. San Salvador, El salvador. 2002 (Impresión de 2006).

aumentar y los precios del añil disminuyeron, lo que incentivó a los productores salvadoreños a sembrar algodón, convirtiéndose de pronto en el negocio más llamativo; para 1863 se exportó algodón por primera vez y ya se tenían cálculos de la cantidad de hectáreas que se sembrarían en 1864.

En un inicio el algodón debía enviarse a Nicaragua para procesarlo posteriormente las empresas inglesas introdujeron todos los instrumentos necesarios para procesar el algodón en el país antes de exportarlo, creciendo de esta manera el interés por cultivar la fibra. La producción algodonera comenzó a descender en 1866, pero a pesar de eso seguía cultivándose en 1868. Además el entorno ecológico de la zona costera salvadoreña dificultaba el cultivo, debido a las plagas. Hubo que esperar que se crearan insecticidas efectivos hasta el siglo XX para retomar el cultivo del algodón en gran escala. La bonanza del algodón duró corto tiempo, pero permitió vislumbrar los cambios que sufrió la economía salvadoreña a mediados del siglo XIX.

En El Salvador a fines del siglo XIX (1870-1900), el cambio económico más importante fue el desarrollo de nuevas actividades productivas en el área rural, tales como la minería y el café. De estos productos, el café fue el producto de exportación de mayor crecimiento y el que más ganancias generó para los productores, beneficiadores y comerciantes. El Salvador desde los tiempos coloniales había producido café, pero no en cantidades suficientes para suplir la demanda local. La posibilidad de exportar este producto se observó hasta finales de la década de 1840. En este mismo año, la producción de café se volvía más atractiva porque los precios del añil se encontraban en un punto bajo inexplorado hasta entonces.

Entre 1860 y 1880 el cultivo del café tomó un impulso mucho mayor y durante los años de 1864 y 1881 las exportaciones se multiplicaron extraordinariamente. Hacia fines del siglo XIX y principios del siglo XX, en El Salvador existían grandes beneficios que procesaban el café; así como exportadores de café con conexiones en Europa y Estados Unidos quienes se encargaban de la distribución y el transporte.

Después de la II Guerra Mundial, El Salvador experimentó un largo periodo de crecimiento económico sostenido, que en los años sesenta se benefició del Mercado Común Centroamericano.

En la década siguiente, la economía salvadoreña sufrió los efectos de la recesión mundial y del descenso de los precios internacionales de las materias primas, con el agravante de las adversas condiciones climáticas. Desde finales de los años setenta y hasta mediados de los ochenta, El Salvador sufrió un continuo retroceso del PIB a consecuencia de la caída de los ingresos por exportación y por comercio intrarregional y la guerra civil.

El conflicto resultó devastador para el país, ya que se vieron seriamente afectadas zonas agrícolas, carreteras e instalaciones energéticas. La guerra también provocó pérdidas equivalentes a la mitad del PIB, junto con una fuga de capitales al exterior y la caída de la inversión extranjera. La firma de los acuerdos de paz a inicios de 1992 supuso un importante impulso a la recuperación económica, que se benefició de la puesta en marcha de un plan nacional de reconstrucción acompañado de reformas económicas, como un programa de privatizaciones y una serie de reformas fiscales.

Estas medidas, que contaron con el apoyo del Fondo Monetario Internacional, permitieron reducir la inflación y aumentar las exportaciones. Sin embargo, el buen ritmo del crecimiento económico se vio frenado en 1998 por los efectos del huracán Mitch, que destruyó cosechas y afectó a las infraestructuras. Aun así, las consecuencias del huracán no fueron tan graves como en los estados vecinos y El Salvador se situaba a finales de 2000 en el grupo de países de ingresos medios, aunque su estructura económica continuaba siendo la tradicional de un país en vías de desarrollo de la zona centroamericana. Sin embargo, el violento terremoto (7,8 grados) que asoló gran parte del país en enero de 2001 dejando un rastro de miles de damnificados, destrucción de edificios, infraestructuras y empresas, determinó la ralentización del crecimiento económico previsto.

3. Sector primario.

La actividad agropecuaria todavía representaba el sector principal en cuanto a empleo en El Salvador y aporta una parte importante de las exportaciones del país. La producción agraria sigue muy caracterizada por un dualismo muy acusado entre los cultivos comerciales y los de subsistencia. En régimen de latifundio se cultivan los productos de exportación, fundamentalmente café y algodón, así como maíz. En los minifundios, de tamaño reducido e insuficiente productividad, las familias campesinas cultivan maíz, arroz, trigo y judías, todo ello destinado al consumo interior.

En época de cosecha, familias enteras de trabajadores del campo se trasladan a las zonas cafetaleras o algodoneras para obtener pequeños ingresos con los que completar sus necesidades de subsistencia. Ahora se persigue una nueva redistribución de las tierras.

A pesar de la gran superficie de prados y pastos, la ganadería tiene una importancia relativa. Destaca la cabaña bovina, la más numerosa, seguida de la porcina y la ovina. Mayor fortuna ha tenido el desarrollo del sector pesquero, gracias al establecimiento de pesquerías comerciales financiadas por el Banco Interamericano de desarrollo (BID). Parte de la producción de este sector, sobre todo crustáceos, se destina a la exportación.

4. Sector secundario

Desde mediados del siglo XX, el proceso de industrialización del país centroamericano fue impulsado según el modelo de "sustitución de importaciones", es decir, producir en el propio país los productos que de otra manera tienen que ser importados. Los resultados iniciales fueron notables, a pesar de lo limitado del mercado interno y la falta de materias primas y tecnología.

La creación del Mercado Común Centroamericano convirtió a El Salvador en el país más industrializado de América Central a finales de los sesenta, pero la aguda crisis de los setenta y ochenta afectó profundamente a la actividad manufacturera. Durante la década de los noventa, el crecimiento industrial se ha basado en el sector orientado a la exportación, especialmente de textiles, prendas de confección y productos farmacéuticos. En la actualidad, el sector continúa poco desarrollado y ocupa tan sólo al 18% de la población activa.

5. Tratados Comerciales de El Salvador.[135]

En los últimos años, El Salvador ha impulsado una política de apertura comercial, con el propósito de

---

[135] Tomado de CAMARA AMERICANA DE COMERCIO CON EL SALVADOR: Acuerdos Comerciales vigentes en El Salvador. Obtenible siguiendo el siguiente linc en en http://www.amchamsal.com/index.php?option=com_content&view =article&id=2&Itemid=109&lang=es. Consultado el 17 de enero de 2016 a las 22:52hrs.

lograr una mayor inserción de sus productos y servicios en los mercados de sus principales socios comerciales. Como parte de dicha política, El Salvador ha profundizando sus relaciones comerciales mediante la suscripción de nueve Acuerdos Comerciales, con países como México, Estados Unidos, Chile, Colombia y el Acuerdo de Asociación con la Unión Europea.

Con la vigencia de dichos Acuerdos Comerciales se ha contribuido a mejorar el clima de negocios, a promover la inversión productiva nacional y extranjera, así como a mejorar el acceso de los productos salvadoreños a los mercados internacionales.

Cabe destacar que alrededor del 94% de las exportaciones totales de El Salvador están dirigidas hacia países con los cuales se cuenta con Acuerdos Comerciales, mientras que el 75% de las importaciones totales de ese país también provienen de los países con los cuales se tiene dichos Acuerdos. Por otra parte, el 86% de las inversiones extranjeras directas proceden de países con los cuales El Salvador ha suscrito Acuerdos comerciales.

En el año 2013, las exportaciones totales de El Salvador superaron por tercer año consecutivo la barrera histórica de los US$ 5,000 millones, sumando un total de US$ 5,491 millones.

Tratado de libre comercio (TLC) con República Dominicana.

El TLC con República Dominicana entró en vigencia el 4 de octubre de 2001.

En el año 2004, se completó el programa de desgravación arancelaria, por lo que todos los productos gozan de cero arancel, excepto aquellos que están excluidos (0.8% del universo arancelario). Dentro de los excluidos se encuentran productos agropecuarios como los lácteos, arroz y productos avícolas.

Durante la vigencia del TLC, las exportaciones han aumentado de US$ 12.4 millones en el 2001 a US$ 75 millones en el 2013.

Entre los principales productos de exportación se encuentran: néctares, láminas impresas, productos de plástico, esbozos para bebidas, bebidas de frutas, medicamentos, dulces, boquitas saladas (snacks), galletas, escobas plásticas, papel higiénico, entre otros.

Tratado de libre comercio (TLC) con Chile.

El TLC con Chile entró en vigencia el 1 de junio de 2002.

La totalidad de productos salvadoreños incluidos en el programa de desgravación quedó libre de arancel para ingresar a Chile en el año 2011; mientras que la totalidad de productos chilenos quedarán libres para ingresar a El Salvador en el año 2017.

Únicamente el 4% del universo arancelario se encuentra excluido del TLC, como por ejemplo, productos lácteos, frijoles, aguacates, aceite de oliva, embutidos, entre otros.

Durante la vigencia del TLC, las exportaciones han aumentado de US$ 1.8 millones en el 2002 a US$ 31.2 millones en el 2013.

Entre los principales productos de exportación se encuentran: azúcar, productos de plástico, papel higiénico, escaleras de aluminio, escobas plásticas, toallas, de algodón, productos de papel y cartón, entre otros.

Tratado de libre comercio (TLC) con República de Panamá

El TLC con Panamá entró en vigencia para El Salvador el 11 de abril de 2003.

La totalidad de productos incluidos en el programa de desgravación quedó libre de arancel para ingresar tanto a Panamá como a El Salvador en el año 2013.

Durante la vigencia del TLC, las exportaciones han aumentado de US$ 45.0 millones en el 2002 a US$ 121.7 millones en el 2013.

Entre los principales productos de exportación se encuentran: bebidas de frutas, cajas de cartón, medicamentos, pinturas, detergentes, papel higiénico y artículos de plástico.

El Tratado de Libre Comercio con Panamá ha incidido para que ese país se convierta en la segunda mayor fuente de inversión extranjera directa en nuestro país. Cabe señalar que la inversión extranjera directa de

Panamá creció de US$87.5 millones en el 2002 a US$2,528 millones en el 2013. Entre los principales sectores receptores de inversión panameña se encuentran: Distribución y venta de productos alimenticios, fabricación de electrodomésticos, servicios de calificación y evaluación crediticia, fabricación de artículos de papel, entre otros.

Por otra parte, es importante mencionar que desde noviembre de 2013 Panamá se incorporó al Subsistema de la Integración Económica Centroamericana. Entre los instrumentos jurídicos más importantes que han sido adoptados por dicho país se encuentran: Tratado General de Integración Económica Centroamericana, Protocolo de Guatemala, Convenio sobre el Régimen Arancelario y Aduanero Centroamericano, CAUCA y RECAUCA, entre otros.

Tratado de libre comercio (TLC) con Taiwán.

Durante los últimos años, nuestro país ha llevado a cabo acciones que han contribuido a fortalecer los vínculos comerciales y de cooperación que históricamente han existido entre los gobiernos de El Salvador y la República de China (Taiwán).

Dichos vínculos se reforzaron con la entrada en vigencia del Tratado de Libre Comercio con ese país, el 1 de marzo de 2008.

El Acuerdo comercial con Taiwán ha contribuido al dinamismo de las exportaciones salvadoreñas hacia ese mercado, ya que éstas crecieron de US$ 6.1

millones antes del Tratado, en 2007, a US$ 46.9 millones en el año 2013.

Dentro de los principales productos de exportación a Taiwán se encuentran el azúcar, café oro, atún, harina de pescado, manufacturas de aluminio, plástico y cartón, entre otros.

Las inversiones procedentes de Taiwán en el año 2013 suman US$ 10.9 millones.

CAFTA-DR

El CAFTA-DR entró en vigencia el 1 de marzo de 2006 y en este período se ha constituido en uno de los principales instrumentos de comercio exterior de nuestro país. Estados Unidos es el socio comercial más importante de El Salvador ya que alrededor del 45% de las exportaciones totales se dirigen a ese mercado, el 39% de las importaciones provienen de dicho país, el cual se ha constituido además en la principal fuente de inversión extranjera directa.

En el período de vigencia del CAFTA-DR, las exportaciones han crecido en un 38%, pasando de US$ 1,809 millones en el 2005 a US$ 2,490 millones de dólares en el 2013. Entre los sectores más dinámicos en el rubro de exportaciones se tienen los siguientes: textil y de confección, manufacturas de cuero, bebidas, frutas congeladas, entre otros.

Entre los productos de exportación destacan las toallas de algodón, azúcar cruda, café oro, camisetas de algodón, shorts de fibras sintéticas, calzado de cuero, chile dulce, néctares de frutas, entre otros.

Inversión

Estados Unidos continúa ocupando el primer lugar dentro de los países con mayor inversión extranjera directa en El Salvador. En el 2013 las inversiones procedentes de EE.UU. suman un total de US$ 2,343 millones. Entre los sectores en los cuales se han concentrado las inversiones se encuentran: call center, distribución y logística, agroindustria, electrónica, médico, textiles y confección y desarrollo de software.

Tratado de libre comercio (TLC) con Colombia.

El TLC con Colombia, entró en vigencia el 1 de febrero de 2010. En el año 2012, las exportaciones de El Salvador hacia Colombia han pasado de US$ 5.1 millones en el 2011 a US$ 13.8 millones en el 2013.

Principales productos de exportación: cierres de cremallera (zippers), hilados de algodón, toallas de algodón, aceites y grasas lubricantes, depósitos metálicos, artículos desechables, material impreso, galletas y atún enlatado, entre otros.

La inversión colombiana registrada en nuestro país aumentó de $ 35.1 millones en 2011 a US$ 706.2 millones en 2013. Se ubica en sectores como el de textil-confección, financiero, transporte aéreo, manufactura y turismo.

TLC único Centroamérica - México

Hasta antes del 1 de septiembre del año 2012, México mantenía tres acuerdos comerciales con Costa Rica, Nicaragua y los países del denominado Triangulo Norte, conformado por Guatemala, Honduras y El Salvador. Sin embargo, a partir de la entrada en vigencia del Tratado Único se crea un espacio económico y jurídico ampliado que ha contribuido a facilitar el comercio, a fomentar la integración regional y a reducir los costos de las transacciones comerciales. Este proceso de convergencia inició en mayo de 2010 y finalizó en noviembre de 2011. El Salvador fue el primer país en poner en vigencia el TLC Único el 1 de septiembre de 2012.

Este Acuerdo promueve la integración productiva y económica entre Centroamérica y México, al permitir la acumulación regional, la cual facilita la utilización de insumos y materiales originarios de los países miembros del Tratado para la producción de bienes finales de exportación.

Dentro de los principales productos salvadoreños que se exportan a México se encuentran los néctares y bebidas de sabores, lomos de atún, cajas de cartón, camisas y calzoncillos de algodón, cintas elásticas, estuches para joyas, sueros intravenosos, cueros de bovino, botas de plástico, implementos agrícolas, entre otros.

El Tratado de Libre Comercio con México ha incidido para que ese país se convierta en la tercera mayor fuente de inversión extranjera directa en nuestro país. Cabe señalar que la IED de México creció de US$ 67 millones en el año 2000 a US$ 1,007 millones en el 2013.

Acuerdo de alcance parcial El Salvador– Cuba.

El AAP entró en vigencia el 1° de agosto del presente año.

Es importante mencionar que este Acuerdo no incluye la liberalización de la totalidad del universo arancelario. La reducción arancelaria aplicará bajo la modalidad de "descuentos arancelarios" y se limita a 618 fracciones aplicadas por El Salvador a los productos cubanos y 433 aplicadas por Cuba a los productos salvadoreños.

El Acuerdo también incluye disposiciones en materia de Medidas Sanitarias y Fitosanitarias, Obstáculos Técnicos al Comercio, Defensa Comercial, Solución de Controversias y Cooperación, que regirán el comercio bilateral entre las Partes.

En el año 2013 se exportaron a Cuba mercancías por un valor de US$ 6.7 millones, mientras que las importaciones desde ese país se han mantenido en alrededor de $ 300 mil.

Acuerdo de Asociación con La Unión Europea.

El 29 de junio del año 2012 se suscribió el Acuerdo de Asociación entre Centroamérica, Panamá y la Unión Europea, posteriormente fue ratificado por los Congresos de cada país centroamericano. El Acuerdo entró en vigencia el 1 de agosto de 2013 para Honduras, Nicaragua y Panamá, el 1 de octubre para

Costa Rica y El Salvador y el 1 de diciembre de ese mismo año para Guatemala.

El Acuerdo de Asociación constituye una evolución de fondo en las relaciones entre ambas regiones, y está estructurado en tres pilares que abarcan el diálogo político, las acciones de cooperación y las relaciones comerciales.

Desde la perspectiva de acceso a mercados, el Acuerdo mejora las condiciones de acceso para los bienes y servicios del istmo al mercado de la Unión Europea, consolida y mejora las preferencias unilaterales otorgadas por la Unión Europea a través del Sistema Generalizado de Preferencias (SGP) y abre nuevas oportunidades de ingreso al mercado europeo para otros productos. El Acuerdo tiene la particularidad de ser un acuerdo negociado región a región, cuyo contenido promueve el proceso de integración económica de los países centroamericanos.

En el año 2013 se exportaron mercancías hacia la Unión Europea por un valor de US$ 230 millones. Dentro de los principales productos de exportación destacan el café oro, lomos de atún, atún enlatado, miel natural, calzado de cuero, suéteres de fibras sintéticas, entre otros.

La IED procedente de la Unión Europea sumó US$ 807 millones en el año 2013.

6. Comercio exterior del Salvador

Los principales mercados de exportación de El Salvador son Estados Unidos y los países centroamericanos, que en su conjunto representaron el 84% del valor de las exportaciones del país en el año 2010. Las exportaciones a los países de la Unión Europea en su conjunto, ascendieron a US$ 194.4 millones, 4% del total, ocupando el tercer lugar en los mercados de exportación de El Salvador.

El Salvador: Destino de las Exportaciones (2010)

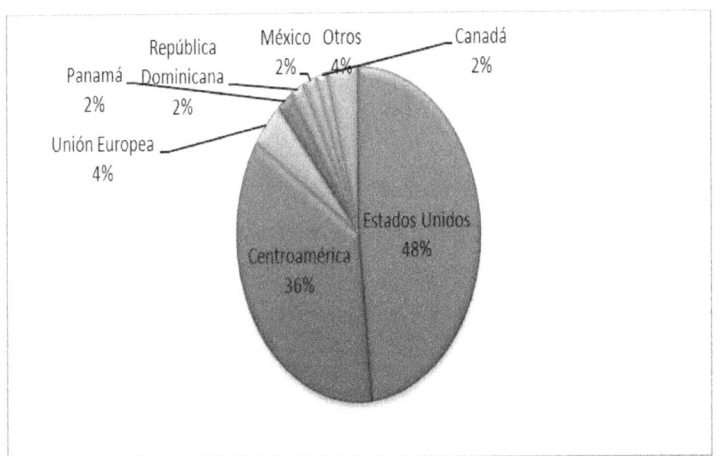

En el mismo período, las importaciones de El Salvador, originarias de los países de la Unión Europea, se realizaron por un valor de US$ 573 millones, representado el cuarto mercado de origen de las importaciones totales. El primer lugar lo ocuparon los Estados Unidos, de donde se originó el 37% de las importaciones salvadoreñas, seguido de Centroamérica, con el 19%.El comportamiento de las importaciones y exportaciones generaron una Balanza Comercial negativa para El Salvador, de US$ 378.6 millones en el 2010. El comercio exterior entre El

Salvador y la UE, alcanzó su valor máximo en el 2008, cuando se exportaron productos por un valor de US$ 317.6 millones y se importó US$ 674.9 millones. En el período comprendido entre 2008 y 2010, el comercio exterior se redujo en un 33%.Durante el año 2010, el 68.7% del valor de las exportaciones salvadoreñas hacia los países de la Unión Europea, tuvieron como destinos principales Alemania (42.1%) y España (25.6%). Otros mercados fueron Reino Unido (7.9%), Italia (5.9%), Holanda (4.5%), Suecia (4.4%), Bélgica (3.5%) y Francia (2.4%). Estos ocho países, representaron el 97.3% de las exportaciones de El Salvador hacia la UE. Las exportaciones salvadoreñas hacia la Unión Europea están concentradas principalmente en café y atún. El café es el principal producto de exportación de El Salvador hacia dicho mercado y en el 2010 representó el 57%, seguido del atún en conserva con el 26.9%. Ambos productos representaron el 84% del valor de las exportaciones con destino hacia la UE en el 2010. Otros productos exportados son miel natural, melaza de caña, alcohol etílico y follajes, pero su participación aún es pequeña. Los primeros 10 productos exportados por El Salvador hacia la UE, representaron el 94% del total.[136]

Según datos del Banco Central de Reserva de El Salvador (BCR), las exportaciones registraron un caída

---

[136] *Vid: Comercio Exterior de El Salvador- –Unión Europea.* Obtenible   en http://web.minec.gob.sv/cajadeherramientasue/index.php/las-relaciones-comerciales-ca-ue/comercio-el-salvador-union-europea.html. Consultado el 18 de enero de 2016 a las 23:08hrs.

del -4.6 % entre septiembre de 2013 y septiembre de 2014. La institución reportó $4,021.8 millones en ventas al exterior en septiembre pasado, unos $194.2 millones menos a los $4,216 en exportaciones a septiembre de 2013. Los productos no tradicionales (algodón, azúcar, café y camarón) bajaron sus ventas en -37.4 %, siempre entre septiembre de 2013 y septiembre de 2014. Pablo Durán, presidente de la Corporación de Exportadores de El Salvador (COEXPORT), dijo que la baja en las exportaciones es aún el efecto del cierre de las fronteras que se produjo en los primeros meses del año.[137]

En enero de 2014, transportistas de la región bloquearon el paso en las fronteras salvadoreñas por una semana. La medida fue una expresión de rechazo al cobro de $18 que aplicó el Gobierno en los recintos aduanales para las operaciones de comercio internacional, y que además incluía la revisión con un nuevo sistema de inspección no intrusiva. Uno de los productos que mayor impacto generan en las exportaciones totales es el café. Según el BCR, la exportación de este producto bajó en un 55 % entre septiembre de 2013 y septiembre del presente año. En un año las ventas de café al exterior decrecieron

---

[137] Portillo, Miguel: Exportaciones salvadoreñas caen $124.2 millones, según datos del Banco Central de Reserva. El café es de los productos que mayor impacto tienen, con una disminución del 55.7 % en sus ventas al exterior. Analistas dudan que este año haya recuperación. Publicado en La Prensa Gráfica. Obtenible en http://www.laprensagrafica.com/2014/10/30/comercio-exterior-de-el-salvador-esta-en-caida

$123.7 millones; este es efecto del ataque de roya que afectó el parque cafetalero salvadoreño y que afectó la cosecha 2013/2014. "Es el efecto que ya traemos en las exportaciones del café, el azúcar y la maquila. Son los rubros que están cayendo. Lo que queda del año es muy poco y no hay mucha probabilidad de que vaya a cambiar la tendencia de las exportaciones", señaló Luis Membreño, analista económico en una entrevista realizada en octubre de 2014. Las exportaciones de azúcar bajaron un -14.8 % en un año y representó unos $26.9 millones menos en divisas que ingresaron al país.

Entre los datos del BCR se encuentra que las exportaciones de la maquila se redujeron 7.9 % en 2013. Sin embargo dentro del sector de maquila la industria textil mantuvo el ritmo de crecimiento de las exportaciones en 1 %. Aun así, dentro de la industria en general hay sectores afectados, como la fundición de hierro, bebidas, productos de molinería, azúcar y productos de confitería, papel y cartón. Otro de los datos publicados por el BCR fue la disminución en 2.4 % de las exportaciones hacia Centroamérica. Para el analista económico Claudio de Rosa, es preocupante ya que el bloque centroamericano, en su conjunto, es uno de los principales socios comerciales de El Salvador.

Las exportaciones a la región han pasado de $1,525.2 millones registrados en septiembre de 2013 a $1,488.5

millones en septiembre pasado, una merma de $36.7 millones.[138]

7. Principales industrias y microfinanzas.[139]

A pesar de ser el país más pequeño en extensión territorial de Centroamérica y no contar con una Ley de Desarrollo de las Microfinanzas, El Salvador presenta un mercado bastante diversificado y competitivo, con bancos privados incursionando en la industria, cooperativas de ahorro y crédito, instituciones financieras reguladas y no reguladas, ONG´s (fundaciones y asociaciones) y varias sociedades ofreciendo servicios financieros hacia el sector empresarial de la micro y pequeña empresa del país.

Más de 100 instituciones financieras que operan en el país, se dedican a ofrecer pequeños préstamos para los salvadoreños sin acceso a la banca tradicional y que quieren abrir un pequeño negocio o expandir el que ya tienen.

---

[138] *Vid:* http://www.laprensagrafica.com/2014/10/30/comercio-exterior-de-el-salvador-esta-en-caida#sthash.sGIdHc4D.dpuf. Consultado el 18 de enero de 2016 a las 00:56hrs.
[139] Tomado del artículo *El Salvador.* Publicado por web Portal de Microfinanzas.   Obtenible   en http://www.microfinancegateway.org/es/pa%C3%ADs/el-salvador. Consultado el 18 de enero de 2016 a las 12:44hrs. También tomado de artículo *El Salvador.* Obtenible en https://es.wikipedia.org/wiki/El_Salvador#Balance_energ.C3.A9tic o. Consultado el 18 de enero de 2016 a las 13:03hrs.

Varias asociaciones aglutinan a estas instituciones dedicadas a la industria de las microfinanzas, entre ellas, la Asociación de Organizaciones de Microfinanzas de El Salvador (ASOMI), con 14 miembros afiliados (13 IMFs y 1 central de riesgo) y que forma parte de la de la Red Centroamericana y del Caribe de Microfinanzas (REDCAMIF).

El sistema cooperativo de ahorro y crédito está dividido en dos principales federaciones, siendo estas: Federación de Cajas de Crédito y Bancos de los Trabajadores (FEDECREDITO), constituye un total de 48 cajas de crédito y 7 bancos de los trabajadores; y la Federación de Asociaciones Cooperativas de Ahorro y Crédito de El Salvador (FEDECACES), cuenta con 32 miembros afiliados.

En materia de inclusión financiera, existe debate sobre la necesidad de poner en práctica una estrategia nacional pero todavía está en sus primeros pasos. El Microscopio Global 2014 ubicó a El Salvador en el puesto número 23 del ranking que evalúa el ambiente normativo para la inclusión financiera.

Según la base de datos global de inclusión financiera (Global Findex) 2014 del Banco Mundial, solo el 34,6% de los adultos (mayores de 15 años) tenía cuenta en una institución financiera formal y alrededor del 14% de los adultos ahorró en una institución financiera formal en el ultimo año.

Formas de energía	2013 (MWh)	%
Energía hidroeléctrica	1 693 487.56	30.7
Energía geotérmica	1 359 264.28	24.7
Petróleo (búnker)	2 255 514.26	40.9
Biomasa	199 397.88	3.6
Diésel	1 765.41	0.03
Total	5 509 429.39	100.0

En El Salvador más de la mitad de la energía se produce a partir de recursos renovables como lo son la hidroeléctrica y la geotérmica, con altas expectativas de crecimiento por los proyectos de ampliación de las plantas geotérmicas y la construcción de nuevas presas hidroeléctricas, además se está dando paso a una planta de gas natural con inversión de 900 millones de dólares. El Salvador es el segundo país del mundo con mayor porcentaje de producción de energía geotérmica con respeto a su total con un 25% al 2013.

El cuadro siguiente muestra la producción total de energía de El Salvador al 2013 y sus porcentajes.[140]

Silvicultura

Debido a la alta densidad de población y a la temprana explotación del café, los recursos forestales de El Salvador se han reducido a un pequeño porcentaje de la superficie del país (5.8 % el equivalente a unas 1210 km²) y la mayoría están protegidos. Como resultado, la mayor parte de la madera que necesita el país debe ser importada. No obstante se mantienen especies de árboles muy particulares del país junto con otras existentes en casi toda Iberoamérica. Los árboles de bálsamo son muy abundantes en sus bosques. De hecho, El Salvador es uno de los principales proveedores de goma de bálsamo.

Turismo

El Salvador ha hecho grandes esfuerzos para promocionarse como destino turístico para 2014, aproximadamente 1.36 millones de personas visitaron El Salvador, dejando en el país unos 822 millones de dólares.[141] Para facilitar el turismo para extranjeros y

---

[140] *Vid: Generación anual 2013.* Dirección de Planificación y Seguimiento. Consejo Nacional de Energía de El Salvador.
[141] *Vid: ¿Cuáles son los destinos turísticos favoritos en Centroamérica?.* Revista Summa. Obtenible en http://www.revistasumma.com/cuales-son-los-destinos-turisticos-favoritos-en-centroamerica/. Consultado el 19 de enero de 2016 a las 23:04hrs.

nacionales el Ministerio de Turismo ha propuesto diferentes rutas, las cuales son las siguientes:

- Ruta Arqueológica
  Joya de Cerén, San Andrés, Santa Ana, Chalchuapa, Tazumal, Casa Blanca.
- Ruta Artesanal
  Ilobasco, Suchitoto, San Sebastián, Cihuatán, Colima, La Palma, San Ignacio, El Pital, Las Pilas, Miramundo, Citalá, Iglesia del Pilar.
- Ruta de La Paz
  Perquín, Cacaopera, Arambala, Corinto, San Fernando.
- Ruta de las Mil Cumbres
  Bosque de Chaguantique, Bahía de Jiquilisco, Volcán de Tecapa y Laguna de Alegría, Berlín, Alegría.
  - Ruta Rural y Cultural
    Concepción de Ataco, Nahuizalco, Ilobasco, La Palma San Sebastián, Cihuatán, Joya de Cerén, San Andrés, Santa Ana, Chalchuapa, Tazumal, Casa Blanca, Iglesia Santiago Apóstol, Suchitoto, Panchimalco.
  - Ruta Sol y Playa
    Playas de El Salvador:
  - Zona Central: Playa el Palmarcito, El Sunzal, El Tunco, La Paz, San Diego, Costa del Sol y Estero de Jaltepeque, El Zonte.
  - Zona Occidental: Playa de la Barra de Santiago, Metalío, Los Cóbanos,

- Zona Oriental: Bahía de Jiquilisco, Playa El Espino, El cuco, Las Flores, Las Tunas, Torola, Playas Negras, El Tamarindo y el Golfo de Fonseca.
- Ruta de Las Flores
  Salcoatitán, Nahuizalco, Juayúa, Apaneca y Concepción de Ataco.
- Ruta de Los Volcanes
  Cerro Verde, Izalco y Santa Ana.

Hidroelectricidad

En la actualidad, las plantas de energía hidroeléctrica aportan el 36 % de la electricidad producida en El Salvador. La compañía pública estatal CEL (Comisión Ejecutiva Hidroeléctrica del Río Lempa) posee y opera el 97 % de esta capacidad. Las cuatro plantas de energía hidroeléctrica en El Salvador son: 5 de noviembre (81.4 MW), Guajoyo (15 MW), Cerrón Grande (135 MW) y 15 de septiembre (156.3 MW), todas ellas sobre el río Lempa.[142]

En este sector, los proyectos actualmente en marcha son los siguientes:

- Actualización de las dos unidades en la planta 15 de septiembre con 24 MW de nueva capacidad
- Nueva planta hidroeléctrica El Chaparral con 66 MW.

---

[142] SIGET 2007

- Nueva planta hidroeléctrica El Cimarrón con 261 MW.

Esta expansión de la capacidad hidroeléctrica añadiría 351 MW al sistema en los próximos 5 años, lo que representa un aumento del 76 % en la capacidad actual. Además, si se ejecutaran los proyectos binacionales El Tigre (en el río Lempa) y El Jobo y Piedra de Toro (en el río Paz) con Honduras y Guatemala, se añadirían 488 MW de capacidad adicional al sistema de generación.

Energía geotérmica
En la actualidad hay dos instalaciones geotérmicas en funcionamiento en El Salvador, la planta de Ahuachapán, de 95 MW, y la de Berlín, de 104 MW. La compañía eléctrica con mayoría de capital estatal LaGeo, antiguamente denominada Gesal, opera las dos plantas. LaGeo está ampliando actualmente las dos plantas geotérmicas existentes y llevando a cabo un estudio de factibilidad para una tercera planta, Cuyanausul. Se espera que los tres proyectos agreguen 64 MW de capacidad de generación eléctrica instalada para 2007.[143]

---

[143] ENERGY INFORMATION ADMINISTRATION(Oficial energy Estatistics from the U:S Government): *Electricity Central America*. Obtenible en http://web.archive.org/web/20081003063413/http://www.eia.doe.go v/emeu/cabs/Central_America/Electricity.html

La Estrategia Nacional de Energía de 2007 determina que la capacidad geotérmica en El Salvador es de alrededor de 450 MW. Los planes de expansión podrían dar como resultado una capacidad adicional de 183 MW en el período 2006-2014 (un aumento del 121 % en los próximos 7 años), con proyectos que se desarrollarán en Ahuachapán (25 MW), Berlín (50 MW), San Vicente (54 MW) y Chinameca (54 MW).

Infraestructura de transporte
Puertos y Aeropuertos
El barco USNS *Comfort* en el puerto de Acajutla. El Salvador cuenta con los siguientes puertos marítimos:
- Puerto de Acajutla
- Puerto de La Unión Centroamericana
Los siguientes aeropuertos de carácter internacional:
- Aeropuerto Internacional de El Salvador
Localizado a 40 km de la capital. Fue construido en la segunda mitad de los años 1970 siendo finalizado en 1979 por la constructora japonesa Hazumi Gumi, para sustituir a su predecesor, el Aeropuerto de Ilopango, El aeropuerto es el principal centro de conexiones, o hub, para la aerolínea Avianca El Salvador, y da servicio también a otras aerolíneas que vuelan a 31 destinos entre Centroamérica, Norteamérica,

Sudamérica y Europa. Además, la nueva aerolínea salvadoreña VECA Airlines ofrece servicios a la región. Por el mismo tuvo un movimiento de 2 453 217 pasajeros, siendo el tercer aeropuerto más transitado. Possee 17 posiciones de estacionamiento, una pista de 3200 metros y amplia gama de opciones para compras en la terminal. Se encuentra en proceso de ampliación.

- Aeropuerto Internacional de Llopango
  El aeropuerto sirvió como el principal aeropuerto internacional. Actualmente es utilizado con fines de aviación militar, vuelos chártes y vuelos civiles regionales.

Infraestructura vial
La infraestructura vial en El Salvador, según el último Informe Global de Competitividad del Foro Económico Mundial, El Salvador se ubica en tercer lugar en América Latina, destacando por la alta calidad de carreteras en la región. Solo por debajo de Chile y Panamá. Obteniendo una puntuación de 4.7 en escala de 7. Sobrepasando países como México, Brasil, Colombia y a sus similares en la región.[144]

---

[144] *Vid: ¿Quién tiene las mejores y peores carreteras de Centroamérica?. Revista Summa.* Obtenible en http://www.revistasumma.com/quien-tiene-las-mejores-y-peores-carreteras-de-centroamerica/. Consultado el 18 de enero a las 22:15hrs.

Tema IV: Sistema Económico de Nicaragua.

1. Historia económica de Nicaragua. *1.1. Infraestructura de Nicaragua.* **2. Tratados de libre comercio de Nicaragua. 3 Comercio exterior.** *3.1 Exportaciones. 3.2 Importaciones. 3.3 Balanza comercial. 3.4 Deuda externa.* **4. Política industrial de Nicaragua. 4.1** Industria agrícola.

1. Historia económica de Nicaragua. [145]

Cristóbal Colón descubre Nicaragua en 4to. viaje a las Américas en 1502. Cuando los españoles llegan a Nicaragua, estaba poblada por nativos americanos a quienes los españoles llamaban indios (Cristóbal Colón pensó inicialmente que había llegado a las Indias cuando descubrió América). Habían en Nicaragua varias tribus que remontan su presencia en el país al período Arcaico (8,000 – 4,000 AC). Las Huellas de Acahualinca, pisadas humanas presumiblemente hechas por los nativos escapando de un desastre natural y descubiertas bajo once capas geológicas, fueron analizadas con el método del Carbono 14 y fijaron la fecha del acontecimiento en 5,000 años AC. Los Mangues o Chorotegas y los Nahuas o Niquiranos, quienes habían venido de México, eran las principales culturas en la zona del Pacífico a la llegada de los conquistadores. En la zona del Atlántico vivían los Sumus, Miskitos y Ramas, quienes habían llegado de Colombia.

El primer contacto entre nativos y españoles fue pacífico y tuvo lugar en Rivas, entre el Cacique Nicaragua y Gil González de Avila en 1523. Los Nahuas y Chorotegas obsequiaron a los españoles unos 30,000 pesos en oro, que bien superaba la

[145] Tomado íntegramente de SOLÓRZANO, ARTURO J: *Apuntes de Historia económica de Nicaragua*. Publicado en Foro Económico el 20 de agosto de 2006. Obtenible en http://www.caftabusiness.com/forumeconomicus/docs/doc012.php. Consultado el 20 de enero de 2016 a las 21:21hrs.

inversión inicial de 8,300 pesos en la expedición. Sin embargo, el Cacique Diriangén al mando de 4,000 nativos obligó a González a replegarse y abandonar Nicaragua. El Gobernador de Castilla de Oro –con base en Panamá- Pedro Arias de Avila, organizó su propia empresa de conquista al mando de Francisco Hernández de Córdoba y llega hasta Nicaragua logrando recoger un cuantioso botín de 135,000 pesos, de los cuales 100,000 envió a la Corona española. En 1524, Hernández de Córdoba funda las ciudades de Granada y León. En honor a él la moneda de Nicaragua se llama Córdoba.

La población nativa fue diezmada principalmente por las enfermedades traídas por los españoles, contra las cuales los nativos no habían desarrollado defensas, y también por el tráfico de esclavos y el trabajo forzado. Se calcula que durante las primeras tres décadas de la colonización española salieron de la provincia de Nicaragua unos 200,000 indígenas con destino a las Antillas y Perú para trabajar como esclavos. Las Leyes Nuevas de Indias promulgadas en 1524 prohibieron la esclavitud y el uso de los indígenas en trabajos pesados. Sin embargo, los colonos siempre se las ingeniaron para desobedecerlas y sobre explotar el trabajo de los indígenas.

La corona española otorgaba a los conquistadores el derecho de administrar las poblaciones indígenas bajo el sistema de *encomiendas*. En Nicaragua, los sobrevivientes de la conquista fueron concentrados en

198 pueblos y barrios que tenían su propio gobierno local llamado *cabildo.* Los cabildos se encargaban de recolectar los tributos en especie, principalmente productos agrícolas y artesanales, que después eran subastados y el producto entregado a los *encomenderos,* descendientes de los conquistadores y sus principales lugartenientes, quienes debían entregar lo recolectado a la Corona. A inicios de los 1800, solamente quedaban once de éstos pueblos indígenas.

También, los cabildos debían proporcionar una cuota de sus habitantes para trabajar en las haciendas de los españoles por un período fijo de tiempo a cambio de un salario. En 1718, el sistema de encomiendas fue abolido y los indígenas pasaron a tributar directamente a la Corona. Los encomenderos recibieron pensiones en compensación. Los *corregidores* o *alcaldes mayores,* funcionarios de la Corona a sueldo fijo, eran los encargados de recolectar los tributos de los indígenas, pero valiéndose de su autoridad los obligaban a trabajar en su propio beneficio, sin reportar las ganancias a la Corona. Después de todo, España estaba al otro lado del Atlántico, a varios meses de comunicación.

La Corona española organizó el gobierno en América en varios centros administrativos: En México y parte los actuales Estados Unidos se estableció el Virreinato de Nueva España; en Perú, Ecuador, y Bolivia el Virreinato de xxxx; en Colombia y Venezuela, en

Cuba, Hispaniola y las Antillas, xxx; en Argentina y Chile. Centroamérica, desde Guatemala hasta Costa Rica, constituyó la Capitanía General de Guatemala, con cinco provincias, en la que Nicaragua constituía la provincia más grande con la tercera parte del territorio, y se extendía desde el río Patuca en Honduras hasta la península de Nicoya en Costa Rica.

Sin embargo, los españoles y sus descendientes, en buena parte mezclados con los indígenas, no pasaron de dominar las áreas del Pacífico, Norte y Centro de Nicaragua, áreas donde había importantes poblaciones indígenas a su llegada. Las rutas de comunicación en Centroamérica estaban en el Oeste. El Realejo, al noroeste de León, era el puerto principal que conectaba con Panamá y éste a su vez con España. El sector caribeño de Nicaragua, debido a su espesa selva y la ausencia de una población y cultura nativa importante, nunca fue de interés para los colonizadores. Los ingleses, principalmente piratas, aprovecharon la ausencia española en el caribe nicaragüense y establecieron pequeños enclaves en Bluefields y Greytown.

Las características raciales y culturales actuales de la población nicaragüense trazan sus orígenes en el hecho de que los españoles se asentaron principalmente en la zona del Pacífico y Centro-Norte de Nicaragua y se mezclaron con los indígenas. Las poblaciones indígenas eran más numerosas en el Pacífico por lo que puede observarse un mayor mestizaje en esta área y aún la conservación de rasgos y costumbres indígenas, en comparación con el centro y norte del país, donde hubo menos mezcla y se agrega la presencia de inmigración alemana en el siglo XVIII. En cambio, en la zona del Caribe, donde las poblaciones indígenas eran más pequeñas y dispersas, la presencia española fue casi nula y si bien los ingleses tuvieron una presencia esporádica, no se produjo la mezcla como en la zona del Pacífico.

Otro evento habría de modificar la composición racial en la Costa Caribe. Aún no es posible determinar la razón por la cual importantes contingentes de africanos llegaron a las costas del Caribe nicaragüense, pero se presume que fueron desembarcados por naves de traficantes de esclavos que no podían llegar a su destino final: el sur de los Estados Unidos o las colonias inglesas y francesas en el Caribe y América del Sur. Otros historiadores dicen que fueron esclavos de ascendencia africana huyendo de las plantaciones de azúcar que los ingleses y franceses mantenían en islas del Caribe. La Corona Española contribuyó posteriormente a profundizar las diferencias entre el lado Pacífico y Atlántico de Nicaragua, mediante leyes que prohibían otorgar la ciudadanía a personas con ascendencia africana.

Los conquistadores españoles tenían la misión de someter a los indígenas por la espada y convertirlos en súbditos propios y de la Corona. La Iglesia Católica tenía la misión de evangelizar a los indígenas y convertirlos a la fe católica. La Cruz y la Espada fueron partes inseparables de la misión española en América. En cada expedición de conquista siempre estaba presente la Iglesia. Al igual que en España, durante el período colonial la Iglesia tenía un gran poder económico. La base de ese poder era la recolección del diezmo que la Iglesia recibía del valor de las cosechas de exportación, como el cacao, el añil y la caña de azúcar. También, como en el sistema legal español los hijos no primogénitos estaban excluidos de la administración del patrimonio familiar, podían escoger seguir la carrera eclesiástica o militar, desarrollándose así los vínculos entre el poder económico, el religioso y el político. También, los *peninsulares* -españoles nacidos en España, y luego sus descendientes nacidos en América, los *criollos*, acostumbraban a donar rentas perpetuas a la Iglesia, con la idea de conseguir su salvación. Esto hizo posible la construcción de muchos edificios religiosos en las principales ciudades. En Granada, pero más en León, pueden observarse aún las iglesias a escasa distancia unas de otras, construidas en una época en que la población era muy pequeña, lo cual no justificaba la existencia de las mismas.

Para poder atraer a los indígenas y mantenerlos dentro de la religión católica, las autoridades religiosas tuvieron que aceptar algunas prácticas de los nativos, propias de sus creencias animistas y politeístas, las que se mezclaron con los ritos católicos y que hoy son características especiales del modo en que se celebran las festividades religiosas en varios lugares de Nicaragua. Por ejemplo, las llamadas fiestas patronales en honor al Santo patrón del poblado, generalmente se mezclan con celebraciones paganas y prácticas ajenas a la fe católica y cristiana.

Sin embargo, las órdenes religiosas también jugaron un papel importante en aliviar las deficiencias del sistema social, a través de la administración de escuelas, orfanatos, dispensarios médicos y ayuda a los más necesitados. De hecho, las más prestigiosas escuelas primarias, secundarias y vocacionales, y una universidad en Nicaragua fueron administradas por órdenes religiosas.

Una vez agotados el oro y la plata que podía encontrarse en la superficie, el cacao, luego el añil – un colorante azul extraído de un arbusto silvestre- y después el ganado, fueron los principales productos de exportación en los siglos XVI al XVIII. La construcción de barcos tuvo un auge importante en el siglo XVII, debido a la amplia disponibilidad de madera y brea producida a partir de la resina de pino, al algodón y el henequén que se usaba para fabricar las velas y las cuerdas. Sin embargo, las leyes españolas ponían innumerables trabas al desarrollo de la economía local. Por ejemplo, obligaban a vender el ganado en puntos específicos distantes de la provincia provocando pérdidas, y prohibían exportar por puertos del Atlántico, obligando a enviar los productos hasta Guatemala, la capital de la región. Esa es la razón por la cual Nicaragua no pudo desarrollar un puerto en el Mar Caribe, cuando la mayor parte del comercio con el mundo exterior se daba –y aún se da- a través del Atlántico.

En 1655, los ingleses desalojan a los pocos colonos españoles de Jamaica –isla considerada de poca importancia para el Imperio Español- y después obtienen el reconocimiento de España a cambio de la promesa de colaborar en la lucha contra el contrabando y la piratería. Sin embargo, en diferentes períodos de los siglos XVII y XVIII, Inglaterra y España entraron en lucha por intereses en América y los ingleses usaron Jamaica como su base principal para expandir su dominio en las costas del Caribe centroamericano. Es así que desde Belice hasta Panamá, los ingleses ofrecieron su apoyo a los indígenas locales para luchar contra el dominio español y establecer bases permanentes, como en Belice y Bluefields. Los indios mosquitos o miskitos, que poblaban lo que se dio en llamar la Costa de los Mosquitos recibieron armas –mosquetes- que probablemente dio origen a su nombre.

Las rígidas leyes de comercio exterior que España impuso en América, determinando qué, cómo, cuándo y dónde comerciar, promovieron una intensa actividad de contrabando para burlar las leyes de la Corona, en la que comerciantes ingleses, holandeses, y franceses también se involucraban. Los piratas encontraron en este contexto un campo propicio para hacer de las suyas, asaltando naves del comercio ilegal, y luego también naves oficiales de la Corona. El Mar Caribe estaba plagado de piratas, muchos apoyados solapadamente por las escasas posesiones inglesas, holandesas y francesas en el Caribe, donde los piratas tenían sus refugios. Así Nicaragua fue blanco de varias incursiones de piratas que atacan Granada, Ocotal y otros lugares del país. Las autoridades construyen el fuerte de la Inmaculada Concepción para cortarles el paso por el Río San Juan.

En 1761, otra guerra entre España e Inglaterra, alienta a los ingleses radicados en Bluefields a atacar el fuerte de la Inmaculada Concepción con el ánimo de penetrar hasta Granada, siendo repelidos por la guarnición comandada por la hija del jefe militar que acababa de morir días antes. Es por eso que Rafaela Herrera es considerada una heroína. Nuevamente, como parte del enfrentamiento entre España e Inglaterra, esta vez por el dominio de Gibraltar en 1780, el Gobernador de Jamaica envía 1,200 soldados regulares y 400 indígenas a capturar la ruta del Río San Juan, considerada estratégica para dividir las posesiones españolas en el continente, logrando apoderarse de la fortaleza por unos días, para luego retirarse por falta de refuerzos y por las enfermedades tropicales. Horacio Nelson, el héroe inglés vencedor de la batalla de Trafalgar, era entonces uno de los soldados de esa expedición. En 1789, un tratado Anglo-Español establece la retirada de los ingleses de la Costa Caribe. El nombrado por los ingleses rey de los mosquitos George II acepta el envío de misioneros católicos para reemplazar a los misioneros anglicanos, permaneciendo leal por un tiempo al nuevo jefe español. Sin embargo, los españoles estaban muy ocupados con sus intereses en el Pacífico como para prestar atención a lo que pasara en el Caribe nicaragüense, y muy pronto George II abjuró de su alianza con los españoles cuando estalló una nueva guerra entre España e Inglaterra en 1796.

La economía nicaragüense, al igual que las demás economías centroamericanas se caracteriza por ser principalmente basada en las actividades primarias: principalmente en agricultura, pesca, alguna minería, y las industrias derivadas. No es sino hasta mediados del siglo XX que la industria manufacturera empezó a desarrollarse y adquirir importancia, especialmente con la formación del Mercado Común Centroamericano, que hizo posible la instalación de industrias para un mercado más amplio que el limitado tamaño individual de los países. Y no es sino hasta finales del siglo XX que las actividades de servicio adquieren importancia.

Durante los cuatro siglos siguientes a la conquista y colonización española hasta finales de los 1800, las economías centroamericanas eran básicamente agrícolas. La mayoría de la producción agrícola se daba en las llamadas haciendas o fincas, propiedad de una elite de terratenientes, propiedad cuyo origen se remontan al sistema de encomiendas que instauraron los colonizadores españoles en toda América· Latina. La mano de obra la constituían principalmente los indios y los mestizos, quienes en parte recibían una paga como salario en dinero o en especie y en parte tenían el derecho de cultivar pequeñas parcelas para su auto-consumo. Mucha de la relación entre estos dueños de haciendas y sus trabajadores era de tipo cuasi-feudal o pre-capitalista. No es sino hasta principios del siglo XX que algunas compañías extranjeras, principalmente compañías bananeras estadounidenses, introducen un modelo de producción y de relaciones que puede calificarse de capitalista en lo referente a la contratación de mano de obra, pero éstos eran enclaves con muy poca relación con el resto de la economía.

Por supuesto que también existían otras actividades económicas, como algunas manufacturas básicas y de servicios, predominantemente artesanales. Varias industrias artesanales como la alfarería y productos textiles se desarrollaron principalmente entre determinados grupos poblacionales indígenas que continúan hasta el presente. La inclinación de estos grupos indígenas por actividades de producción artesanal puede tal vez explicarse como una mejor alternativa al sistema de encomiendas que estos grupos encontraron. Es interesante observar que aquellos grupos indígenas que más han conservado hasta hoy sus características y cultura, son grupos que han mantenido una tradición de ser artesanos emprendedores.[146] El espíritu emprendedor en estos grupos puede haber sido un factor determinante en su permanencia, al contrario de otros grupos indígenas que se diluyeron en el mestizaje con los blancos a lo largo y ancho del territorio centroamericano y que hoy constituyen la mayor parte de los segmentos más pobres de la sociedad.

Durante los cuatro siglos anteriores al XX, la propiedad de las haciendas era estrictamente individual o familiar, -y lo sigue siendo en altísimo porcentaje- al igual que el resto de otras pequeñas empresas de la industria y los servicios. No se tienen indicios de la existencia de sociedades, más que las de tipo cerradas entre familiares o eventualmente entre amigos.

Las industrias tradicionales, principalmente artesanales y básicas como panaderías, productos lácteos, confitería, textiles, vestuario, calzado, jabones y cosméticos, etc., eran pequeñas industrias locales dirigidas al mercado del barrio, la ciudad, la región o el país en algunos casos.

Tomemos el ejemplo de las panaderías. En Nicaragua, hasta finales de los 80s no había aún una empresa que produjera pan para su distribución y venta a nivel nacional. Miles de pequeñas panaderías localizadas

---

[146] Ejemplos son los indígenas guatemaltecos y los indígenas nicaragüenses de Masaya, particularmente de Monimbó. No puede decirse lo mismo de las etnias miskita, mayagna y otras de la costa caribeña

en cada barrio o pequeño pueblo, abastecían las necesidades de la población cercana. No es sino hasta en los 90s cuando la empresa mexicana Bimbo se instala en varios países centroamericanos para producir productos de panadería con un sistema de distribución a nivel nacional. Más recientemente, otras panaderías de escala industrial también inician operaciones. De esa manera, muchas de las tradicionales panaderías de barrio desaparecieron en las principales ciudades. Y con ello desaparecieron también muchos productos que estas pequeñas panaderías elaboraban.

También desaparecieron de las ciudades principales los vendedores de sorbetes artesanales, ante el empuje de los sorbetes y helados industriales. Los dulces tradicionales aún se resisten y encuentran demanda ante la avalancha de confites, caramelos, goma de mascar y otros dulces industriales. La tortilla de maíz, complemento tradicional en las comidas, aún sigue siendo preparada por la "tortillera" del barrio, aunque cada vez más de ellas usan la harina de maíz que una compañía mexicana vende en toda la región, en lugar del tedioso proceso de cocer el maíz con cal y molerlo. También por eso, los pequeños molinos ubicados en los barrios han ido desapareciendo. De paso, al menos en la capital, ya no es posible encontrar quien venda algunos productos que el molino hacía posible ofrecer: el maíz preparado para hacer pozol con leche, el cacao con arroz para el "fresco" de cacao, el chingue y la semilla de jícaro.

Otros productos que cada quien podía preparar a su gusto comprando los cereales y llevándolos al molino ahora se ofrecen estandarizados por empresas de molinería más grandes, algunas operando a nivel centroamericano: pinol, pinolillo, soya, avena, cebada, y combinados de estos cereales.

Todavía durante los 60s y 70s se acostumbraba comprar la tela y contratar los servicios del sastre o la costurera para hacer la ropa a la medida. Aún el calzado se podía dar a hacer a la medida. Los muebles se encargaban al carpintero de la localidad. La producción de ropa, calzado y muebles, estandarizados en fábricas para su venta posterior en establecimientos comerciales, empieza a tomar auge hasta en los 70s. De esta manera podemos decir que gran parte de la producción manufacturera era de carácter artesanal y se daba en pequeñas empresas individuales o familiares. Muchos productos artesanales eran elaborados a pedido por personas que desempeñaban oficios cuya historia se remonta a varios siglos de antigüedad: sastres, costureras, herreros, alfareros, panaderos, etc. La mayoría de las empresas que evolucionaron hacia un sistema de producción fabril nacieron como empresas artesanales y continuaron siendo de propiedad individual o familiar.

En el caso de los servicios, la pulpería o la venta del barrio o del pueblo era el tipo predominante de establecimiento comercial. Pequeñas tiendas de alimentos, abarrotes, librerías, farmacias, de vestuario y calzado y otros establecimientos especializados solamente surgen en los centros urbanos principales. Los supermercados y las tiendas por departamentos hacen su aparición tímida hasta en los 70s. Y los edificios que aglutinan a diversos establecimientos de comercio y servicio –llámense centros comerciales o "mall"- surgen a finales de los 80s.

En otros sectores como los servicios, las cadenas de comida rápida y de comidas foráneas hacen su aparición en los 70s, como McDonalds con sus hamburguesas, y luego le siguen otros como pizzas, pollo frito o rostizado, tacos, etc. Estos negocios van desplazando poco a poco a los tradicionales: las "fritangas" y los comedores o restaurantes que sirven comida tradicional de la localidad. La urbanización y el aumento del turismo también permiten la aparición de restaurantes especializados en comidas extranjeras: italiana, árabe, japonesa, mexicana, peruana, argentina, etc., sin mencionar los restaurantes de comida china, primeros en instalarse desde los 50s.

La maestra del barrio que enseñaba a leer y hacer cuentas a los niños era el jardín infantil o la escuela pre-escolar de hoy. El médico general que tenía su consultorio en el barrio pero que también visitaba a los enfermos en sus casas ya no existe más. Ahora los médicos generales solamente tienen cabida en los hospitales o clínicas y el servicio de ambulancias ha eliminado la necesidad de que el médico se mueva a la casa del paciente.

Hablando de tecnologías, podemos decir que toda la tecnología de producción en las empresas manufactureras de carácter fabril que se fueron instalando desde entonces, fue importada de los países más desarrollados. También es notorio que muchas de las fábricas que se instalaron fueron con tecnologías que estaban pasando al desuso en los países desarrollados. Muchas veces se instalaron fábricas completas con maquinaria y equipos usados.

En toda la historia de Nicaragua, nula o poca tecnología industrial se desarrolló localmente. Las universidades entonces, y hasta la fecha, no fueron capaces de generar profesionales que dominaran las tecnologías básicas, y mucho menos que pudieran inventar o desarrollar tecnologías propias.

No es sino hasta después de la primera mitad del siglo XX que se inicia en Centroamérica un tímido desarrollo de la industria y los servicios. La creación del Mercado Común Centroamericano a inicios de los 60s como una zona de libre comercio expandió los limitados mercados de las cinco naciones centroamericanas, permitiendo la instalación de nuevas industrias manufactureras que abastecían todo el mercado centroamericano y que por su factor de planta –tamaño mínimo para operar- no podían instalarse anteriormente. Con ello vino un mayor desarrollo del transporte, la banca, los seguros y otros servicios complementarios a la operación industrial y comercial. Con ello vino también un aumento de la urbanización y de las actividades económicas ligadas a las demandas de una creciente población urbana. En general, hubo un mayor crecimiento económico y una mejora del nivel de vida reflejada en el PIB per cápita de los países de la región.

Durante el período de auge y desarrollo del MCCA se instalaron las primeras grandes empresas en Centroamérica, muchas de ellas filiales de empresas extranjeras transnacionales y también muchas fueron resultado de joint-ventures entre nacionales centroamericanos y extranjeros. Ninguna de estas nuevas empresas fueron creadas como sociedades de capital abierto. La participación en el capital de las mismas permanecía cerrada a los socios originales.

Sin embargo, el régimen de protección arancelaria que estableció el MCCA para proteger a las grandes industrias de integración de la competencia de empresas de fuera del área de libre comercio no promovió la reinversión de utilidades en el desarrollo tecnológico de dichas empresas, por lo que poco a poco muchas de ellas fueron quedando rezagadas y perdiendo competitividad frente a empresas similares localizadas fuera del MCCA. En el caso de Nicaragua, con la fuga de capitales y el aislamiento que se produjo en los años 80, aparecieron réplicas de las industrias de integración nicaragüenses en otros países centroamericanos. La mayoría de las industrias de integración se conformaron con vender sus productos en un mercado seguro, protegidas de la competencia por aranceles y nunca pensaron en exportar o fueron incapaces de mirar hacia los mercados extra-regionales.

Mientras tanto, en los sectores tradicionales, como la agricultura, la pesca y la minería, el grueso de las exportaciones, concentradas en productos como café en grano, algodón, banano, carne, azúcar, mariscos, productos mineros y otros, fueron posibles no como producto de la búsqueda de mercados extranjeros por parte de dinámicos empresarios locales, sino al contrario. La producción de muchos de esos productos fue inducida principalmente por la demanda de empresarios extranjeros interesados en comprar esas materias primas, y en algunos casos la producción sólo fue posible mediante la inversión extranjera directa y el manejo de la misma por parte de empresas extranjeras, como en el caso del banano, mariscos y productos mineros. De no haber sido así, y en lo que toca a la mayoría de productores locales, probablemente aún estarían produciendo estrictamente para el mercado interno.

Los casos del algodón y del café, que tuvieron sus épocas de auge y luego de crisis, ilustran uno de los valores culturales de muchos empresarios nicaragüenses como es el de vivir hoy y no preocuparse por mañana, lo que lleva a la falta de previsión, a no usar las ganancias prioritariamente para invertir, sino para el lujo y la ostentación. Esta falta de preocupación por el futuro les impidió invertir para al menos asegurar la sostenibilidad de la fuente de las ganancias, ya no digamos para invertir en industrias alternativas para minimizar los riesgos de los vaivenes del mercado.

Las PYMEs también tuvieron su época de oro, al menos en algunas industrias como la de alimentos, vestuario, calzado, productos químicos y otras, durante los años 80. Con la fuerte caída de las exportaciones y el control que sobre las importaciones y la asignación de materias primas y otros recursos ejerció el gobierno sandinista, se promovió la producción local en dichas ramas industriales, como alternativa a la falta de moneda extranjera para financiar la importación de productos similares. Eso fue posible gracias a líneas de crédito para la compra de materias primas y donaciones en especie proveídas por los países del entonces "campo socialista". La asignación de materias primas se hacía prioritariamente a cooperativas –para miles de artesanos la única posibilidad de continuar en el negocio era asociarse en las cooperativas-, y a algunas pequeñas o medianas empresas individuales de mayor tradición y presencia en el mercado. Al mismo tiempo, el gobierno elevó los aranceles a la importación de bienes similares a niveles altísimos, lo que aunado a la devaluación de la moneda y las múltiples tasas de cambio, resultaba en un precio prohibitivo para productos similares importados.

Las PYMEs de esas actividades industriales aumentaron su producción para llenar parte del vacío dejado por la falta de importaciones de bienes similares. Se dio entonces un "boom" en la producción de estas ramas que privilegiaba la cantidad antes que la calidad. Nacieron muchas cooperativas que dieron empleo a buena parte de la población urbana que no era absorbida por el fuerte crecimiento del empleo en el aparato estatal o por el servicio militar. Ciertamente, el desempleo era mínimo durante el gobierno sandinista.

La mayoría de la producción se canalizaba a través de las redes del comercio estatal, y una buena parte estaba destinada al ejército y las raciones entregadas a los empleados estatales. De esta manera, los artesanos asociados en cooperativas y los pequeños empresarios no tenían que preocuparse por el mercadeo y las ventas, como tampoco por la compra de materias primas, solamente por producir sin importar la calidad, pues toda la producción era comprada por el gobierno a precios previamente definidos, luego de descontar los créditos por materias primas entregadas, que dejaban casi siempre una ganancia razonable. Más que PYMEs, estas cooperativas y pequeñas empresas eran maquiladoras y las personas al frente de las mismas, más que empresarios eran jefes de talleres de producción. El gobierno decidía cuánto podían producir, con qué insumos se debía producir, a qué precios y a quién debían vender. Lo mismo sucedió con las empresas medianas y grandes que aún operaban en el país en esa época y que seguían siendo de propiedad privada. En las estatales, que conformaban las empresas del "Area Propiedad del Pueblo (APP)", en su mayoría administradas por burócratas sin espíritu empresarial, ya no se diga.

En el campo, la agricultura también pasó por esta situación. La reforma agraria sandinista expropió grandes cantidades de tierra y las entregó principalmente a cooperativas de ex-trabajadores agrícolas, aparceros y campesinos minifundistas que no tenían idea de las técnicas de producción a gran escala, mucho menos de la administración de las fincas o haciendas agropecuarias -de todas maneras, esto último no hacía mucha falta porque el gobierno es el que proveía los insumos y compraba la producción, lo que se necesitaba era mano de obra para hacer producir la tierra, no empresarios agrícolas-. También aquí, las empresas del APP agropecuario se manejaban igual o peor que sus pares industriales de las ciudades. En el afán por aumentar la producción que el país requería para el consumo interno y para generar ingresos por exportaciones, se dilapidaron ingentes cantidades de insumos como fertilizantes y plaguicidas cuando los había, se invirtió en maquinaria de tecnología socialista en las empresas estatales sin preocuparse de entrenar a los trabajadores en su uso y de darles el debido mantenimiento, resultando luego en cementerios de chatarra. El crédito se entregó a manos llenas por el estatal Banco Nacional de Desarrollo a quien lo solicitara y para cualquier cosa que significara producción. Algunos se volvieron millonarios al comprar activos fijos con crédito bancario, por el solo hecho de pagar los créditos con moneda devaluada a un ínfimo porcentaje del valor del préstamo original.

Situaciones similares, salvando sus peculiaridades, también pasaron el resto de sectores de la economía, principalmente aquellos donde se había pasado la propiedad al control y administración estatal, tales como la banca, la minería, la pesca y parte de la construcción, y aquellos donde desde siempre fue una actividad del sector público tales como energía, agua potable y comunicaciones. La educación y la salud también sufrieron el efecto de la preocupación por la cantidad y el desprecio por la calidad que mencionamos en el caso de la industria manufacturera, aunque hay que reconocer el éxito del gobierno sandinista en ampliar la cobertura de salud básica y educación a una gran mayoría de la población que antes no tenía acceso a la misma. Tal logro fue posible gracias a la gratuidad de los servicios de salud, incluyendo medicamentos básicos, a la Campaña Nacional de Alfabetización, la gratuidad de la educación primaria y secundaria y el subsidio a la educación superior. Pero como no hay "almuerzo gratis", este gasto del gobierno -que junto al gasto en defensa significaba el grueso del presupuesto estatal- sin contrapartida real en la generación de ingresos, produjo una acelerada inflación que trastocó la economía en los últimos años de la década del 80.

Pocos son los sectores de la economía donde el gobierno sandinista no quiso inmiscuirse mucho –con la lógica de que no eran "productivos" o "estratégicos"- y dejó a los empresarios en libertad para manejar sus negocios, entre los que podemos mencionar el comercio de bienes no considerados como "básicos"; los servicios de transporte, hoteles y restaurantes, centros de entretenimiento, bienes raíces, escuelas y clínicas privadas, y demás servicios personales; algunas pequeñas industrias y artesanías de bienes "no básicos" -y la agricultura campesina de frutas, hortalizas y otros productos agrícolas de producción limitada y poco consumo. (analizar si en estos sectores se mantuvo el espíritu empresarial)

No es pues para asombrarse, que el espíritu y la experiencia empresarial se haya perdido en los sectores donde el gobierno mantuvo a los empresarios como meros encargados de producir bienes y servicios, sin tener que preocuparse del resto de las actividades que cualquier empresa tiene que realizar para mantenerse operando un una economía de mercado. Se acostumbró a los agricultores, artesanos y dueños de negocios a que el Estado les proveyera el crédito, los equipos, las materias primas y demás insumos, y luego les comprara toda la producción sin reparar en asuntos de calidad. En honor a la verdad, gran parte de los que se incorporaron a este modo de operación semi-empresarial, tampoco antes habían pasado por la experiencia de ser empresarios.

A finales de los 80, cuando el gobierno sandinista no tiene más opción que reducir el gasto público en un intento por combatir la inflación, se ve obligado a despedir a miles de trabajadores del inflado aparato estatal, proceso que se conoció como la "compactación del Estado". A los "compactados" se les proveyó de una módica suma de dinero a manera de indemnización que podían usar como capital inicial para empezar un pequeño negocio. De ahí surgen miles de pequeños negocios que los ex-trabajadores estatales inician, generalmente sin ninguna experiencia y preparación. La mayoría se decidió por el comercio –lo más fácil, rápido y sencillo para empezar- y es así que las ciudades se llenan de pulperías, fritangas, mini-restaurantes, y cualquier otro negocio para el que alcanzara el pequeño capital recibido del Estado. Muchos fracasan y otros se mantienen. Es la generación de PYMEs producto de la "compactación del Estado". Posteriormente, al finalizar la guerra, otros miles que habían estado enlistados en el ejército también habrían de engrosar el sector de desempleados, entre quienes no faltaba quienes optaran por iniciar un negocio para seguir subsistiendo, sin más preparación para ello que la militar.

Meses después del advenimiento del gobierno de Violeta Barrios de Chamorro, se reducen de golpe y significativamente, los altísimos aranceles que protegían a las PYMEs industriales de la competencia de productos importados –cabe decir que el gobierno se cuidó de no hacer lo mismo con los aranceles de productos producidos por algunas empresas que pertenecían a ciertos grupos de poder.[147] Esta reducción fue particularmente traumática para las ramas del vestuario y del calzado, pues de pronto, se abrió el mercado a la competencia del exterior y arrasó con miles de pequeños talleres acostumbrados a un mercado cautivo obligado a consumir su producción. La mayoría de las cooperativas de vestuario y calzado se disolvieron, lo cual demuestra que, más que el convencimiento de sus miembros de los beneficios que trae la asociación, el cooperativismo había sido una imposición del gobierno para facilitar el control del flujo de bienes. Dado que el nuevo gobierno se retiró del papel de suministrador de insumos y comprador de bienes terminados, el incentivo que mantenía unidos a esos artesanos en las cooperativas desapareció y cada quién tomó su parte y se retiró a trabajar independientemente como antes lo habían hecho, sólo que ahora las condiciones del mercado eran

---

[147] Es interesante notar, sin embargo, que algunas medianas -grandes para el tamaño del mercado- industrias también sufrieron las consecuencias de la reducción arancelaria: aceite, jabón, papel higiénico, productos químicos, metálicos y otras. Curiosamente, otras continuaron protegidas por aranceles prohibitivos, como es el caso de los pollos y las bebidas alcohólicas.

diferentes, había más competencia y muchos no pudieron resistirla. Otros emigraron, principalmente a Costa Rica, donde el gobierno continuaba protegiendo a la industria local.

Pero la emigración no ha sido exclusiva de este período. Durante los 80s la emigración se dio principalmente entre los adversarios políticos y los afectados por el régimen sandinista, y entre los jóvenes que huían del servicio militar obligatorio. A partir de los 90s hasta hoy, la emigración se da principalmente por la falta de oportunidades de empleo en el país. Paradójicamente, los emigrantes se han convertido en la principal fuente de ingresos en moneda extranjera para el país, superando las exportaciones totales. Según el Fondo Multilateral de Inversiones del BID (Fomin), los emigrantes enviaron a Nicaragua unos 788 millones de dólares en remesas durante el año 2003.

La liquidación de la banca estatal –realizada a puertas cerradas y en la que el Estado perdió millones- y la apertura a la instalación de nuevas instituciones financieras con un mínimo requerimiento de capital inicial, significó el fin del crédito barato, de las continuas reestructuraciones de saldos deudores, y de las condonaciones masivas de deudas que habían sido la práctica durante la administración sandinista. Si fueron justificadas o no estas políticas no es asunto relevante para discutir aquí, pero lo cierto es que también de esta manera, se enviaba un claro mensaje a los ciudadanos, de que el Estado tenía la obligación de resolver los problemas financieros de los mismos, sin siquiera hacerles ver que para eso debía, o imprimir más moneda sin respaldo que alimentaría la espiral inflacionaria o usar fondos de los contribuyentes a los que nunca consultó.

El camino al infierno está plagado de buenas intenciones. Acciones como ésta y las demás intervenciones del gobierno antes mencionadas dieron como resultado, que se reforzara en las personas la mentalidad de que el Papá Estado estaba obligado a proveer empleo, crédito y servicios gratuitos, como si fuera dueño de un inagotable pozo de petróleo. Probablemente nada hizo más daño a la economía y a las posibilidades de desarrollo del país que inculcar en la mente de las personas una actitud dependiente del proteccionismo estatal, una fe casi absoluta en el poder mágico atribuido al Estado y una creencia en su obligación de proveer los medios de vida y servicios gratuitos a las personas, lo que resulta en un auto convencimiento irracional de que se tiene derecho a exigir beneficios que están fuera de las posibilidades y recursos con que el país cuenta. Muchas de las huelgas y protestas que han tenido lugar han sido alimentadas por estas creencias y actitudes –aunque hay que reconocer que en algunos casos los motivos han sido legítimos, como en los recientes paros y protestas de los maestros del sector público-.[148]

Continuando con las finanzas, la naciente banca privada de inicios de los 90s empezó tímida y prudencialmente a otorgar crédito a las actividades de menor riesgo y rápida recuperación. Las altas tasas de interés hacían virtualmente imposible invertir con crédito bancario en otra cosa que no fuera el comercio y algunos servicios. La agricultura, demasiado riesgosa por su exposición a los azares de la naturaleza, estaba prácticamente fuera de consideración como sector elegible para el crédito. Para el resto de sectores económicos, los préstamos de largo plazo para inversión fija también eran prácticamente inexistentes. De ahí que, al desaparecer la banca estatal, no habían fuentes de crédito a plazos y tasas de interés adecuadas que promovieran el desarrollo de las PYMEs, y particularmente de las manufactureras. Vale decir que

---

[148] Las protestas más irracionales y dañinas para el país han sido -quién lo diría-, las de los universitarios, un sector de la población supuestamente entre los más instruidos del país. ¿Por qué esa actitud irracional de exigir como merecido un 6% del presupuesto con todo y déficit? No sería nada irracional sino fuera porque eso significa dejar sin acceso a educación básica a medio millón de niños, que no tienen las posibilidades de manifestarse con letales morteros y bloqueos de calles, ni edad para trabajar –algo que los universitarios sí tienen-. Al parecer, los magníficos rectores, catedráticos y dirigentes estudiantiles que impulsan y organizan estas protestas son también ciegos creyentes en el mito del Papá Estado, analfabetos en economía o simplemente defienden sus mezquinos intereses.

la banca privada tampoco estuvo interesada en ofrecer créditos a las pequeñas empresas, debido a que el costo unitario del manejo del crédito no le era atractivo. Para llenar este vacío surgen y se desarrollan durante los 90s las instituciones de micro crédito o instituciones financieras no convencionales, apadrinadas por organizaciones extranjeras y usando metodologías financieras novedosas en el país pero ya probadas en otros países latinoamericanos.

Las micro financieras proliferaron como hongos por todo el país y llegaban hasta los rincones geográficos donde los bancos no tenían interés en llegar, supliendo con créditos de manera expedita a una gran cantidad de micro empresarios ávidos de préstamos, que estaban fuera de los parámetros bancarios para ser considerados como sujetos de crédito. Este crecimiento sin precedentes se dio a pesar de que las tasas de interés que se cobraban eran más altas que en la banca formal, lo cual dio motivo para que legisladores populistas que no comprenden el funcionamiento del mercado pasaran una ley limitando las tasas de interés a niveles menores al máximo que cobra la banca formal. Lo que produjo esta absurda medida fue todo lo contrario a lo que los legisladores pretendían: los sujetos de crédito de mayor riesgo, siempre los más débiles, quedaron sin acceso al crédito.

Mientras tanto, la banca privada formal, consistente con su política crediticia conservadora y en un ambiente de ausencia de fuentes alternativas de crédito más baratas, tuvo un crecimiento espectacular durante la década pasada, acumulando ganancias millonarias. De esa manera, la banca privada se capitalizó a costa de extraer, mediante altos intereses, parte de las ganancias de otros sectores de la economía que vieron así mermadas sus posibilidades de inversión y crecimiento.[149]

Uno de los negocios redondos de ciertos grupos financieros continúa siendo las tarjetas de crédito, que cobran altas tasas de interés. Este negocio encontró un terreno fértil en la cultura nicaragüense del vivir hoy sin importar lo que pase mañana, de gastar más de lo que se gana, de la ostentación y la falta de frugalidad. Miles han quedado en la bancarrota por el uso de las tarjetas de crédito más allá de sus posibilidades.

Más de diez años han pasado desde entonces, en los que los gobiernos han implementado políticas económicas de corte liberal –salpicadas algunas veces

---

[149] Si hay un sector de la economía nicaragüense que no ha sido afectado por las crisis en los últimos años, éste ha sido la banca. Cuando empresarios y funcionarios bancarios inescrupulosos causaron la quiebra de varios bancos privados, el gobierno de Arnoldo Alemán en la persona del Banco Central, salió al rescate de los socios de los bancos y endeudó al gobierno emitiendo títulos de deuda interna con intereses estratosféricos, deuda que aún continúa pagando el contribuyente nicaragüense. Los bancos sobrevivientes a la crisis compraron los despojos de los bancos quebrados a precios de remate, adquirieron con descuentos la cartera sana y dejaron al gobierno –léase a los contribuyentes- con las cuentas incobrables.

con intervencionismo estatal en el mercado-. Se concluyó la privatización de las empresas estatales, primero las del antiguo APP en los 90 –proceso poco transparente por cierto- y más recientemente los bancos estatales que quedaban y los monopolios de servicio público como energía y telecomunicaciones, proceso que tampoco estuvo exento de oscuros procedimientos que indican la presencia de prácticas de corrupción, algo en lo que se distinguió el gobierno de Arnoldo Alemán.

En 1998, el huracán Mitch causó severos daños en la agricultura y la infraestructura vial, por lo que la cooperación internacional no se hizo esperar y llovieron las donaciones y los préstamos al gobierno de Alemán, además de los que venían siendo gestionados por el gobierno anterior para implementar proyectos de infraestructura social. Este flujo de fondos externos permitió al gobierno emprender varios proyectos de construcción de carreteras, puentes, caminos, escuelas y otros. Mientras tanto, fondos provenientes de la tributación interna eran malversados sin que apenas pudiera notarse, pues era evidente que el gobierno estaba ejecutando obras – Obras, no palabras, era el lema del "Gobierno Alemán"-. Por supuesto, las obras se ejecutaban con fondos externos. La corrupción también se incrementó en el sector privado pues el ejemplo venía del gobierno. También afectó a los programas de asistencia a las PYMEs, cuando se sustituyó personal calificado por seguidores partidarios. Peter Spycher, representante de la cooperación suiza fue expulsado por oponerse a estos desmanes. La cooperación internacional fue perdiendo la confianza en el gobierno y los flujos de fondos volvieron a disminuir.

Durante los últimos cinco años se avanzó rápidamente en la apertura del comercio exterior, proceso todavía inconcluso –aún persistirán sectores protegidos años después de la entrada en vigencia del CAFTA -; se facilitó la inversión extranjera con incentivos fiscales y la construcción de infraestructura para zonas francas que atrajo empresas y generó empleos y exportaciones, aunque de poco valor agregado;[150] similares incentivos posibilitaron más inversiones en la industria turística, incentivos de los que por cierto se privó a las PYMEs de manera discriminatoria.

Mientras tanto, a lo largo de las últimas décadas y hasta el presente, el modelo de propiedad del capital de las empresas ha permanecido sin cambios. La inmensa mayoría son de propiedad individual o familiar. Unas pocas son sociedades anónimas de capital accionario pero cerradas a la inversión del público.

---

[150] Las exportaciones netas de las empresas maquiladoras bajo el régimen de zona franca no son significativas, ya que casi todos sus insumos son importados. Tal vez la mayor contribución de las zonas francas a la economía nacional, además del alivio al desempleo –aunque con salarios de subsistencia-, sea el entrenamiento de la fuerza laboral en la disciplina y técnicas que exigen los procesos de producción fabril, algo de lo que carecen los trabajadores nicaragüenses.

Al gobierno de Enrique Bolaños le corresponde el mérito de haber logrado la aprobación de varias leyes importantes relacionadas con la modernización del Estado y el desarrollo de un ambiente regulatorio favorable a la operación de los negocios y de haber impulsado otras iniciativas que aún no se materializan. La promoción de la competencia, la protección de los derechos del consumidor, la protección de la propiedad intelectual, la simplificación de trámites burocráticos, la modernización del registro de la propiedad, la garantía de una justicia imparcial, el acceso no discriminado a las compras del Estado, el acceso a la información en las entidades públicas, la contratación de las personas por sus méritos y la carrera de servicio público, la reforma del sistema de pensiones, para mencionar algunos temas importantes, requisitos indispensables para el desarrollo económico del país. El país ha avanzado hacia esos objetivos, en unos más, en otros menos, pero a paso de tortuga y superando las zancadillas y los obstáculos que políticos sin vocación de servicio de vez en cuando interponen para defender oscuros y mezquinos intereses.

El gobierno del Presidente Bolaños recuperó la confianza de los acreedores y de la cooperación internacional, al estabilizar los indicadores macroeconómicos y emprender el combate a la corrupción, por lo que logró la condonación del 80% de la deuda externa oficial después de cumplir los requisitos de la Iniciativa para los Países Pobres

Altamente Endeudados, permitiendo la reanudación del flujo de créditos y ayuda al desarrollo. Más recientemente, y por los mismos motivos, Nicaragua fue seleccionada para tener acceso a los fondos de la Cuenta del Milenio. Sin embargo, aunque el país ha empezado a inspirar confianza en los políticos extranjeros, no puede decirse lo mismo de los inversionistas privados, aunque algunos han empezado a invertir en uno que otro proyecto. Aún persisten situaciones que despiertan temores entre los inversionistas, algunas de ellas tienen que ver con reformas que están pendientes de hacerse en las instituciones públicas. Otras tienen que ver más con la cultura nicaragüense.

El regular desempeño de los principales agregados económicos,[151] el aumento del nivel de ahorros y la influencia determinante de la economía internacional, principalmente de Estados Unidos, han precipitado a la baja las tasas de interés desde 2003, lo cual ha sido una bendición para los inversionistas. De hecho, el despegue reciente en la construcción de proyectos comerciales y habitacionales hubiera sido impensable con las altas tasas de interés vigentes hace cinco

---

[151] El crecimiento del PIB ha sido modesto pero persistente y la inflación ha estado limitada a un dígito en los últimos años, el déficit fiscal cuenta con financiamiento externo y las reservas internacionales van en aumento. Sin embargo, persiste un gran desequilibrio en la balanza comercial pues el país ha sido incapaz de incrementar sus exportaciones, que han permanecido prácticamente estancadas en los últimos años.

años. Esta reducción, sin embargo, no se ha producido en el caso de las tarjetas de crédito, a pesar del continuo crecimiento de las ganancias de las empresas emisoras –aquí los tarjeta-habientes necesitan que otros competidores entren al negocio.

No cabe duda que la competencia en el mercado, donde ésta existe, ha traído beneficios a los consumidores. La reducción de los aranceles a la importación –si bien ha tenido alguna influencia en el aumento del déficit comercial y el desplazamiento de la producción local con el consecuente desempleo- ha permitido la reducción de precios para los consumidores. Un ejemplo que los nicaragüenses podemos ver muy concretamente es la entrada de competidores al mercado de telefonía celular, que acabó con el monopolio del que gozaba Bell South y con los exagerados precios de los aparatos y los servicios. Sin embargo, los precios aún continúan altos en comparación con otros países centroamericanos. Otro ejemplo es el cambio que los supermercados tradicionales tuvieron cuando se instaló PriceSmart, ofreciendo a los consumidores la posibilidad de comprar ciertos productos en mayor cantidad a menor precio. Y más recientemente el monopolio cervecero tuvo que ofrecer una nueva marca de cerveza a menor precio para competir con la introducción al mercado de Cervecería Río de Guatemala. Necesitamos que otras empresas entren también a romper con otros monopolios que todavía siguen sangrando al consumidor nicaragüense, como en la telefonía convencional, energía eléctrica, televisión por cable, entre otros. Adiós a la autarquía, bienvenida sea la globalización.

Esa palabra que a muchos asusta es un proceso que no tiene retroceso. El avance inexorable de la tecnología ha venido haciendo desaparecer las fronteras nacionales al flujo de información, de capitales y de mercancías, reduciendo las distancias, los tiempos y los costos. Nada ha contribuido más decisivamente a ello que Internet -la World Wide Web. Solamente el movimiento libre de las personas continúa formalmente limitado, pero la gente siempre encuentra un modo de burlar las limitaciones y no está lejano el día en que deje de estarlo.

Las economías nacionales son cada vez más interdependientes y las crisis –también los auges- que experimenta un país se propagan rápidamente y tienen efecto en los demás. Buena parte de la producción de bienes y servicios ha dejado de identificarse con un país determinado. Un teléfono, un computador o un carro que antes por su marca de fábrica se consideraba sueco, americano o japonés, ya no lo es más pues sus componentes provienen de diferentes países y se produce también en países diferentes. Por eso los éxitos y los fracasos en estos negocios internacionalizados se propagan rápidamente hacia la red de encadenamientos de suplidores y clientes, provocando el crecimiento o el descenso en ramas industriales y hasta en economías enteras de los países, siendo los efectos más rápidos y más potentes en los países en que sus economías están más interconectadas por el comercio y los flujos de capital.

Las empresas que se mueven en el comercio internacional no sólo han desarrollado nuevas tecnologías para fabricar nuevos productos dirigidos a llenar necesidades insatisfechas de los consumidores, sino también han creado con ellos nuevas necesidades antes insospechadas, cambiando el modo de vida de sociedades enteras. ¿Era imprescindible para Ud. un teléfono celular hace 10 o 15 años? Paralelamente, esas empresas también han desarrollado nuevas tecnologías de administración de recursos humanos, de mercadeo y ventas, de financiación de sus operaciones, y en general de gestión y administración empresarial. Son como locomotoras que avanzan cada vez con mayor fuerza, a la cual se le enganchan cada vez más vagones a su paso, abriéndose paso en nuevos territorios o mercados. Las personas que han subido a esos vagones pueden disfrutar del viaje y los beneficios de la conquista de esos mercados. Los que no suben a los vagones –ya sea porque lo intentan y no lo logran o porque no están interesados- pierden la oportunidad de viajar en el tren del progreso.

Quien pretenda pensar que se puede detener la marcha de este tren, está cerrando los ojos a la realidad. El avance de la globalización es tan inexorable como el de la tecnología. Más temprano que tarde –y para muchos ya es un poco tarde-, las empresas que no se transformen para ser capaces de competir en este mercado cada vez más globalizado, están condenadas a desaparecer. Y los gobiernos y poderes políticos que no logren acabar con las trabas institucionales que obstaculizan el desarrollo de los negocios serán en parte responsables del desastre.

En este contexto económico, llegamos al 2004 y las PYMEs –con contadas excepciones- aún marchan con un perfil bajo, a un ritmo vegetativo, sin expectativas de perfilarse como un sector dinámico que empuje el crecimiento económico del país. ¿A qué se debe esa situación de virtual estancamiento?

Sin embargo, el sector de la pequeña empresa sigue siendo el mayor generador de empleo e ingresos del país y sobrevive a pesar de todas las desventajas y adversidades que ha tenido que enfrentar, lo que dice mucho del carácter y persistencia del pequeño empresario nicaragüense. ¿Qué puede hacerse entonces para capitalizar este elemento positivo y convertir a las PYMEs en un motor principal de la economía nacional?

Hace 100 años, o aún más recientemente en algunas actividades económicas, no se requería tener estudios o entrenamiento en administración de negocios para manejar una empresa con relativo éxito. Bastaba dominar una técnica de producción, de servicio o de ventas y un poco de sentido común para invertir y obtener ganancia para poder asegurarse un medio de vida operando un negocio. Satisfacer las necesidades de un mercado local –a veces limitado al barrio, el pequeño pueblo o la ciudad-, estable, poco exigente, en un ambiente de escasa –a veces nula- competencia, no requería de sofisticadas habilidades empresariales para hacer dinero con un buen negocio, ya no digamos al menos para obtener el ingreso para el sustento familiar.

Si no, veamos la historia de las actividades tradicionales en que las pequeñas empresas han sido predominantes: la producción artesanal de productos alimenticios como panadería y repostería, tortillas, conservas, dulcería y confitería, quesos, productos de molinería, especias, etc.; vestuario, calzado, productos de cuero, de madera, textiles y de fibras vegetales, de metal, de barro y cerámica, muebles, imprentas, materiales de construcción, y otros de la industria manufacturera. En los servicios las actividades tradicionales han sido los comedores y restaurantes, hospedajes, transporte –taxis y botes fluviales-, peluquerías, cerrajerías, y otros ofrecidos por trabajadores por cuenta propia. Destaca el comercio tradicional, concentrado en pulperías, tiendas de abarrotes, librerías, farmacias, ferreterías, de vestuario y calzado, etc.

Hoy, este tipo de negocios está siendo gradualmente desplazado por la competencia de empresas extranjeras, que operan con una lógica empresarial moderna, donde la escala de producción, la tecnología, la publicidad, los sistemas de mercadeo, los servicios agregados, hacen la diferencia.

1.1. Infraestructura de Nicaragua.

Nicaragua ha venido trabajando constantemente en ir mejorando la infraestructura del país con el fin de sentar las bases necesarias para fomentar un crecimiento económico más acelerado y facilitar la atracción de inversión extranjera.

Energía

El sector energético de Nicaragua se ha venido desarrollando con gran dinamismo en los últimos cinco años con importantes inversiones públicas y privadas a nivel nacional.

Fruto de estos esfuerzos, se ha visto una importante mejoría en la cobertura de los servicios eléctricos para la población, mucha de la cual antes se encontraba desatendida. Más aún, ha habido un aumento en la capacidad instalada, lo cual ha permitido abastecer la demanda del mercado nacional y apuntar a la exportación de energía en el futuro vía el proyecto Sistema de Interconexión Eléctrica para América Central (SIEPAC).

*Datos a septiembre.
Fuente: Instituto Nicaragüense de Energía.

	2009	2010	2011	2012	2013	2014*
Cobertura	66.00%	70.00%	72.40%	75.00%	76.00%	80.00%
Capacidad Instalada (MW)	982	1,073	1,109	1,286	1,290	1,312

Tipo de Superficie	Kilómetros	%
Todo tiempo	9,722	40.5
Estación seca	7,226	30.1
Revestido	3,620	15.1
Asfaltado	2,375	9.9
Adoquinado	1,006	4.2
Concreto Hidráulico	66	0.3
Empedrado	18	0.1

Total	24,033	100

Para el 2014, las fuentes renovables constituyeron el 53 por ciento de la matriz, mientras que en el 2007 constituían el 36 por ciento. Para el año 2017, la meta del Gobierno de Nicaragua es que la matriz esté compuesta en un 79 por ciento por fuentes renovables.

Red Vial

Segun datos del Ministerio de Transporte e Infraestructura, la red vial nacional está conformada por 24,033 kilómetros que se dividen en las siguientes categorías:

Todo tiempo	*9,722*	*40.5*
Estación seca	*7,226*	*30.1*
Revestido	*3,620*	*15.1*
Asfaltado	*2,375*	*9.9*
Adoquinado	*1,006*	*4.2*

Concreto Hidráulico	66	0.3
Empedrado	18	0.1
Total	**24,033**	**100**

Puerto	Tipo	Ubicación	Uso Principal
Puerto Corinto	Marítimo	Corinto, Chinandega	Carga Comercial
Puerto Arlen Siú	Marítimo	El Rama, RAAS	Carga Comercial
Puerto El Bluff	Marítimo	Bluefields, RASS	Carga Comercial
Puerto Cabezas	Marítimo	Bilwi, RAAN	Carga Comercial
Puerto Sandino	Marítimo	Nagarote, León	Carga Comercial
Puerto San Juan del Sur	Marítimo	San Juan del Sur, Rivas	Transporte Turistas
Puerto Carlos Fonseca	Lacustre	San Francisco Libre, Managua	Transporte Turistas
Puerto Salvador Allende	Lacustre	Managua, Managua	Transporte Turistas
Puerto Granada	Lacustre	Granada, Granada	Transporte Turistas

Puerto San Jorge	Lacustre	San Jorge, Rivas	Transporte Turistas
Puerto Moyogalpa	Lacustre	Moyogalpa, Rivas	Transporte Turistas
Puerto Altagracia	Lacustre	Altagracia, Rivas	Transporte Turistas

Fuente: Ministerio de Transporte e Infraestructura

Asimismo, Nicaragua forma parte de la Carretera Panamericana, la cual internamente consiste en 382 km que unen al país al norte con Honduras y al sur con Costa Rica.

Puertos

Acuáticos

La Empresa Portuaria Nacional (EPN) es la entidad nicaragüense que regula el sector portuario del país y su misión es prestar servicios a través de los puertos de Nicaragua de manera eficiente, responsable y de alta calidad a las empresas y organizaciones que lo requieran, garantizándoles así el buen manejo y cuido de sus intereses.

Puerto Corinto, ubicado en el noroeste de Nicaragua, es el principal puerto del país y moviliza la mayor parte de la carga comercial, tanto exportación como importación. El país cuenta también con otros puertos detallados a continuación:

Algunas de las principales empresas navieras que prestan servicio en Nicaragua incluyen:

- Maruba

- China Shipping

- CMA CGM

- Maersk

- APL

- NYK Logistics

Aéreos

Nicaragua cuenta con un aeropuerto internacional ubicado en la ciudad capital de Managua y tres nacionales ubicados en Bluefields, Puerto Cabezas y Corn Island. También existen aeropuertos rurales en Nueva Guinea, San Carlos, Siuna, Waspan, Rosita y Bonanza.

El Aeropuerto Internacional Augusto C. Sandino fue clasificado como uno de los más seguros de América Latina, y sirve como conexión a 15 destinos internacionales diariamente. El aeropuerto atiende las siguiente líneas aéreas internacionales: American, United, Delta, Spirit, Copa, Taca, Aeroméxico y Nature Air.

Adicionalmente, el Aeropuerto Internacional Augusto C. Sandino cuenta con una terminal de carga donde brindan servicio cuatro líneas aéreas operadoras de cargue y descargue. Las aerolíneas de carga se dedican al manejo y transporte de carga con origen y destino al Norte, Centro, Sur América y Europa. Cuentan con bodegas propias para almacenar la carga que transportan. El servicio de carga aérea es brindado por:

- American Airlines Cargo

- Copa Airlines Cargo

- Avianca Cargo

- UPS Air Cargo

- Arrow Air

Nicaragua cuenta con una línea aérea nacional llamada La Costeña con vuelos diarios a las ciudades de Tegucigalpa, Corn Island, Siuna, Puerto Cabezas, Bluefields, Bonanza, Rosita, Waspan y San Carlos. Además realiza vuelos charter y transporte de carga.

Puestos Aduaneros

Nicaragua cuenta con una serie de puestos aduaneros a través del territorio nacional, tanto terrestres como marítimos. A continuación se detallan los principales puestos aduaneros del país:

Puesto	Ubicación	Observación
Aeropuerto Internacional	Managua, Managua	Terminal Aérea
Guasaule	Somotillo, Chinandega	Frontera con Honduras
El Espino	Somoto, Madriz	Frontera con Honduras
Las Manos	Ocotal, Nueva Segovia	Frontera con Honduras
Peñas Blancas	Sapoá, Rivas	Frontera con Costa Rica
Puerto Corinto	Corinto, Chinandega	Salida al Océano Pacífico
Puerto Arlen Siú	El Rama, RAAS	Salida al Océano Atlántico

Telecomunicaciones

El sector de las telecomunicaciones en Nicaragua está completamente privatizado y es considerado como uno de los más modernos en Centroamérica. El ente regulador de las telecomunicaciones es el Instituto

Nicaragüense de Telecomunicaciones y Correos (TELCOR).

Nicaragua ofrece conexiones redundantes de fibra óptica de alta calidad a través de tres sistemas de cables submarinos internacionales (ARCOS-1, MAYA-1, Emergia).

Entre los proveedores más grandes de la industria de telecomunicaciones en Nicaragua se encuentran: Tigo Business, Claro, IBW, Ideay, Telefónica, Yota, entre otros.

En Nicaragua se encuentran disponibles los siguientes servicios:

- Internet: Servicio fraccionado hasta full DS3.

- Conexión de Voz: Líneas analógicas o digitales.

- 4G: tecnología WiMAX a través de fibra óptica e inalámbrica (microondas) para Internet y telefonía móvil.

Adicionalmente, las marcas más reconocidas en tecnología están disponibles a través de distribuidores locales autorizados, algunas de ellas son: HP, Dell, IBM, Cisco, Microsoft, Oracle, Avaya y Nortel.

2. Tratados de libre comercio de Nicaragua.[152]

A lo largo de su historia Nicaragua ha firmado importantes acuerdos comerciales , entre los que se encuentran:

- Centroamérica - Unión Europea (Costa Rica, El Salvador, Guatemala, Honduras, Nicaragua y Panamá), suscrito el 29 junio 2012. Vigente.
- Centroamérica - México (Costa Rica, El Salvador, Guatemala, Honduras y Nicaragua), Suscrito el 22 de noviembre de 2011. Vigente.
- Taiwán (República de China), suscrito el 16 junio 2006. Vigente hasta el 1 de enero de 2008.
- CAFTA-DR (Centroamérica - Estados Unidos - República Dominicana). Suscrito el 5 de agosto de 2004. Vigente.
- Centroamérica - Panamá (Costa Rica, Guatemala, El Salvador, Honduras y Nicaragua). Suscrito el 6 de marzo de 2002. Vigente.
- Centroamérica - Chile (Costa Rica, El Salvador, Guatemala, Honduras y Nicaragua). Suscrito el 18 octubre 1999. Vigente.
- Centroamérica - República Dominicana (Costa Rica, El Salvador, Guatemala, Honduras y Nicaragua). Suscrito el 16 abril 1998.

---

[152] Tomado del *Foreign trade information Sistem*. Obtenible siguiendo el siguiente linc en http://www.sice.oas.org/ctyindex/NIC/NICagreements_s.asp. Consultado el 20 de enero de 2016 a las 23:10hrs.

Entre los acuerdos comerciales preferenciales se enuentran

- (AAP.A25TM N° 25)- Firmado con Venezuela. Suscrito el 15 agosto 1986. Vigente.
- (AAP.AT25TM N° 6).Firmado con Colombia. Suscrito el 02 marzo 1984. Vigente

3 Comercio exterior.

3.1 Exportaciones.

En 2014, las exportaciones totales de Nicaragua alcanzaron la cifra record de US$5,143 millones, lo que representó un crecimiento del 8 por ciento en comparación con 2013. Adicionalmente, la cifra de exportaciones ha mostrado una tasa de crecimiento compuesto anual de 14 por ciento durante el periodo 2005 – 2014.

Los 10 principales productos de exportación de Nicaragua durante 2014 fueron: textil y confección (26.7%); arneses automotrices (11.0%); carne de bovino (8.7%); café (7.7%); oro (7.6%); camarones (4.3%); azúcar (4.3%); puros y tabaco (2.9%); maní (2.2%) y queso (1.9%).

Ingresos de Inversión Extranjera Directa

En el 2014, los ingresos de inversión extranjera directa alcanzaron los US$1,446.8 millones, lo cual representa un incremento del 4 por ciento comparado con el 2013. Los ingresos de IED hacia Nicaragua registraron una tasa de crecimiento promedio anual de 22 por ciento durante el periodo 2005-2014. Estos resultados reflejan la existencia de un clima de estabilidad y seguridad, respaldado por un marco legal para las inversiones jurídico.

Los cinco principales destinos de la inversión por sector económico fueron industria (40%), telecomunicaciones (13%), financiero (11%), energía (10%) y minas (9%), los cuales comprendieron el 84 por ciento del total de los ingresos de inversión extranjera directa en el 2014.

Nicaragua ha logrado una mayor diversificación del origen de los ingresos de IED en el país, pasando de un total 22 países en el año 2007 a 40 en 2014, representando un crecimiento del 81% por ciento. Específicamente en el 2014, Los cinco principales países origen de los ingresos de inversión extranjera directa en el 2014 fueron: Estados Unidos (20%), Panamá (14%), México (13%), Venezuela (13%) y España (6%), comprendiendo el 66 por ciento del total.

La baja en las exportaciones de Nicaragua durante el 2015 deja un panorama poco alentador para 2016. Se calcula que el año anterior este sector cerró con una caída del 8% en valor y esos factores que han afectado las ventas podrían agudizar para este año. El economista y exdirector del Banco Central de Nicaragua (BCN) Mario Arana, argumenta que realmente Nicaragua se encuentra en nuevas circunstancias para los próximos años. Arana resalta que claramente la Organización de las Naciones Unidas para la Alimentación y la Agricultura (FAO) y la Organización para la Cooperación y el Desarrollo Económicos (OCDE) han hecho análisis y proyecciones en los que efectivamente los precios de los granos van a estar en términos reales más bajos durante los próximos 10 años. Por otro lado, las estadísticas del Centro de Trámites de las Exportaciones (Cetrex) muestran que al cierre de 2015 el país logró US$2.531 millones, mientras en 2014 se cerró con US$2.744 millones en valor, según la misma institución. Hasta noviembre, según el BCN, la caída de las exportaciones era de 7% en valor y 8% en volumen. En volumen, según Cetrex, la exportación total de productos sumó 1,89 millones de toneladas métricas, 5% por debajo de los 1,98 millones de 2014.[153]

La gerente general de la Asociación de Productores y Exportadores (Apen), Azucena Castillo, resalta que la reducción en las exportaciones en 2015 es "un campanazo de alerta", el cual debería mover al sector privado como al Gobierno para hacer un análisis serio sobre cómo hacer frente a esta situación. Situaciones como la baja del petróleo y la oportunidad de que aún

---

[153] Tomado de artículo *Al cierre del 2015 Nicaragua logró US$2.531 millones, mientras que en 2014 cerró con US$2.744 millones.* Publicado en Prensa Libre. Obtenible en http://www.revistasumma.com/exportaciones-de-nicaragua-bajarian-en-2016/. Consultado el 20 de enero de 2016 a las 23:52hrs.

hay que mejorar en productividad y competitividad son aspectos que se deben considerar según ambos especialistas para que las exportaciones no disminuyan aún más en 2016 y se intente como mínimo alcanzar los niveles de 2015. Los precios de varios de los productos principales que exporta el país se miran a la baja en 2016, además que la competencia con los líderes en el mercado sería mayor, señala Arana."Por el momento se está teniendo problema en los precios del azúcar y tienden a sostenerse porque tu gran competencia que es Brasil y Colombia, que compiten también en café en los mercados internacionales; ellos tienen posiciones dominantes y obviamente estos están invadiendo los mercados y eso nos afecta a nosotros que somos jugadores en esos mismos productos", indica. La especialista en comercio exterior, Sonia Somarriba, destaca que ante el panorama internacional será difícil alcanzar la meta en exportaciones que planteó el Programa Económico Financiero (PEF) para 2016, establecida en US$2.975,9 millones. El cierre negativo de las exportaciones en 2015 plantea la necesidad de revisar las políticas económicas del país e impulsar el crecimiento económico de forma dirigida hacia aquellos sectores ganaderos, teniendo presente la demanda del mercado y las tendencias de consumo, destacó Somarriba.[154]

Las exportaciones totales de Nicaragua (incluyendo Zonas Francas) durante enero-mayo 2015 se ubicaron

---

[154] *Ibídem.*

en USD2,016.0 millones, cifra que resultó menor en 4.8% con relación a los USD2,116.9 millones reportados en los primeros cinco meses del año 2014; escenario que es el resultado de la caída de los volúmenes exportados en 7.0%, al decrecimiento de los precios de bienes como el azúcar, camarón, leche en polvo, tabaco en rama, aceite en bruto y comestible, ajonjolí; y la finalización de los TPL y menores pedidos de arneses que han afectado las exportaciones de Zonas Francas. Sin embargo, cabe mencionar que otros bienes no menos importantes registraron incrementos en sus precios promedio FOB en enero-mayo 2015 en comparación a los reflejados en el mismo período del 2014, evitando una mayor caída de las exportaciones, sobresaliendo el café, carne de bovino, frijol rojo, leche fluida, maní, langosta, pescado, queso, puros.[155]

Las exportaciones de bienes producidos en Zonas Francas fueron las que experimentaron una mayor caída en 8.3%, disminuyendo de USD974.0 millones en enero-mayo 2014 a USD892.8 millones en enero-mayo 2015; porcentaje que fue mucho mayor al decrecimiento de 1.7% registrado por las exportaciones del régimen general (fuera de Zonas Francas), las

---

[155] Tomado de DIRECCIÓN DE POLÍTICA COMERCIAL DE LA DIRECCIÓN GENERAL DE COMERCIO EXTERIOR DE NICARAGUA: *Resumen ejecutivo Comercio Exterior de Nicaragua (enero-mayo 2015)*. Obtenible en http://www.mific.gob.ni/Portals/0/Documentos%20Politica%20Comercial/Mensuales_2015/Mayo%202015.pdf. Consultado el 21 de enero de 2016 a las 01:00hrs.

cuales pasaron de USD1,142.9 millones a USD1,123.2 millones en el mismo período. Es decir, la caída de las ventas de Zonas Francas es la que más influyó en el decrecimiento de las exportaciones totales en el período analizado. Los volúmenes exportados del régimen general decrecieron en 7.2%, mientras las cantidades físicas exportas bajo Zonas Francas disminuyeron en 6.0%. La caída de los valores exportados del régimen general estuvo determinada por el decrecimiento de los montos generados de las exportaciones de oro, azúcar, maní, camarón, aceite en bruto, ganado bovino, langosta, pescado, leche en polvo, cueros y pieles semiprocesados, entre otros. En el caso de las Zonas Francas su caída se debió esencialmente a la reducción de las exportaciones de prendas de vestir y arneses, que representaron el 80.0% de las exportaciones totales del régimen especial en enero-mayo 2015. Es importante mencionar que al analizar las exportaciones de forma mensual durante los primeros cinco meses del 2015 se observa que en el mes de mayo las ventas en el mercado internacional (USD400.3 millones) crecieron en 3.3% con relación a abril (USD387.5millones), después que en este mes habían disminuido en 16.5% en comparación a marzo(USD464.1millones). Sin embargo, el mayor crecimiento mensual se reflejó en marzo (USD21.3%) con respecto al mes de febrero (USD382.6 millones). Ahora, las exportaciones del mes de mayo del año 2015 experimentaron una caída de

7.8% con respecto al mes de febrero (USD382.6 millones). [156]

Nicaragua siguió presentando durante los primeros cinco meses del año 2015 la misma estructura de su oferta exportable, donde los principales cinco bienes exportados (prendas y complementos de vestir, café, arneses, carne de bovino y oro), representaron más del 60.0% de las exportaciones totales de Nicaragua en el mismo período, evidenciando que todavía falta mucho por hacer para lograr una mayor diversificación de la producción exportable, que pasa necesariamente por un mayor fomento productivo, acceso a nuevos mercados y la exploración de los mismos. Además de los rubros mencionados en el párrafo anterior Nicaragua exportó en el período enero-mayo 2015 bienes como azúcar, puros, maní, queso, frijol rojo, camarón, leche fluida, tabaco en rama, aceite comestible, aceite en bruto, ganado bovino, langosta, pescado, ajonjolí, leche en polvo, moluscos, calzado de cuero, cueros y pieles semiprocesados, galletas, entre otros. Las prendas y complementos de vestir son los principales bienes exportados (tanto en las exportaciones totales como en las de Zonas Francas), si bien se redujeron de USD557.5 millones en enero-mayo 2014 a USD499.3 millones en el mismo período del 2015, significando una caída relativa de 10.4%, explicada esencialmente por la finalización en diciembre del 2014 del Nivel de Preferencia Arancelaria (TPL por sus siglas en inglés), situación que ha

---

[156] *Ibídem.*

originado a comienzos del 2015 menores pedidos de compras de prendas de vestir por parte de los clientes en EEUU. especto a los USD 434.3millones exportados en mayo del 2014.[157]

Se prevé que en la medida que las empresas y los compradores se ajusten a las nuevas circunstancias(sin TPL), las exportaciones de prendas de vestir se recuperen en el segundo semestre del año 2015, impactando positivamente en las exportaciones del sector de Zonas Francas y en las exportaciones totales de Nicaragua. Además de las prendas y complementos de vestir las Zonas Francas exportaron en enero-mayo 2015 bienes como arneses (USD214.5 millones), puros (USD52.5 millones), camarón (USD19.4 millones), tabaco en rama (USD17.3 millones), calzado de cuero (USD9.6 millones), artículos de tapicería (USD9.2 millones), aceite en bruto (USD9.1 millones), banano (USD8.8 millones), tejidos de algodón (USD8.0 millones), semilla y frutos oleaginosos (USD6.4 millones), cajas de papel o cartón (USD6.4 millones), entre otros. Dentro del régimen general (fuera de Zonas Francas) el café se situó en los primeros cinco meses del año 2015 como el mayor generador de divisas con USD234.0 millones. Le siguen la carne bovina (USD191.8 millones), oro (USD134.1 millones), azúcar (USD87.4 millones), maní (USD51.6 millones), queso (USD45.7 millones), frijol rojo (USD37.8 millones), leche fluida (USD23.3 millones), aceite comestible(USD20.1 millones),

---

[157] *Ibídem*

ganado bovino(USD16.6 millones), camarón (USD15.2 millones), langosta (USD15.0 millones), pescado (USD12.5 millones). Dentro de los principales 25 bienes exportados por Nicaragua los que reflejaron mayor dinamismo durante el período bajo análisis fueron frijol rojo, con un crecimiento en volumen de 42.8% y valor de 174.4%; calzado de cuero, 57.4% en volumen y 59.1% en valor; aceite comestible, 71.1% en volumen y 56.8% en valor; leche fluida, 51.7% en volumen y 52.5% en valor; moluscos, 62.0% en volumen y 32.9% en valor; café, 9.7% en volumen y 22.2% en valor; ajonjolí, 63.6% en volumen y 22.0% en valor; queso, 15.6% en volumen y 21.3% en valor. Con la excepción del café, los otros rubros todavía presentan pesos específicos muy bajos.[158]

El crecimiento de los valores exportados de los bienes mencionados en el párrafo anterior compensó de alguna manera la caída de las exportaciones de otros productos, algunos de ellos con una participación alta, como leche en polvo(-40.4%), cueros y pieles de bovino semiprocesados (-22.4%), prendas y complementos de vestir(-19.1%), oro (-18.9%), galletas (-14.8%), arneses(14.2%), azúcar (-13.9%), camarón(-10.2%), aceite en bruto (-10.0%), langosta (-9.0%), ganado bovino(-6.9%), pescado(-5.0%), maní(-2.4%). Durante el período enero-mayo 2015 el mercado de EEUU (incluyendo Puerto Rico e Islas Vírgenes USA) siguió siendo el principal destino de las exportaciones de Nicaragua (incluyendo Zonas Francas) con un peso

---

[158] *Ibídem.*

específico de 51.1%. Luego se ubica Centroamérica (incluyendo Panamá) al reflejar una participación de 14.4%; México, 10.4%; Venezuela, 6.8%; Unión Europea, 6.2%; Canadá, 2.0%; entre los más destacados. Dentro de la Unión Europea los cinco principales destinos de las exportaciones nicaragüenses durante enero-mayo 2015 fueron Reino Unido (23.5%), Alemania (17.4%), Italia (11.1%), Bélgica (9.9%) y Francia (9.5%). En la región centroamericana El Salvador fue el principal importador de productos originarios de Nicaragua con una participación de 36.1%, después aparecen Honduras (24.5%), Costa Rica (20.4%), Guatemala (14.5%) y Panamá (4.5%).[159]

Las exportaciones hacia los países o regiones con las cuales Nicaragua mantiene acuerdos comerciales vigentes (EEUU, C.A., Venezuela, Taiwán, Unión Europea, México, República Dominicana y Chile)se ubicaron en USD1,829.8millones durante los primeros cinco meses del año 2015, representando el 90.8% del total exportado en el mismo período;reflejando un crecimiento de 0.5% con respecto a enero-mayo2014 (Usd 1,821.6 millones). Crecieron las exportaciones hacia los EEUU(8.3%), Centroamérica(4.9%), Unión Europea(15.9%)y Taiwán(1.6%); contario a la caída observada en México(-24.8%), Venezuela(-15.2%), República Dominicana(-7.8%)y Chile(-84.1%). Ahora bien, como promedio del período enero-mayo 2015 en comparación a enero-mayo 2014, se observan que los

---

[159] *Ibídem*

precios FOB se incrementaron en los siguientes bienes: café (11.4%), carne de bovino (13.2%), frijol rojo (92.2%), leche fluida (0.5%), maní (1.7%), langosta (0.5%), pescado (7.2%), queso (4.9%). Por otro lado, los que registraron disminuciones fueron (-19.5%), camarón (-17.0%), leche en polvo (-21.6%), aceite en bruto (-6.0%), tabaco en rama (-1.0%), aceite comestible (-8.4%), ajonjolí (-25.4%).[160]

3.2 Importaciones.

En 2014 las importaciones en Nicaragua crecieron un 25,28% respecto al año anterior. Las compras al exterior representan el 60,00% de su PIB, una proporción alta que le situa en el puesto 156 de 189 países, del ranking de importaciones respecto al PIB, ordenado de menor a mayor porcentaje. Las importaciones supusieron ese año 5.329,3 millones de euros, Nicaragua ocupa el puesto número 77 de la lista de importaciones mundiales, ordenadas de menor a mayor valor. Ese año hubo déficit en la Balanza comercial ya que, a pesar de producirse un incremento de las exportaciones, fueron menores que las importaciones.[161]

Si miramos la evolución de las importaciones en Nicaragua en los últimos años se observa que se han

---

[160] *Ibídem.*

[161] *Vid: Nicaragua - Importaciones de Mercancías.* Publicado en Web Expansión/datosmacro. Com. Obtenible en http://www.datosmacro.com/comercio/importaciones/nicaragua. Consultado el 21 de enero de 2016 a las 0037hrs.

incrementado respecto a 2013, como ya hemos visto, al igual que ocurre respecto a 2004 cuando fueron de 1.778,5 millones de euros, que suponía un 38,15% de su PIB. En esta página te mostramos la evolución del saldo de las importaciones Nicaragua, haz clic en los siguientes links para ver la evolución de las exportaciones y de la Balanza comercial en Nicaragua.[162]

Las importaciones totales de Nicaragua obtuvieron durante el período enero-mayo 2015 un crecimiento de 2.0% con relación a los primeros cinco meses del 2014, impulsado esencialmente por el incremento de las compras de bienes intermedios y de capital en 7.5% y 25.9%, respectivamente; contrarrestando la caída de las importaciones de bienes de consumo en 9.7%, influenciada por el decrecimiento de las importaciones de petróleo y derivados en 39.5% en el mismo período. Las importaciones de bienes intermedios aumentaron de USD622.4 millones en enero-mayo 2014 a USD668.8 millones en el mismo período del 2015, observándose incrementos en todos sus componentes. Las compras de bienes intermedios para la agriculturacrecieron en 23.4%, destacando el incremento de las importaciones de fertilizantes y agroquímicos y productos de uso veterinario en 22.7% y 34.4%, respectivamente. Las entradas de bienes intermedios para la industria se incrementaron en 4.0% y los materiales de construcción en 5.0%. Por su parte, las importaciones de bienes de capital crecieron de

---

[162] *Ibídem.*

USD447.5 millones en los primeros cinco meses del 2014 a USD563.4 millones en enero-mayo 2015, dinamismo que fue el resultado del incremento de las compras de los bienes de capital para la industriay el transporte en 40.0% y 11.0%, respectivamente. Lo contrario sucedió con los bienes de capital para la agricultura al sufrir una caída de 7.4%. Por último, la contracción de las importaciones de bienes de consumo, que pasaron de USD1,204.5 millones en enero-mayo 2014 a USD1,087.4 millones en el mismo período del año 2015, se debió a la caída de las importaciones de petróleo, combustibles y lubricantes en 39.5%, compensada con el incremento de las compras de bienes de consumo no duraderos y duraderos en 12.9% y 5.4%, respectivamente. Cabe mencionar que la factura petrolera (petróleo, diésel y gasolina) disminuyó de USD454.9 millones a USD265.3 millones en el período analizado, para una reducción relativa de 41.7% como consecuencia de los menores precios de los combustibles en enero-mayo 2015 en comparación a los registrados en enero mayo 2014. Las importaciones de petróleo decayeron en -53.0%, las de diésel en -24.7% y las de gasolina en -32.4% en el mismo período.[163]

---

[163] Tomado DE DIRECCIÓN DE POLÍTICA COMERCIAL DE LA DIRECCIÓN GENERAL DE COMERCIO EXTERIOR DE NICARAGUA: *Resumen ejecutivo Comercio Exterior de Nicaragua (enero-mayo 2015)*. Obtenible en http://www.mific.gob.ni/Portals/0/Documentos%20Politica%20Comercial/Mensuales_2015/Mayo%202015.pdf. Consultado el 21 de enero de 2016 a las 01:00hrs.

Realizando un ejercicio matemático de multiplicar los precios promedio de importación CIF del petróleo, gasolina y diésel durante el período enero-mayo 2014 por los volúmenes importados de enero-mayo 2015 de esos mismo rubros, se obtiene un total de USD460.6 millones, que al restarle los USD265.3 millones alcanzados con los precios de enero-mayo 2015, se logra un ahorro neto de divisas de aproximadamente USD200.0 millones en este último período de tiempo, lo cual obviamente tiene una incidencia positiva en la cuenta corriente de la balanza de pagos, evitando un mayor déficit comercial. Un dato que refleja lo indicado en el párrafo anterior es que la participación de las importaciones de petróleo, diésel y gasolina se redujo hasta el 11.4% en el período enero-mayo del año 2015, un poco más de la mitad del porcentaje registrado en los primeros cinco meses del 2014 que fue de 20.0%.[164]

Durante el período enero-mayo 2015 el mercado centroamericano (incluyendo Panamá) fue el principal suplidor de bienes para la economía nicaragüense con un valor de USD561.2millones, con un peso específico de 24.2%. En segundo puesto se ubica EEUU, que incluye Puerto Rico e Islas Vírgenes USA, (USD409.8millones), 17.6% de participación. Le siguen China, incluyendo Hong Kong, (USD 310.1 millones), con una participación de 13.3%; México(USD225.1 millones), 9.7%; Unión Europea (USD 191.0 millones),

---

[164] *Ibídem.*

8.2%; entre otros. Las importaciones procedentes desde los países o regiones con las cuales Nicaragua mantiene acuerdos comerciales vigentes (EEUU, C.A., Venezuela, Taiwán, Unión Europea, México, República Dominicana y Chile) se ubicaron en USD 1,452.9 millones durante enero-mayo 2015, representando el 62.6% del total importado en el mismo período; reflejando una caída de 1.6% con respecto a enero-mayo 2014 (USD1,477.0 millones), debido principalmente a las menores importaciones desde Venezuela (-87.8%). En conclusión, las importaciones realizadas por Nicaragua guardan estrecha relación con los niveles de dinamismo de los sectores económicos que componen la economía nacional. En ese sentido, las mayores compras de equipos, maquinaria, bienes intermedios y materiales de construcción, coinciden con los índices de crecimiento que la actividad económica ha presentado en los primeros cinco meses del 2015; aunque en el caso de la caída de las importaciones de bienes de capital para el sector agropecuario, la incertidumbre del comportamiento del clima puede estar incidiendo.[165]

3.3 Balanza comercial.

Desde inicios de los 1990, el Banco Central de Nicaragua estableció una política de deslizamiento de la moneda del 5 por ciento anual versus el dólar americano. Para el 2015, la tasa de cambio promedio es de C$27.26 por cada dólar. Este exitoso sistema

---

[165] *Ibídem.*

asegura altos niveles de estabilidad de la moneda y mantiene la competitividad exportadora del país.

3.4 Deuda externa.

En los últimos cinco años la deuda externa del sector privado ha crecido 54 por ciento, mientras que la del público se ha mantenido estable, según registros del Banco Central de Nicaragua (BCN).[166]

Hasta el tercer trimestre del año pasado, el sector privado le adeudaba a acreedores internacionales 1,908 millones de dólares más que en 2011, mientras que el sector público solo acumulaba un saldo por 663 millones de dólares más que en el periodo de referencia. Con ello, Nicaragua hasta septiembre del año pasado acumulaba un saldo global de deuda externa por 10,200 millones de dólares, equivalente al 84.4 por ciento del Producto Interno Bruto (PIB). Esto significó aumento del saldo en 186.7 millones de dólares (1.9 por ciento) respecto al segundo trimestre de 2015, de los cuales 121.2 millones correspondieron al sector público y 65.5 millones al del sector privado, lo que implicó que como porcentaje del PIB este se elevará 1.5 puntos porcentuales. Del saldo total de la deuda externa, 5,465 millones de dólares corresponden al privado y 4,735 millones de dólares al

---

[166] ALVAREZ HIDALGO, WENDY: *Deuda privada externa se agiganta en Nicaragua.* Publicado en La Prensa/Economía. Obtenible en http://www.laprensa.com.ni/2016/01/05/economia/1963734-deuda-privada-externa-se-agiganta-en-nicaragua. Consultado el 21 de enero de 2016 a las 15:38hrs.

público. ¿A qué se debe el fuerte incremento en la deuda externa privada? El economista Néstor Avendaño explica que este aumento se debe a que los flujos provenientes de Venezuela se están registrando como deuda privada, lo que no representa ningún riesgo para la economía porque esta no se paga con los impuestos de los nicaragüenses. [167]

Otra de las razones, según el economista, del porqué la deuda privada externa ha repuntado con fuerza es porque las grandes empresas se financian con acreedores internacionales, cuyo costo financiero es más barato que el del Sistema Financiero Nacional. La deuda pública, ha ido creciendo a menor ritmo, pero que este aumento no se ve reflejado fuertemente en el saldo porque ha sido contrarrestado por las condonaciones en los últimos años. Hasta el tercer trimestre de este año, según el Banco Central de Nicaragua, en la deuda externa pública el plazo promedio ponderado es de aproximadamente 25 años con 11 años de gracia y tasa de interés alrededor del dos por ciento. El plazo promedio de la deuda externa privada de largo plazo es de aproximadamente 18 años (ocho años para la deuda del sector no financiero y 23 años para el sector financiero) y la tasa de interés promedio ponderada se estima alrededor del 3.8 por ciento (7.6 por ciento para el sector no financiero y 2.6 por ciento para el sector financiero). [168]

---

[167] *Ibídem.*
[168] *Ibídem.*

4. Política industrial de Nicaragua.

Hechos importantes acaecidos en la década del cincuenta y primeros años del sesenta, hicieron surgir la incipiente industria manufacturera nicaragüense, pudiéndose citar entre otros, la promulgación de leyes de fomento industrial y la decisión de los gobiernos de Centroamérica de realizar el programa de Integración Económica Centroamerica. El empresario industrial sintió la necesidad de agremiación como una forma de unificar criterios para llevar a efecto la labor que le estaba siendo encomendada a este sector para el desarrollo económico y social del país. De esta manera, en 1957 se organiza la *Asociación de Industriales de Nicaragua*, cuyos objetivos son los de promover el desarrollo industrial del país y representar los intereses del empresario manufacturero. Esta asociación que nace adscrita a la *Cámara de Comercio e Industrias de Nicaragua*, se perfecciona y se establece como *Cámara de Industrias de Nicaragua* en 1964, teniendo siempre como objetivos fundamentales la coordinación y representación de los intereses del *Sector Privado Industrial*, la promoción del desarrollo industrial y atención de las necesidades del gremio. Su organización le ha permitido orientar al empresario manufacturero en forma que aproveche las políticas de desarrollo nacional y regional Centroamericano que se han venido adoptando desde los años sesenta; inducirles en el cumplimiento de las leyes como una fórmula esencial para el desarrollo empresarial, y fomentar entre empleador y trabajador las mejores relaciones posibles, con lo que se logró crear un medio de paz social en el Sector Industrial, lo que fue muy conveniente en esa década, para impulsar el desarrollo industrial que se logró.[169]

4.1 Industria agrícola.

Nicaragua es el único país de Centroamérica donde el sector agropecuario se mantiene como el que más aporta al Producto Interno Bruto, PIB, mientras el resto de naciones empiezan a depender más de la industria manufacturera, según cifras de la Comisión Económica para América Latina y el Caribe, Cepal.

Datos de 2011 indican que el sector agropecuario aportó el 20% al PIB de Nicaragua, siendo el más importante.

El sector agrícola de Nicaragua mantuvo en 2012 mayor dinamismo en comparación con el año anterior, siendo el café, la caña de azúcar y el maní los rubros que reflejan más valores exportados en este sector, según datos del Centro de Trámites de las Exportaciones, Cetrex. El café registró US$511 millones, la caña de azúcar US$209 millones y el maní US$ 128 millones, según datos del Cetrex cortados al 13 de diciembre de 2012. El crecimiento de este sector

---

[169] CÁMARA DE INDUSTRIAS DE NICARAGUA: *Historia de la Industria en Nicaragua.* Obtenible en http://www.cadin.org.ni/index.php?option=com_content&view=artic le&id=18&Itemid=15. Consultado el 21 de enero de 2016 a las 15:42hrs.

se denota en las exportaciones totales del país, que cada año vienen en aumento.[170]

Desde el 2012 los plátanos, los tubérculos, los frijoles y las frutas congeladas van tomando relevancia. Pese a las crisis financiera mundial (...) el sector sigue creciendo. Por su parte, la gerente general de la Fundación para el Desarrollo Tecnológico Agropecuario y Forestal de Nicaragua, Funica, María Auxiliadora Briones dijo en una entrevista realizada en 2012 que hasta septiembre el sector agrícola había crecido en un 15%. La entrada en vigencia del Acuerdo de Asociación de la Unión Europea y Centroamérica, el Tratado de Libre Comercio con Chile y el resto de tratados, son elementos que tienen que aprovecharse para promover más el sector agrícola. Asimismo, el hecho que Nicaragua hoy día sea un proveedor importante de alimentos para Centroamérica y tenga presencia en mercados nostálgicos como el de los Estados Unidos, es otro factor que dinamiza el sector agrícola nicaragüense.[171]

Parte de los retos del sector agrícola será elevar la productividad y la competitividad con la adquisición de tecnologías que ayuden a dar "un salto importante" en el sector. En maní y en caña de azúcar se mantiene un nivel productivo relativamente bueno, pero en granos

---

[170] Tomado de *Sector agrícola más dinámico*. Obtenible en http://www.elnuevodiario.com.ni/economia/272466-sector-agricola-mas-dinamico/. Consultado el 21 de enero de 2016 a las 17:20hrs.

[171] *Ibídem.*

básicos a pesar del potencial que existe en nicaragua sigue manteniendo un rendimiento por debajo. En el caso de la producción de arroz los rendimientos han mejorado debido a las inversiones en tecnología realizadas desde 2013 y se han desarrollado nuevas variedades, lo que mejoró los rendimientos en este rubro. Según datos cortados a 2010, de la Comisión Económica para América Latina y el Caribe, los rendimientos productivos de Nicaragua en maíz, frijoles y arroz, ubican al país en tercer lugar detrás de Costa Rica, El Salvador y Guatemala.[172]

---

[172] *Ibídem.*

Capítulo V: Sistema económico de Costa Rica

Sumario:

1. Generalidades sobre la economía costaricense. 2. Retos en el futuro. 3. Exportaciones y trabajo. 4. Turismo. 5. Infraestructura. 6. Parque nacionales de Costa Rica y su valor económico. 7. Energía y medio ambiente

1. Generalidades sobre la economía costaricense.[173]

La economía estable de Costa Rica radica básicamente en el turismo, la agricultura y la exportación de equipos electrónicos y los servicios. El país redujo significativamente la pobreza durante 1950 y 1980 gracias a un fuerte impulso por parte del Estado a los procesos productivos para el mercado interno, así como al desarrollo de una fuerte inversión social en educación, salud, electricidad, telecomunicaciones y provisión de servicios de agua; entre otros. La reducción de la pobreza se detuvo durante la crisis de los años 80, y se estancó al finalizar la década de los 90, oscilando entre el 20 y el 22% de la población. Este estancamiento se inició antes del inicio de las políticas de políticas de corte neoliberal, mediante las cuales se ha ido abriendo espacio a actividades de carácter privado a costa de muchos de los servicios que antes fueron brindados por las instituciones públicas. Aunque la economía y la riqueza han crecido significativamente, la pobreza dejó de disminuir porque los modelos orientados a la creación de empleo especializado excluyen a las personas sin formación universitaria, o técnica. El crecimiento de la economía ha pasado, desde un 5.9% en 2005 a un 8.8% en 2006

---

[173] Tomado del artículo *Economía de Costa Rica*. Obtenible en https://es.wikipedia.org/wiki/Econom%C3%ADa_de_Costa_Rica. La seriedad y veracidad del mismo ha sido cotejada con otras fuentes bibliográficas citadasen los pie de páginas.

y un 7.8% en 2007. Debido a la crisis económica que afectó al mundo desde el 2008, la economía de Costa Rica desaceleró su crecimiento al 2.6% en 2008 y decreció en 2009 con un negativo de -1.1%. En el 2010 el crecimiento fue cerca del 4%, lo que muestra una leve recuperación de la recesión económica y se espera que en el 2011 el crecimiento sea de 4.5%.

El índice de inflación estuvo rondando el 22.5% en 1995, bajó sustancialmente a un 11.1% en 1997, 12% en 2005, 9% en 2008, situándose en el 4% (2009) la tasa de inflación más baja en los últimos 38 años. Se espera que para el 2010 sea del 6% aproximadamente. El alto déficit de gobierno disminuyó durante la década de los 80 y 90 la cantidad de dinero destinada a mantener la calidad de los servicios sociales del país. La política de austeridad promulgada durante la administración de Abel Pacheco de la Espriella, logró reducir el déficit e incluso se logró obtener un superávit en 2005, debido a la baja inversión del estado y las mejoras en materia fiscal.

Costa Rica ha buscado ampliar sus lazos económicos y comerciales, tanto dentro como fuera de la región.

- Costa Rica tiene tratados de libre comercio con los siguientes países. Los mismos entraron a regir en (ver fecha):
  o Canadá 1 de noviembre del 2002.
  o Chile 15 de febrero del 2002.
  o República Popular de China 1 de Agosto del 2011.

- o Comunidad del Caribe (CARICOM)¨ 15 de Noviembre del 2005.
- Trinidad y Tobago 15 noviembre del 2005.
- Guyana 30 de Abril del 2006.
- Barbados 1 de Agosto del 2006.
- Belice 10 de Marzo del 2011.
- Jamaica 1 de Mayo del 2013.
- o El Salvador Mercado común desde 1963, relanzado el 29 de octubre de 1993.
- o Estados Unidos 1 de enero del 2009.
- o Guatemala Mercado común desde 1963, relanzado el 29 de octubre de 1993.
- o Honduras Mercado común desde 1963, relanzado el 29 de octubre de 1993.
- o México 1 de enero de 1995.
- o Nicaragua Mercado común desde 1963, relanzado el 29 de octubre de 1993.
- o Panamá 31 de julio de 1973. Se volvió a negociar y se amplió el 1 de enero del 2009.
- o Perú 1 de Junio del 2013.
- o República Dominicana 7 de marzo del 2002, Ampliado por el CAFTA el 1 de enero del 2009.
- o Singapur 16 de Mayo del 2013.
- o Unión Europea 16 de Mayo del 2013.

Se espera también que en un futuro cercano se aprueben los tratados de libre comercio con la EFTA y Colombia y junto con Panamá iniciar negociaciones con Corea del Sur.

Costa Rica carece de grandes poblaciones indígenas como el resto de los países de Centro América. Gracias a que la distribución de la riqueza es más equitativa en Costa Rica, las fortunas de los magnates costarricenses no son tan grandes como las de sus colegas centroamericanos.

2. Retos en el futuro

La economía costarricense emergió de la recesión en 1997 con indicadores muy positivos hasta la recesión económica del 2008, donde mostró un estancamiento en ese mismo año y un retroceso en el 2009 del -1.1%. Después de un crecimiento de la economía del 8.8% en 2006 con Federico Carrillo Zürcher como Ministro de Hacienda, el Producto Interior Bruto (PIB) ha tendido a disminuir en el 2007, 2008 y 2009. Entre los retos para Costa Rica se encuentra la recuperación de la reciente crisis económica que golpeó fuertemente el sector turismo, la construcción y exportaciones primordialmente; aunque se espera para el 2010 un crecimiento del 4%, todavía queda mucho por recuperar, entre ellas el incremento en el déficit fiscal liderado por la exportaciones de las zonas francas y el sector turístico, que actualmente es la principal fuente de ingresos del país. El Banco Central de Costa Rica atribuye casi la mitad del crecimiento sostenido desde 1999 a la producción de la fábrica de ensamblaje que la Corporación [Intel] tiene en el país desde 1997. La inflación, medida por el Índice de Precios al Consumo (IPC), fue de un 4,6% en 2009.

3. Exportaciones y trabajo

La planta de microprocesadores de Intel en Costa Rica fue responsable en el 2006 por 20% de las exportaciones y 4,9% del PIB del país.

Costa Rica solía ser conocido principalmente como productor de banano y café. No obstante, actualmente han sido acompañados por la exportación de cacao, azúcar, carne de res y piña. En los últimos años el país ha atraído, de manera exitosa, inversiones extranjeras, especialmente de la empresa Intel, la cual emplea cerca de 3.500 personas en su planta de microprocesadores valorada en $300 millones. Otras multinacionales afincadas en el país son: Laboratorios Abbott, Baxter Healthcare, St Jude Medical, Boston Scientific, Hospira, Centros de Servicio de HP (con más de 6000 empleados y centros de desarrollo), Amazon, Procter&Gamble, Bank of America, Western Union, Sykes, Panduit, entre muchas otras. En 2006 la planta de microprocesadores de Intel fue responsable por el 20% del total de las exportaciones y produjo un 4,9% del PIB del país.[174]

Actualmente, Costa Rica es la potencia exportadora y el mayor exportador e importador en la región

---

[174] Vid: *Intel supone el 4,9 por ciento del PIB de Costa Rica.* Publicado en El economista.es. Obtenible en http://eleconomista.es/empresas-finanzas/noticias/81837/10/06/Intel-supone-el-49-por-ciento-del-PIB-de-Costa-Rica.html. Consultado el 23 de enero de 2016 a las 12:09hrs.

Centroamericana, gracias a la diversificación comerical y la gran inversión extranjera de los últimos años.[175]

4. Turismo[176]

El turismo en Costa Rica es uno de los principales sectores económicos y de más rápido crecimiento del país[177] y desde 1995 representa la primera fuente de divisas de su economía.[178] Desde 1999 el turismo genera para el país más ingreso de divisas que la exportación de sus cultivos tradicionales de banano,

---

[175] Vid sitio La Vanguardia. Obtenible en www.laVanguardia.es. Consultado el 12:56hrs.

[176] Tomado del Artículo *Turismo en Costa Rica*. Obtenible en https://es.wikipedia.org/wiki/Turismo_en_Costa_Rica. Consultado el 23 de enero de 2016 a las 12:09hrs. Toda la información aquí referida ha sido cotejada con la bibliografía citada en los pies de página y al final de la obra.

[177] JOSÉ ENRIQUE ROJAS: (29 de diciembre de 2004). *«Turismo, principal motor de la economía durante el 2004»*. Publicado en La Nación/Economía. Obtenible en http://www.nacion.com/economia/Turismo-principal-motor-economia_0_729927145.html. Consultado el 20 de enero de 2016 a las 23:48hrs.

[178] CRIST INMAN: (1997). *«Impacts on Developing Countries of Changing Production and Consumption Patterns in Developed Countries: The Case of Ecotourism in Costa Rica»* (en inglés). INCAE, disponible en site del International Institute for Sustainable Development. También *vide*: MARIO CALDERÓN CASTILLO: (2005). *«El Turismo como Promotor del Crecimiento Económico Costarricense»*. Revista Parlamentaria Digital. Asamblea Legislativa de Costa Rica. Obtenible en http://web.archive.org/web/20090223102324/http://www.asamblea.go.cr/biblio/revista/revista/vol13-no2-ago2005/el%20turismo%20como%20promotor-MarioCalderon.html. Consultado el 20 de enero de 2016 a las 12:08hrs.

piña y café juntos.[179] La bonanza del turismo comenzó en 1987,[180] con el número de visitantes aumentando de 329 mil en 1988, llegando a un millón en 1999, soprepasando 2 millones en 2008 hasta alcanzar un récord histórico de 2,6 millones de turistas extranjeros en 2015.[181]

En 2010 el turismo contribuyó con un 5,5% del PIB del país y un 21,2% de las divisas generadas por las exportaciones totales,[182] En 2009 el turismo atrajo un 17% de la inversión extranjera directa, la cual representó una media del 13% entre 2000 y 2009.[183] En 2005 fue responsable por un 13,3% de los empleos directos e indirectos,[184] y según un informe de la

---

[179] DEPARTAMENTO DE ESTADÍSTICAS ICT: (2006). «Anuário Estadísticas de Demanda 2006». Instituto Costarricense de Turismo. Pdf obtenible en http://www.visitcostarica.com/ict/backoffice/treeDoc/files/Anuario%20de% 20Turismo%202006%20%28VERSION%20FINAL%29.pdf. Consultado el 12 de diciembre de 2015 a las 13:23hrs.

[180] CRIST INMAN: ob. Cit.

[181] Departamento de Estadísticas ICT: (2009). «Anuário Estadístico 2008» (PDF). Instituto Costarricense de Turismo. Obtenible en http://web.archive.org/web/20100401003405/http://www.bncr.fi.cr/bn/turis mo/dowlands/BNCR%20-%20Anuario%20de%20Turismo%202008.pdf

[182] DEPARTAMENTO DE ESTADÍSTICAS ICT (2011). «Anuario Estadístico 2010». Instituto Costarricense de Turismo (ICT). Obtenible en http://www.visitcostarica.com/ict/backoffice/treeDoc/files/6F96_Anuario_de _Turismo_2010.pdf

[183] PNUD y OMT:(2011). «Tourism - Investing in Energy and Resource Efficiency» (en inglés). Programa de las Naciones Unidas para el Desarrollo (PNUD). Obtenible en http://www.unep.org/greeneconomy/Portals/88/documents/ger/GE R_11_Tourism.pdf

[184] ALTÉS, CARMEN:(2006), El Turismo en América Latina y el Caribe y la experiencia del BID (PDF), Banco Interamericano de Desarrollo; Departamento de Desarrollo Sostenible, Washington, D.C., p. 9 y 47 Serie de informes técnicos ENV-149

CEPAL de 2007, el turismo ha contribuido a una reducción de la pobreza del país del 3%.[185]

La principal ventaja comparativa de Costa Rica es su sistema de parques nacionales y áreas protegidas, que cubren alrededor de un 25% del territorio nacional, la mayor del planeta en porcentaje,[186] y que albergan una rica variedad de flora y fauna, que se estima contiene un 5% de la biodiversidad del mundo en menos del 0,1% de la masa terrestre del planeta.[187] Además, Costa Rica tiene numerosas playas tanto en el Océano Pacífico como en el Mar Caribe, con ambos litorales separados por solo unos cientos de kilómetros, y también los turistas pueden visitar con seguridad varios volcanes ubicados en Parques Nacionales. Al inicio de los años noventa, Costa Rica llegó a ser conocido como el principal representante ("*poster child*") del ecoturismo,[188] período en el que las llegadas de turistas extranjeros alcanzó un crecimiento anual medio del 14% entre 1986 y 1994.[189]

---

[185] PNUD y OMT:(2011). Ob. Cit.(«*Tourism - Investing in...*).
[186] LEONARDO COUTINHO and OTÁVIO CABRAL: (21 de mayo de 2008). «*O desafio da economia verde*» (en portuguese). Revista *Veja*. Obtenible en http://planetasustentavel.abril.com.br/noticia/desenvolvimento/conteudo_2 80147.shtml?func=2 . Consultado el 12 de enero de 2016 a las 12:07hrs.
[187] HONEY, MARTHA: (1999), *Ecotourism and Sustainable Development: Who Owns Paradise?* (en inglés), Island Press; 1 edition , Washington, D.C., p. 128-181,
[188] *Ibídem.*
[189] BRUCE AYLWARD *et al.*:(1996). «*Sustainable ecotourism in Costa Rica: the Monteverde Cloud Forest Preserve*» (en inglés). Biodiversity and Conservation vol 5, no. 3, 315-343.

Con una ingreso anual de US$ 2,156 millones en 2011, la industria turística de Costa Rica obtuvo un 30% de los ingresos por turismo de región centroamericana, y destaca como el destino más visitado del istmo, con un total de 2,2 millones de turistas extranjeros que visitaron el país en 2011, seguida de Panamá con casi 1,5 millones y Guatemala con 1,2 millones de visitantes.[190]

En 2008, y a pesar del inicio de la crisis económica mundial, el número de turistas superó por primera vez la marca histórica de 2 millones de visitantes extranjeros y los ingresos subieron a 2.144 millones.[191] Sin embargo, como resultado de esta crisis, el ritmo de crecimiento de la demanda de turistas extranjeros desaceleró a partir de agosto de 2008, debido principalmente a una disminución en el número de visitantes estadounidenses, que representaban el 54% de los turistas que recibe el país.[192] La combinación de la crisis económica en conjunto con la pandemia de gripe A (H1N1) produjo una reducción del número de turistas en 2009 a 1,9 millones de visitantes internacionales, lo que representó una disminución del 8% con respecto a 2008.[193] En 2010 la industria se

[190] «UNWTO Tourism Highlights 2012 Edition» (en inglés). Organización Mundial del Turismo. Junio de 2012.
[191] Departamento de Estadísticas ICT (2009). Ob. Cit.
[192] HASSEL FALLAS: (25 de enero de 2009). *Llegada de turistas cayó en los últimos seis meses.* La Nación.
[193] SERGIO ARCE (24 de febrero de 2010). *Llegada de turistas se redujo 8% en 2009.* La Nación. Obtenible en http://www.nacion.com/economia/Llegada-turistas-redujo_0_1106489663.html

recuperó y el número de visitantes alcanzó 2,111 millones de turistas, excediendo ligeramente el pico de demanda alcanzado en 2008.[194]

La recuperación continuó en 2011 con 2,196 millones de turistas,[195] y 2,34 millones de visitantes en 2012.[196] En 2013 el número de visitantes aumentó a 2,428 millones, un 3,6% más alto que 2012.[197] En 2013 la estadía promedio fue de 12,1 noches, superior a las 11.6 noches en 2012, y un gasto promedio por turista de US$1.378.[198] En 2014 se alcanzó un récord histórico de 2,5 millones de turistas internacionales, acompañado de US$2,636 mil millones de ingresos, un 8.3% más que en 2013.[199] Además, el gasto medio por turista subió de US$1.171 en 2010 para US$1.431 en

---

[194] Departamento de Estadísticas ICT (2011). «Anuario Estadístico 2010». Instituto Costarricense de Turismo (ICT).
[195] World Tourism Organization (2007). «Tourism Highlights 2007 Edition» (en inglés). Obtenible en http://www.unwto.org/facts/menu.html.
[196] ANDREA GONZÁLEZ:(8 de marzo de 2013). «Visitas turísticas en el 2012 fueron las más altas de los últimos cinco años». La Nación. Obtenible en http://web.archive.org/web/20130618004507/http://www.nacion.com/2013-03-09/Economia/Visitas-turisticas-en-el-2012-fueron-las-mas-altas-de-los-ultimos-cinco-anos.aspx
[197] ANDREA RODRÍGUEZ (16 de enero de 2014). =Costa Rica registró la llegada de más de 2,4 millones de turistas en 2013. La Nación. http://www.nacion.com/economia/Costa-Rica-registra-millones-turistas_0_1390861044.html. Consultado el 12 de enero de 2016 a las 13:45hrs.
[198] MARVIN BARQUERO: (23 de enero de 2015). Costa Rica busca atraer turistas con poder adquisitivo. La Nación. Obtenible en http://www.nacion.com/economia/empresarial/Costa-Rica-atraer-turistas-adquisitivo_0_1465253494.html. Consultado el 23 de enero de 2016 a las 23:07hrs.
[199] Ibídem.

2014, y la estadía promedio aumentó de 11 días en 2010 para 13.4 en 2014.[200]

Costa Rica alcanzó nuevos records en 2015 con 2,66 millones de visitantes e ingresos totales de US$2,882 mil millones.[201] Una vez más Estados Unidos fue el principal emisor de turistas para Costa Rica, con 1.077.044 visitantes en 2015, un 8% más que en 2014. Las llegadas de destinos Europeos crecieron en un 6,1%. El flujo de turistas procedentes de América del Sur fue el que más creció con un 13%, principalmente el proveniente de Brasil y Argentina.[202]

El ecoturismo es extremadamente popular entre los turistas extranjeros que visitan la amplia cantidad de parques nacionales y áreas protegidas que existen por todo el país. Costa Rica fue uno de los pioneros en ecoturismo a nivel mundial y es reconocido como uno de los pocos destinos internacionales con verdaderas opciones de turismo ecológico.[203]

En términos de la clasificación del Índice de Competitividad en Viajes y Turismo (TTCI), en 2008 y 2009 Costa Rica obtuvo el cuarto en el continente americano, y fue el primer clasificado entre países de

[200] Marvin Barquero (16 de enero de 2016). «*País logra récords en divisas y visitantes por el turismo*». *La Nación.* Consultado el 16 de enero de 2016.
[201] *Ibídem.*
[202] *Ibídem.*
[203] HONEY, MARTHA:(1999), *Ecotourism and Sustainable Development: Who Owns Paradise?*, Island Press; 1 edition , Washington, D.C., p. 5,

América Latina. En 2011 se ubicó en el lugar 44 a nivel mundial, quinto en el continente y segundo a nivel latinoamericano, superado solo por México.[204] Las ventajas competitivas para desarrollar emprendimientos turísticos son en el área de recursos humanos, culturales y naturales, en la cual Costa Rica se clasifica en el lugar 33 a nivel mundial, y clasifica en el sexto lugar cuando se considera únicamente el criterio de recursos naturales. El reporte del TTCI de 2011 también señala que las principales debilidades del sector turístico costarricense son su reducido número de sitios de interés cultural (clasificado 104), el tiempo necesario para abrir un establecimiento comercial (clasificado 125), el estado de la infraestructura de transporte terrestre (lugar 111) y la pobre calidad de la infraestructura portuaria (lugar 132).[205]

En 2010 la mayoría de los turistas extranjeros provino de Estados Unidos (39,6%), la vecina Nicaragua (20,4%), Canadá (5,72%), Panamá (3.7%) y México (2.6%).[206] Los ingresos provenientes de los turistas norteaméricanos y europeos, que juntos representan el 61% de todos los visitantes extranjeros, contribuyeron a alcanzar un gasto medio de $995 por turista en

---

[204] JENNIFER BLANKE AND THEA CHIESA, Editors (2011). «Travel & Tourism Competitiveness Report 2011» (en inglés). World Economic Forum, Geneva, Switzerland.

[205] Ibídem.

[206] DEPARTAMENTO DE ESTADÍSTICAS ICT: (2011). «*Anuario Estadístico 2010*». Instituto Costarricense de Turismo (ICT). Obtenible en http://www.visitcostarica.com/ict/backoffice/treeDoc/files/6F96_Anuario_de _Turismo_2010.pdf. Consultado el 23 de enero de 2016. A las 12:49hrs.

2010.[207] De acuerdo con una encuesta realizada en 2006, los visitantes provenientes de la Cuenca del Caribe y América del Sur tienen como principales motivos de viaje los negocios y asuntos profesionales, mientras que la gran mayoría de visitantes estadounidenses, canadienses y europeos visitan el país para descanso y vacaciones. Con un promedio del 58%, la recomendación de amigos o familiares fue la principal razón para visitar Costa Rica por motivo de vacaciones. El principal reclamo o desatisfacción de los visitantes es el mal estado de las carreteras.[208]

El ecoturismo es extremadamente popular entre los turistas internacionales que visitan la extensa red de parques nacionales y de áreas protegidas. Costa Rica fue uno de los pioneros en este tipo de turismo y el país es reconocido internacionalmente como uno de los pocos que cuenta con verdaderos destinos de ecoturismo.[209] En el año 2006, un 54% de los visitantes extranjeros visitaron parques nacionales o áreas protegidas, con al menos dos parques visitados, y en el

---

[207] Ibídem.

[208] «Informe de Encuestas IV Trimestre 2006. Aeropuerto Internacional Juan Santamaria». Instituto Costarricense de Turismo. 2006. Obtenible en http://www.visitcostarica.com/ict/paginas/modEst/estudios_estadisticas.asp?idIdioma=2. Consultado el 24 de enero de 2016 a las 12:56hrs.

[209] HONEY, MARTHA:(1999), *Ecotourism and Sustainable Development: Who Owns Paradise?* (en inglés), Island Press; 1 edition , Washington, D.C., p. 128-181,

caso de los turistas europeos la media sube para tres áreas protegidas.[210]

En años recientes varios de los mejores provedores de servicios de viajes del país han sido reconocidos a nivel internacional por su compromiso con el concepto de turismo positivo para el planeta. Ejemplos incluyen la línea aérea local Nature Air[211] y el Hotel Punta Islita[212] como ganadores del Premio Turismo para el Futuro (inglés: Tourism for Tomorrow Awards), patrocinado por el World Travel and Tourism Council (WTTC), y el Lapa Rios Ecolodge[213] como ganador del premio Sustainable Standard-Setter otorgado por la Alianza para Bosques (inglés: Rainforest Alliance).

mplantado en 1996 e inspirado en un programa similar desarrollado en Europa en 1985,[214] el Programa Bandera Azul Ecológica fue creado con el objetivo de promover el desarrollo turístico al mismo tiempo que permite limitar los impactos negativos de esa actividad, a través de la organización de la comunidad con el fin

---

[210] «Informe de Encuestas IV Trimestre 2006. Aeropuerto Internacional Juan Santamaria». Instituto Costarricense de Turismo. 2006.

[211] Ibídem.

[212] Vid: «Tourism for Tomorrow Awards 2006». World Travel & Tourism Council. 2006. Linc: https://es.wikipedia.org/wiki/Turismo_en_Costa_Rica

[213] «Rainforest Alliance 2007 Sustainable Standard-Setter» (en inglés). Rainforest Alliance. 2007.. Obtenible en https://es.wikipedia.org/wiki/Turismo_en_Costa_Rica. Consultado el 23 de enero de 2016. A las 12:34hrs.

[214] Vid: «Programa Bandera Azul Ecológica». Guía Costa Rica. Obtenible enhttp://web.archive.org/web/20130423182907/http://guiascostarica.com/bazul/

de evitar la contaminación y proteger la salud de los visitantes. El programa evalúa la calidad ambiental de las zonas costeras en términos de la calidad de las playas y del agua del mar, acceso y calidad del agua potable, tratamiento de las aguas residuales y del manejo de desechos, de la seguridad ciudadana y de campañas educativas. Después de la primera evaluación, diez playas fueron acreedoras de la distinción, y normalmente los sitios galardonados realizan mucha publicidad entre los potenciales visitantes.[215] Hasta 2008, y con base en la evaluación realizada en 2007, 59 playas consiguieron mantener la distinción mientras que ocho playas la perdieron, incluyendo algunos destinos populares como Playa Tamarindo, Playa Ocotal y Playa Manzanillo. Todas las playas que perdieron la distinción presentaron contaminación fecal de sus aguas.[216]

Desarrollado en 1997 por el Instituto Costarricense de Turismo, el órgano público responsable por el desarrollo y regulación del sector turístico, el Certificado para la Sostenibilidad Turística (conocido como CST) es un programa voluntario introducido con

---

[215] LAWRENCE PRATT AND NAOMI OLSON (1997). «Sector Turístico en Costa Rica: Análisis de Sostenibilidad» (en inglés). INCAE Business School Researh CEN 760. Obtenible en http://web.archive.org/web/20090225194018/http://www.incae.ac.c r/ES/clacds/nuestras-investigaciones/pdf/cen760.pdf.
[216] ÁNGELA ÁVALOS: (26 de marzo de 2008). Ocho playas pierden Bandera Azul por contaminación. La Nación. Obtenible en http://web.archive.org/web/20090221083202/http://www.nacion.co m/ln_ee/2008/marzo/26/pais1472711.html. Consultado el 19 de enero de 2016 a las 13:35hrs.

el fin de convertir "el concepto de sostenibilidad en algo real" a través de "mejorar la forma en que los recursos naturales y sociales son utilizados, para motivar la participación activa de las comunidades locales, y para apoyar la competitividad de los negocios."[217] El programa fue orientado a todo tipo de negocios en el sector turístico, pero inició solo con los proveedores de hospedaje. En 2007 la evaluación para obtener el CST considera un total de 108 parámetros.[218] Hasta junio de 2008, de 3.000 hoteles y operadores de viajes, solamente 94 tienen la Certificación para la Sostenibilidad Turística.[219] Algunas operadoras de viajes en Estados Unidos y Europa promueven a los pequeños hoteles que consiguieron esta certificación a través de los paquetes de viaje ofrecidos a sus clientes.[220]

Costa Rica ha sido incluida en las listas de "*Los 10 Mejores Destinos Eticos del Mundo en Desarrollo*"

---

[217] CRIST INMAN (1997). «*Impacts on Developing Countries of Changing Production and Consumption Patterns in Developed Countries: The Case of Ecotourism in Costa Rica*» (en inglés). INCAE, disponible en site del International Institute for Sustainable Development.

[218] MERCEDES AGÜERO: (7 de noviembre de 2007). *ICT espera 2 millones de turistas a finales del 2008*. La Nación. Obtenible en https://es.wikipedia.org/wiki/Turismo_en_Costa_Rica. Consultado el 20 de enero de 2016. A las 12:23hrs.

[219] HASSEL FALLAS (10 de junio de 2008). *ICT promoverá hoteles amigables con la naturaleza*. La Nación. http://www.nacion.com/economia/ICT-promovera-hoteles-amigables-naturaleza_0_981701910.html

[220] *Vid*: *Certificación promueve a Costa Rica en Europa*. La Nación. 18 de mayo de 2008. Obtenible en http://www.nacion.com/archivo/Certificacion-promueve-Costa-Rica-Europa_0_903909651.html.

tanto del año 2011 como del 2012. Esta es una clasificación anual producida por la revista "*Ethical Traveler*", la cual está fundamenta en un estudio de los países en desarrollo de todo el mundo para identificar los mejores destinos turísticos entre este grupo de naciones. La medición utiliza categorías como protección ambiental, bienestar social y derechos humanos.[221]

Según las encuestas realizadas en 2006,[222] los destinos más populares son las áreas naturales, en una combinación de ecoturismo con actividades de descanso y aventura: sol y playa (55%); observar flora y fauna (44%); visitar volcanes (43%); trekking (41%); observar aves o "*bird watching*" (30%); paseos en lo alto de la canopea o "*canopy*" tours (26%); bungee jumping desde puentes (11%); surfing (11%); snorkeling (10%); y rafting (7%). Las actividades culturales como visitar museos, galería de arte y teatros corresponde a 11%, y los viajes de negocios corresponden al 17%.

Siete resorts costarricenses fueron incluidos en la lista premiada de Condé Nast Traveler Readers' Choice Awards de 2012, para la categoría de los mejores 15 resorts de Centro y Sur América. Los resorts incluidos

---

[221] JANE ESBERG, JEFF GREENWALD AND NATALIE LEFEVRE.: «*The Developing World's 10 Best Ethical Destinations*» (en inglés). Ethical Traveler. Obtenible en http://ethicaltraveler.org/2007/01/report-kenyas-sex-tourism-industry-exploiting-children/

[222] «*Informe de Encuestas IV Trimestre 2006. Aeropuerto Internacional Juan Santamaria*». Instituto Costarricense de Turismo. 2006.

en el ránquin son Xandari Resort y Spa (2), Four Seasons Resort Costa Rica en la Península de Papagayo (3), Hotel Punta Islita (8), El Silencio Lodge y Spa (9), Los Sueños Marriott Ocean y Golf Resort (11), Arenas del Mar (12) y ele Westin Playa Conchal, Resort y Spa en Playa Conchal (15). La selección de los ganadores se basa en encuestas realizadas por la revista entre sus suscriptores, quienes evalúan la calidad de las habitaciones, servicio, comida, ubicación, diseño y actividades.[223] Dos hoteles también fueron escogidos por la revista entre los 5 mejores de Centroamérica, el Hotel Grano de Oro (3) en San José y Hotel Villa Caletas (4) en el Pacífico Central, Puntarenas.[224]

5. Infraestructura

Uno de los desafíos más grandes de Costa Rica para su crecimiento económico, atracción de inversión y competitividad radica en la infraestructura en todos sus ámbitos, Costa Rica cuenta con un rezago infraestructural de más de 25 años, y muchas de las obras de infraestructura que existen, principalmente

---

[223] MARVIN BARQUERO (2 de noviembre de 2012). «*Siete resorts de Costa Rica se ubican entre los mejores de Centro y Suramérica*». *La Nación (Costa Rica)*. Obtenible en http://www.nacion.com/2012-11-02/Portada/Siete-resorts-de-Costa-Rica-se-ubican-entre-los-mejores-de-Centro-y-Suramerica.aspx. Consultado el 23 de enero de 2016 a las 12:22hrs.

[224] CONDÉ NAST TRAVELER: (November 2012). «Readers' Choice Awards - Top 5 Hotels in Central America» [Premios Elección de los Lectores - Los mejores 5 hoteles de América Central]. *Condé Nast Traveler* (en inglés). Obtenible en http://www.cntraveler.com/?us_site=y. Consultado el 13 de enero de 2016 a las 14:49hrs.

puentes, se encuentran en un estado realmente crítico. El Valle Central se conecta a las costas pacífica y caribeña, principalmente mediante las carreteras 1 Interamericana y 27 (pacífico) y 32 (ruta al Caribe). La carretera 27 es una ruta recién construida, concesionada y supone una conexión directa entre San José y los diferentes destinos turísticos en la costa pacífica. La capacidad de los aeropuertos del país, Juan Santamaría (SJO) y Daniel Oduber Quirós en Liberia, ha sido superada por la creciente demanda de pasajeros debido al auge del turismo, y su ampliación mediante la figura de concesión privada ha avanzado muy lentamente. La capacidad de los puertos también ha resultado muy insuficiente para mantener el ritmo de crecimiento del comercio marítimo. Ya no cuentan con suficiente capacidad y el equipo está en malas condiciones. El sistema de ferrocarriles no funciona desde 1994, a excepción del tren urbano en San José y unas pocas líneas reactivadas por las empresas bananeras de capital estadounidense, en la zona caribeña.

6. Parque nacionales de Costa Rica y su valor económico.[225]

Costa Rica creó en 1970 su red de parques nacionales, la cual es administrada por el SINAC desde 1994, este

---

[225] Tomado del Artículo *Parques Nacionales de Costa Rica*. Obtenible en https://es.wikipedia.org/wiki/Parques_nacionales_de_Costa_Rica. Consultado el 21 de enero de 2016 a las 15:39hrs. Toda la información aquí referida ha sido cotejada con la bibliografía citada en los pies de página y al final de la obra.

es un departamento del Ministerio del Ambiente y Energía encargado del mantenimiento, organización y planificación estratégica de todas las áreas protegidas del territorio.

El SINAC cuenta a su cargo 28 parques nacionales (UICN-II) y varias reservas biológicas y forestales que entran en categorías de manejo diferentes. La Cordillera de Talamanca cuenta con un gran número de estas áreas protegidas, incluyendo el Parque internacional La Amistad, que se extiende sobre esta y hasta dentro del territorio panameño, en la península de Osa se encuentra el Parque nacional Corcovado, el cual, es un remanente de bosque tropical lluvioso de tierras bajas único en el mundo, por la gran cantidad de especies que viven allí.

Las áreas protegidas de Costa Rica dan refugio a cientos de especies de mamífereos, reptiles, aves, anfibios, insectos, peces, plantas y hongos que son objeto de estudio de muchas instituciones a nivel mundial, algunas de estas especies son de gran importancia, porque debido a la destrucción de su hábitat están en peligro de extinción, como varias especies de ranas venenosas, el jaguar, el perezoso de dos dedos, serpientes como la bocaracá o la coral, y aves de gran tamaño como el águila arpía o las lapas verdes, por lo que son necesarios estrictos controles para no afectar el número de ejemplares que quedan.

Además de tener un valor fundamental en el mantenimiento de vida sobre la tierra en todas las escalas jerárquicas, las áreas protegidas también proporcionan materia prima, alimento, agua, oportunidades recreativas y control de microclimas de forma gratuita. En Costa Rica se ha aprovechado la existencia de estas áreas protegidas para el turismo (nacional e internacional), la recreación, la educación, investigación, capacitación, la protección de cuencas gracias a la vegetación natural y para la preservación de la biodiversidad, y, junto a esta el material genético ya que el 5% de toda la diversidad biológica de la Tierra está en este país según afirmaciones.[226]

Durante la década de los 80, diversos factores que afectaron América Central obligaron a los países de esta región a la búsqueda de préstamos para poder pagar los intereses de deudas que ya tenían pendientes hasta que estos intereses se volvieron impagables, después de esto nació la idea de comprar la deuda del tercer mundo a un valor reducido y pagarla al valor nominal verdadero, en moneda local, invirtiéndola después en proyectos de conservación. Entre 1987 y 1989 Costa Rica convirtió parte de su deuda externa comercial en este tipo de bonos de conservación, pasando a ser el país número uno en el mundo en relación a transacciones de esta índole. Los fondos se utilizaron en el financiamiento de sus parques nacionales y áreas protegidas, el

---

[226] Vid: Artículo Unión Internacional para la Conservación de la Naturaleza. Obtenible en https://es.wikipedia.org/wiki/Uni%C3%B3n_Internacional_para_la_Conservaci%C3%B3n_de_la_Naturaleza

fortalecimiento de instituciones conservacionistas públicas y privadas, educación ambiental, ecoturismo, manejo sostenible de los bosques y la adquisición de tierras para la expansión de parques. Varios parques se han visto muy beneficiados de los canjes de deuda por naturaleza, en particular Corcovado, Guanacaste, La Amistad, Braulio Carrillo, y Tortuguero, así como la reserva privada de bosque nuboso Monte Verde y el centro ecológico La Pacífica. A pesar de que estos canjes sólo han podido cubrir un 5% de la deuda externa han beneficiado enormemente a conservar la biodiversidad y a fortalecer las instituciones conservacionistas nacionales.[227]

7. Energía y medio ambiente[228]

Con la fundación del Servicio Meteorológico Nacional, hoy denominado Instituto, en el año 1888 se inicia -históricamente- la génesis de las dependencias que conforman el actual Ministerio del Ambiente, Energía y Telecomunicaciones (MINAET).

A mediados del siglo XX se crea la Dirección de Geología, Minas y Petróleo. En 1980 se crea el Ministerio de Energía y Minas (MEM) y dos años después, por reestructuración del Poder Ejecutivo, se

---

[227] *Ibídem.*
[228] Tomado de la página web oficial del Ministerio de Ambiente y Energía de Nicaragua. Obtenible en http://www.minae.go.cr/index.php/es/2012-06-08-20-19-22/mision-y-vision#. Consultado el 23 de enero de 2016 alas 12:49hrs.

crea el Ministerio de Industrias, Energía y Minas (MIEM). En 1988, vía norma presupuestaria el MIEM se transforma en Ministerio de Recursos Naturales, Energía y Minas (MIRENEM), incorporándose competencias en materia de bosques, flora y fauna silvestre, áreas silvestres protegidas y meteorología. El área de Industrias se traslada al Ministerio de Economía y Comercio.

En 1995 se restructura el MIRENEM, con el aval correspondiente de MIDEPLAN y del Tribunal del Servicio Civil. Ese mismo año, mediante la Ley Orgánica del Ambiente No. 7554, se le asignan nuevas competencias en materia ambiental denominándose en adelante, Ministerio del Ambiente y Energía (MINAE). Aparecen así el Consejo Nacional Ambiental, la Secretaría Técnica Nacional Ambiental, el Contralor Ambiental, el Tribunal Ambiental Administrativo, y los Consejos Regionales Ambientales. Además, paulatinamente se le han sumado otros ámbitos de competencia en materia de recursos hídricos, hidrocarburos, género, educación ambiental, participación ciudadana, biodiversidad, humedales, cambio climático, implementación conjunta, conservación y uso racional de la energía, y calidad ambiental, en acatamiento de mandatos establecidos en diversas normativas jurídicas vigentes.

El procesos de desarrollo ministerial ha respondido a diferentes coyunturas históricas, especialmente de carácter político-administrativo y económico-social, las cuales se reflejaron en estructuras organizativas diferenciales a lo largo de todos estos años. Naturalmente, la visión, la misión y los objetivos institucionales fundamentales también han ido evolucionando, como consecuencia de la dinámica histórico- institucional y legal reseñada. Pero, a pesar del aumento de las competencias y responsabilidades institucionales, la legislación y la Administración Pública Superior no han contemplado la dotación –al MINAE- de los recursos necesarios y suficientes para asumir, con calidad y eficiencia, la prestación de los servicios públicos que demandan el desarrollo y la sociedad costarricense, sin menoscabo del patrimonio natural y de la calidad ambiental de vida que hemos pedido prestados a las generaciones que aún no han nacido.

El MINAE, es un ente organizativamente complejo al estar conformado por distintos órganos desconcentrados y otros adscritos. La Administración Arias Sánchez 2006- 2010 propuso la transformación del MINAE en el Ministerio del Ambiente, Energía y Telecomunicaciones, cuya creación se concretó con la aprobación de la Ley General de Telecomunicaciónes en junio del 2010. Dos años después, en junio del 2012, la Administración Chinchilla Miranda anuncia que el sector telecomunicaciónes será reubicado y traspasado al Ministerio de Ciencia y Teconlogía (Micit). Posteriormente, se anuncia la creación de un nuevo viceministerio de Aguas y Mares como respuesta al rezago que se ha tenido en este rubro.

A partir del 1 de febrero del 2013, (6 Meses después de la publicación en el Diario Oficial La Gaceta) El ministerio pasa a llamarse Ministerio de Ambiente y Energía (MINAE). No obstante se trabajará en la reorganización del ministerio, así como del sector bajo esta rectoría, en espera del Proyecto de Ley que permita transformarse en el Rector del Sector de Ambiente, Energía, Aguas y Mares.

El Ministerio ha estado en constante evolucíon a medida que el sector ambiental ha pasado de ser uno marginal a uno más relevante en los planes del desarrollo del país. Gracias al trabajo realizado por el MINAE, Costa Rica se encuentra hoy entre los primeros puestos del Índice Mundial de Desempeño Ambiental y es reconocido a nivel mundial por sus esfuerzos en pro de la conservación y el desarrollo sostenible.

El Ministerio tiene como misión Contribuir al mejoramiento de la calidad de vida de las y los habitantes del país mediante la promoción del manejo, conservación y desarrollo sostenible de los elementos, bienes, servicios y recursos ambientales y naturales del país, cuya gestión corresponda al MINAE por disposición legal o convenio internacional, garantizando la necesaria y plena armonía entre las actividades de desarrollo nacional y el respeto por la naturaleza y la consolidación jurídica de los derechos ciudadanos en esta materia. Para estos efectos el MINAE ejerce la rectoría, a través del Ministro, en materia del ambiente y energía, coordina la participación de las demás entidades públicas y privadas en la generación e implementación de políticas, estrategias y acciones orientadas al cumplimiento de los objetivos nacionales e internacionales, y propicia la participación amplia y responsable de los diferentes sectores de la sociedad civil.

La visión del ministerio va enfocada hacia un Sistema de Gestión Ambiental operando en Costa Rica que le permita posicionarse positivamente en materia de competitividad internacional (política, ambiental y comercial), y que a la vez responda a los requerimientos del manejo, conservación y uso sostenible de los recursos ambientales y naturales, bajo el liderazgo del Ministro Rector del Sector de Ambiente y Energía, y con un Ministerio del Ambiente y Energía (MINAE) fortalecido en su capacidad de gestión pública.

Capítulo VI: Sistema económico de Panamá.

Sumario:

1. Generalidades sobre la Economía de Panamá. **2. Sector Agrícola. 3. Sector secundario. 4. Sector terciario.** *4.1 Canal de Panamá:Administración y proyecto de ampliación.* **5. Inversión. 6. Exportaciones. 7. Sistema tributario de Panamá. 10. Salario Mínimo. 11. Crecimiento económico. 12. Panamá en el contexto internacional.**

1.Generalidades sobre la Economía de Panamá.

La economía de Panamá es una de las más estables de América. Entre las principales actividades se encuentran los servicios financieros, turísticos y logísticos, los cuales representan el 75% del PIB.[229]

Desde 2003 hasta 2009 el PIB se duplicó, propiciado por una alta inversión externa e interna, el turismo y la industria logística.[230] Según el Banco Mundial, el FMI y la ONU el país tiene el ingreso por cápital más alto de América Central, el cual es de unos 13.090 dólares; es además el mayor exportador e importador a nivel regional según la CEPAL[231] El P I B Tiene más de veinte años seguidos (1989)[232] de crecimiento sostenido. El país está clasificado en la categoría de *grado de inversión* por parte de las empresas

---

[229] *Vid*: sitio web de Bladex. Obtenible en http://www.blx.com/es/latam-info/panama. Consultado el 23 de enero de 2016 a las 21:39hrs.

[230] *Ibídem*.

[231] Sitio web de la CEPAL. Obtenible en http://www.cepal.org/es/publications/list/field_publication_type/8068/field_publication_type/8130/field_publication_type/8138?search_fulltext=. Consultado el 24 de enero de 2016 a las 12:11hrs.

[232] *Vid*: sitio web del banco mundial. Obtenible la información en http://databank.worldbank.org/data/home.aspx. Consultado el 15 de enero de 2016 a las 11:12hrs.

calificadoras de riesgo: *Standard and poors,*[233] *Moody's*[234] y *Fitch Ratings.*[235]

2. Sector Agrícola.

Cerca del 9% del suelo de Panamá está cultivado. La mayor parte de su producción agrícola se obtiene en explotaciones de carácter comercial y está destinada a la exportación. Los principales cultivos y grupos de cultivos —producción de 2006 en toneladas— son: caña de azúcar (1,77 millones); fruta (659.283), principalmente banano o guineo, plátano macho y naranja; arroz (280.000); maíz (70.000); café (13.153) y tomate. En 2006 la ganadería contaba con 1,56 millones de cabezas de ganado vacuno, 286.200 de ganado porcino y aproximadamente 14,9 millones de aves de corral. [236]En los productos forestales de Panamá está presente una amplia variedad de maderas, entre las que destaca la caoba. El país

---

[233] Vid: S&P otorga grado de inversión a Panamá. Publicado en CNNExpansión. Obtenible en https://www.youtube.com/watch?v=M0QSpt4KCc0. Consultado el 23 de enero de 2016 a las 18:10hrs.

[234] *Vid: Panamá recibe con satisfacción grado de inversión de Moody's.* Publicado en *Pueblo en Línea.* Obtenible en http://spanish.peopledaily.com.cn/31620/7020679.html. Consultado el 23 de enero de 2016 a las 23:36hrs.

[235] *Vid: Panamá: crecimiento y estabilidad política.* Publicado en Centralaméricadata.com. Obtenible enhttp://www.centralamericadata.com/es/article/home/Panama_crecimiento_y_estabilidad_politica. Consultado el 15:27hrs.

[236] *Vid: Economía y Agricultura de Panamá.* Publicado en Fotografías Panamá. Obtenible en http://www.voyagesphotosmanu.com/economia_panama.html. Consultado el 13 de enero de 2016.

cuenta con reservas forestales considerables, casi un 57% de su suelo, a veces difíciles de explotar debido a la mala infraestructura del transporte. En 2006 la producción anual de madera era de 1,35 millones de m³.

La pesca ha experimentado en las últimas décadas un fuerte desarrollo y hoy es una de las industrias más importantes del país; en 2005 se capturaron un total de 222.756 toneladas, principalmente camarón, pescado azul y langostino.[237]

3. Sector Secundario.

I sector industrial manufacturero Panameño, presentó en los últimos 10 años una tasa de crecimiento promedio **1.6%** anual con una participación dentro del Producto Interno Bruto (PIB) al cierre del año 2014 de **4.8%** y un valor nominal de la producción total anual para este periodo de 1,703.8 millones de balboas.

De acuerdo a los resultados de la encuesta de hogares del mes agosto del año 2014, la fuerza laboral para este periodo llegó a **2, 782,076**, de las cuales **1, 695,361** personas estaban ocupadas (empleo formal e informal), con una tasa de desempleo total país de **4.8%**.

El sector industrial manufacturero es el cuarto generador de empleo en el país- después del sector comercio, el sector agropecuario y el sector

---

[237] *Ibídem.*

construcción- y por encima del sector logístico, absorbiendo el **7.4%** de fuerza de trabajo ocupada, lo que significa que el sector manufacturero genera más de 124,000 puestos de trabajo directos, de este total 49,885 son empleos formales.

Durante la última década el **80%** de las actividades del sector manufacturero se han concentrado en 12 actividades, dentro de las cuales el sector de alimentos y bebidas es la rama de actividad con mayor un peso, alcanzando un **22%** del total de la producción industrial nacional.

El siguiente gráfico presenta la relación existente entre el crecimiento de la economía y el PIB industrial.

Gráfico N0. 1
República de Panamá
PIB economía Vs PIB Industria últimos 10 años
2005-2014

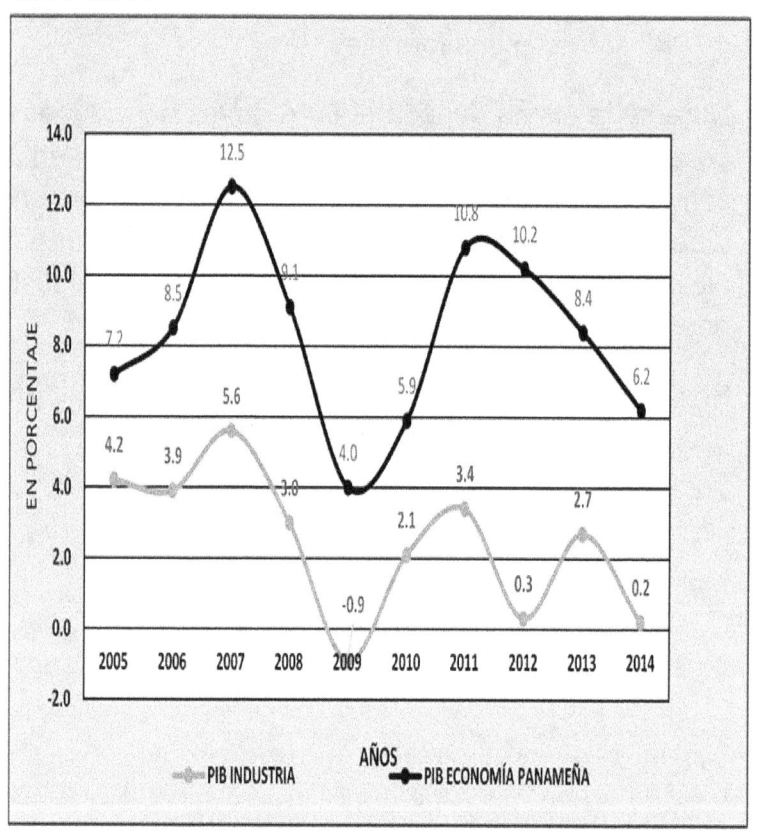

Fuente: Elaborado por Asesoría económica en base a datos del INEC

Categoría en la actividad económica: Encuesta de empleo laboral, Agosto 2013-14

Categoría en la actividad económica	Agosto 2014	
TOTAL.................	1,695,361	% Participación dentro del total
Comercio al por mayor y al por menor	308,612	18.2%
Agricultura, ganadería, caza, silvicultura, pesca y servicios conexos	266,172	15.7%
Construcción	196,091	11.6%
Industrias manufactureras.	124,868	7.4%
Sector Logístico ,transporte, almacenamiento y correo	118,764	7.0%

Administración pública y defensa	103,590	6.1%
Enseñanza	92,013	5.4%
Hoteles y restaurantes	79,706	4.7%
y servicios de los hogares para uso propio	77,131	4.5%
Servicios sociales y relacionados con la salud humana	68,468	4.0%
Actividades administrativas y servicios de apoyo	55,329	3.3%
Actividades profesionales, científicas y técnicas	51,053	3.0%
Otras actividades de servicio	49,839	2.9%
Actividades financieras y de seguros	38,150	2.3%
Artes, entretenimiento y creatividad	16,057	0.9%

Actividades inmobiliarias	15,241	0.9%
Información y comunicación	14,316	0.8%
Suministro de agua; alcantarillado y actividades de saneamiento	9,644	0.6%
Suministro de electricidad, gas, vapor y aire acondicionado	6,164	0.4%
Explotación de minas y canteras	3,603	0.2%
Actividades de los hogares y actividades no declaradas	550	0.03%

Fuente: Elaborado por Asesoría económica con base a datos del INEC

Gráfico No. 2

República de Panamá

Índice de valor de la industria manufacturera en la república según agrupación industrial: Promedio anual de 2013-2014

Agrupación Industrial	Participación % dentro del total
Fabricación de vidrio y productos de vidrio	10.9%
Actividades de edición	9.6%
Fabricación de carrocerías para vehículos auto-motores; fabricación de remolques y semi-rremolques	9.4%
Fabricación de productos minerales no metálicos, n.c.p	9.4%
Elaboración de bebidas	7.2%
Elaboración de productos de molinería, de almidones y productos derivados del almidón y piensos preparados	4.1%
Elaboración de otros productos alimenticios	3.9%
Producción, elaboración y conservación de carne, pescado,	3.8%

frutas, legumbres, hortalizas, aceites y grasas	
Fabricación de productos primarios de metales preciosos y de metales no ferrosos	3.4%
Fabricación de papel y productos de papel	3.4%
Actividades de impresión y actividades de servicio conexas	3.2%
Elaboración de productos lácteos	3.1%
Fabricación de acumuladores y de pilas y baterías primarias	3.1%
Fabricación de productos de caucho	2.7%
Fabricación de otros productos químicos	2.6%
Fabricación de otros productos textiles	2.4%
Construcción y reparación de buques	2.2%
Fabricación de productos de plástico, envases de plásticos y	2.0%

térmicos, cajas, botellas, bolsas	
Fabricación de muebles y colchones	1.9%
Industrias manufactureras, n.c.p.	1.4%
Fabricación de maquinaria de uso general	1.3%
Fabricación de partes, piezas y accesorios para vehículos automotores y para sus motores, frenos	1.2%
Fabricación de productos de madera, corcho, paja y materiales trenzables	1.2%
Adobo y teñido de pieles; fabricación de artículos de piel	1.2%
Fabricación de sustancias químicas básicas	1.2%
Fabricación de otros productos elaborados de metal; Actividades de servicio prestada a fabricantes de productos elaborados de metal	1.1%
Aserradero y acepilladura de	1.0%

madera	
Curtido y adobo de cueros; fabricación de maletas, bolsos de mano; artículos de talabartería; guarnicionería	0.7%
Fabricación de prendas de vestir, excepto prendas de piel	0.6%
Fabricación de motores, generadores y transformadores eléctricos, embobinado de motores	0.4%
Fabricación de calzado, excepto de caucho y plástico	0.3%
Fabricación de tejidos y artículos de punto y ganchillo	0.0%

(E) Cifras estimadas

Fuente: Elaborado por Asesoría económica con base a datos del INEC

4. Sector terciario.

Panamá depende sobre todo de su conglomerado de servicios de transporte y logística orientados hacia el comercio mundial, cuyo epicentro es el Canal de Panamá. Alrededor del Canal de Panamá se aglutinan puertos de trasbordo de contenedores, zonas francas de comercio, ferrocarril y el más grande hub aéreo de pasajeros de Latinoamérica. También cuenta con el centro financiero más grande de Latinoamérica. Los servicios que ofrece están muy bien conectados con el mercado mundial e interconectados entre sí. Estos servicios suponen alrededor de tres cuartas partes de su Producto Interno Bruto. En los últimos años la construcción de rascacielos en la Ciudad de Panamá ha crecido vertiginosamente como resultado del baby boomer estadounidense. El turismo también ha estado en auge como resultado de la aparición y expansión del hub aéreo de la región, que ha sido capaz de mover pasajeros desde cualquier origen de Latinoamérica hacia Panamá y desde Panamá hacia cualquier destino de la región. El Canal de Panamá, la zona franca de comercio, los puertos de trasbordo de contenedores y el centro financiero han abaratado los costos de importación de mercancías desde cualquier parte del mundo, lo que al combinarse con la capacidad del hub aéreo para mover pasajeros desde cualquier lugar de Latinoamérica, han dado origen a un crecimiento extraordinario de turistas, cuyos motivos principales de viajes son las compras, lo cual ha impulsado el crecimiento de enormes centros comerciales donde se venden mercancías al por menor.

32 Panamá goza de una ventaja comparativa como proveedor de servicios internacionales, en particular de transporte a través del Canal. La orientación de la economía de Panamá hacia los servicios convierte al país en centro internacional de actividades tales como

el transporte marítimo, los servicios de distribución y la banca.

El proceso de liberación del Comercio Exterior en Panamá, desde su entrada a la OMC en 1.997, le permite ofrecer las siguientes ventajas:

- Régimen liberal de comercio de bienes y servicios.
- Profunda integración en la economía mundial.
- Concede trato NMF a sus interlocutores comerciales.
- Régimen arancelario simplificado (Ad Valorem)
- Un foro para resolver disputas por medios alternos (ADR).

4.1 Canal de Panamá:Administración y proyecto de ampliación.[238]

Cronología del canal de Panamá[239]

- 1999: Inicia la administración a través de la Autoridad del Canal de Panamá.2005:
- Se implementa un nuevo sistema de arqueo de buques basado en el TEU.[240]

---

[238] Tomado de los artículos *Ampliación del Canal de Panamá; Canal de Panamá y Economía de Panamá*. Obtenibles todos en la enciclopedia libre wikipedia. Toda la información utilizada ha sido corroborada con la bibliografía que se emplea en cada pie de página.
[239] Tomado del Artículo *Canal de Panamá*. Obtenible en https://es.wikipedia.org/wiki/Canal_de_Panam%C3%A1#Cronolog. C3.ADa_desde_1999. Consultado el 23 de enero de 2016 a las 12:33hrs.

- 2006 (abril): Se presenta la propuesta de ampliación del canal de Panamá a través de la construcción de un tercer juego de esclusas.[241]
- 2006 (octubre): Se aprueba mediante referéndum la propuesta de ampliación.[242]
- 2007 (septiembre): Inician los trabajos de ampliación en el Cerro Paraíso.[243]
- 2009 (julio): Se adjudica el contrato principal del programa de ampliación al Consorcio Grupo Unidos por el Canal, liderado por Sacyr Vallehermoso.[244]

El mayor peaje normal pagado por transitar el canal es de B:/317.142, pagado el 7 de mayo de 2008 por el

[240] AUTORIDAD DEL CANAL DE PANAMÁ: (marzo de 2005). «Noticias del Canal de Panamá» (pdf). Noticias del Canal (Panamá). p.1.
[241] AUTORIDAD DEL CANAL DE PANAMÁ: (24 de abril de 2006). «Propuesta de ampliación del canal de Panamá, proyecto del tercer juego de esclusas» (pdf). Separata en el diario La Prensa (Panamá). p.21
[242] TRIBUNAL ELECTORAL DE PANAMÁ: (1 de noviembre de 2006). «Resolución de 1 ° de noviembre de 2006, por la cual se deja constancia del resultado del Referéndum celebrado el día 22 de octubre de 2006 sobre la propuesta de construcctón del tercer juego de esclusas en el canal de Panamá.» (pdf). Boletín Tribunal Electoral (Panamá: Imprenta Tribunal Electoral) (2293): 4. p.3. Consultado el 2 de agosto de 2009. «Reconocer que, de conformidad con el dictamen de la Junta Nacional de Escrutinio, el pueblo panameño ha aprobado la propuesta de construcción del tercer juego de esclusas en el canal de Panamá, contenida en la Ley 28 de 17 de julio de 2006.»
[243] LÓPEZ DUBOIS, ROBERTO (4 de septiembre de 2007). «El Canal hace historia» (pdf). La Prensa (Panamá) (8574).
[244] Vid: Sacyr acometerá las obras del Canal de Panamá tras presentar la mejor oferta. Publicado en el Jornal cinco días. Obtenible en http://cincodias.com/cincodias/2009/07/09/empresas/1247146783_850215.html

carguero MSC Fabienne.[245] El récord anterior era del crucero Norwegian Pearl, de la compañía Norwegian Cruise Line, impuesto al pagar US$313.000 el 7 de octubre de 2007.[246] El récord del peaje más bajo fue establecido en 1928 por Richard Halliburton, que nadó el Canal pagando un peaje de sólo US$0,36.[247] Su travesía de 10 días comenzó el 14 de agosto y terminó el 23 del mismo mes.[248] La tarifa de peaje promedio es de alrededor de US$54.000.

Con el propósito de mejorar la calidad del servicio ofrecido a sus clientes, y debido al congestionamiento que está sufriendo el canal hasta que se complete la ampliación en 2014, la Autoridad del Canal de Panamá implantó un servicio de reservas, que ofrece cupos de tránsito para un máximo de 24 navíos por día que deseen garantizar una fecha de tránsito y una travesía de 18 horas o menos. Los cupos de reserva están disponibles vía Internet hasta con un año de

---

[245] Vid: Crucero paga cifra récord en Canal de Panamá. Terra Noticias. 10 de junio de 2008. Obtenible en
[246] La Prensa. Sección Economía & Negocios. (16 de octubre de 2007). «Crucero rompe récord en pago de peajes.». Consultado el 20 de febrero de 2008. Obtenible en http://impresa.prensa.com/economia/Industria-maritima-Crucero-record-peajes_0_2133536832.html
[247] STANZIOLA, HARRY C. (6 de agosto de 2006). «El cruce a nado del Canal». La Prensa. Obtenible en http://www.prensa.com/cultura/cruce-nado-Canal_0_1806569496.html.
[248] Vid: sitio web del canal de Panamá. Obtenible en http://web.archive.org/web/20111010192849/http://www.pancanal.com/eng/noticiero/canal-faqs/index.html. Consultado el 23 de enero de 2016 a las 21:47hrs.

anticipación, y el interesado debe pagar una tarifa preferencial además del peaje normal. También está disponible el cupo número 25 que se asigna por subasta al mejor postor. El récord de la mayor tarifa pagada mediante el sistema de reserva de cupos y subastas del canal de Panamá es de US$220.300 y ocurrió el 24 de agosto de 2006. El cliente fue el tanquero Panamax Erikoussa,[249] que evitó una fila de 90 navíos que se formó debido a trabajos de mantenimiento de la esclusa de Gatún, evitando así una demora de siete días. La tarifa de reserva normal hubiera sido de apenas US$13.400.[250]

Durante la construcción del canal se eliminaron más de 183 millones de m³ de material originalmente excavado que si se pusiera en un tren de plataformas, le daría la vuelta al mundo cuatro veces.

Desde el punto de vista técnico, el canal de Panamá es uno de los mayores logros de la ingeniería moderna. Del Atlántico al Pacífico mide 80 kilómetros de largo; tiene una profundidad de 12,8 metros en el Atlántico y de 13,7 metros en el Pacífico; el ancho es de 91 a 300

[249] La Prensa. Sección Economía & Negocios. (24 de abril de 2007). «Récord en pago de peajes y reserva La Prensa.». Obtenible   en https://es.wikipedia.org/wiki/Canal_de_Panam%C3%A1#Cronolog. C3.ADa_desde_1999. Consultado el 11 de enero a las 13:41hrs.
[250] Vid: Cupo de subasta del Canal alcanza récord. La Prensa. Sección Economía & Negocios. Edición 25/08/2006. Obtenible en http://web.archive.org/web/20141006070549/http://mensual.prensa .com/mensual/contenido/2006/08/25/hoy/negocios/714407.html. Consultado el 20 de enero de 2016 a las 12:04hrs.

metros. Posee dos puertos terminales, uno en cada océano; tres juegos de esclusas gemelas, Miraflores, Gatún y Pedro Miguel, y uno de los mayores lagos artificiales del mundo, el Gatún, que cubre 425 kilómetros cuadrados y se formó por una represa de tierra construida a través del cauce del río Chagres.

La mayor parte del tráfico que surca el canal se desplaza entre la costa atlántica de los Estados Unidos y el Extremo Oriente, mientras que el tráfico entre Europa y la costa oeste de los Estados Unidos y Canadá constituyen la segunda ruta principal del comercio de la vía acuática. Sin embargo, otras regiones y países, como los países vecinos de Centro y Sudamérica, dependen proporcionalmente mucho más de esta vital arteria para promover su adelanto económico e incrementar el comercio.

Los principales productos que transitan por el canal son: granos, carga en contenedores, petróleo y derivados.

Desde su apertura el 15 de agosto de 1914, el canal ha proporcionado un servicio de tránsito de calidad a más de 700.000 barcos. Aún cuando en años recientes ha habido un aumento en el número y el tamaño de los barcos que transitan, gracias a la ejecución de mejoras diseñadas para responder a la demanda del tráfico el tiempo promedio de permanencia de un barco en aguas del canal es inferior a las 24 horas.

En 2006, durante la presidencia de Martín Torrijos, se aprobó en un referendum el proyecto de ampliación del canal, a fin de construir otros juegos de esclusas en los océanos Pacífico y Atlántico. La obra incluye la remoción de cerca de 150 Mm3 de material, la elevación del lago Gatún, el dragado de canales navegables y entradas en los océanos Pacífico y Atlántico. El costo total de la obra asciende a casi.5 mil millones de Balboas.La ampliación permitirá el paso de buques post-panamax (la capacidad límite del canal actual) que tendrán capacidad hasta 12,000 TEU's.

Una mayor capacidad para el canal, implica menos tiempo de espera para barcos al atravesar la ruta. Cabe mencionar que el tránsito por el canal es contingente a la demanda global y no al tamaño de las esclusas. Sin embargo, el tiempo de espera en el canal actual es un impedimento al flujo continuo dado el incremento en el volumen de comercio experimentado en el globo. Esta expansión también está impulsando una expansión portuaria de la región y oportunidades en el sector logístico. El conglomerado de servicios de logística y transporte se expandirá más aún e incrementará enormemente sus ventajas competitivas en la región por las economías de escala que esto implica. La ampliación del Canal estará terminada en el 2014 y se habrá gastado en ésta 5,250 millones de dólares. Otros 2 mil millones de dólares se habrán invertido en expansión portuaria antes de finalizada la ampliación del Canal.

5. Inversión.

La inversión en Panamá se ha convertido en los últimos años en los principales impulsores del crecimiento de su PIB, desde 2004 la IED supero los 1.000 millones de dólares, un récord para el país; a partir de allí ha venido liderando la región centroamericana en cuanto a cantidad de inversión[251] y ocupa el segundo puesto en inversión extranjera per capita en América Latina, luego de Chile.[252] Para 2009 la IED sufrió una contracción del 26%,[253] que contrastó fuertemente con los visto en años anteriores como durante 2006 cuando creció 149%.[254]

El Gobierno de Panamá destinará 8.000 millones de dólares de sus ingresos en 2016 a la inversión pública,

---

[251] Vid: «País y Panamá concentran inversión foránea en Istmo - ECONOMÍA - nacion.com». Obtenible en http://www.nacion.com/economia/Pais-Panama-concentran-inversion-Istmo_0_1074692538.html. Consultado el 13 de enero de 2016 a las 12:04hrs.
[252] «Inversión extranjera per cápita en América Latina « Angel Alayón».Obtenible en http://web.archive.org/wcb/20090412044416/http://angel-alayon.com/2008/05/26/inversion-extranjera-per-capita-en-america-latina/
[253] Vid: Inversión Extranjera directa en América Central. Publicado en http://www.centralamericadata.com/es/search?q1=content_es_le%3A%22Inversi%C3%B3n+Extranjera+Directa%22
[254] PALACIOS RAMSBOTT, MARIANELA: Inversión extranjera subió 149%. Publicado en La Prensa. Obtenible en http://impresa.prensa.com/economia/Inversion-extranjera-subio_0_1967053413.html.

casi la mitad en obras de interés social, informó hoy el ministro panameño de Economía y Finanzas, Dulcidio De la Guardia. El paquete de inversiones para el próximo año sigue la ruta trazada en el Plan Quinquenal (2015-2019), y que unos 4.000 millones de dólares son de las empresas públicas como el Seguro Social que los usan en la compra de bonos para generar renta. En una entrevista realizada al director de Políticas Públicas del MEF, Gustavo Valderrama, que acompañaba este especificó que del total de inversión pública unos 1.384 millones de dólares se destinarán a "proyectos emblemáticos". Entre ellos destacan 217 millones de dólares para el inicio de la Línea 2 del Metro de la capital, y 174 millones para el programa de saneamiento de la ciudad y la bahía de Panamá. También 171 millones de dólares para la transferencia de recursos a los ancianos no pensionados a partir de los 65 años, y 165 millones de dólares al programa de Beca Universal, que beneficia a más de medio millón de estudiantes.[255]

Otros 116 millones de dólares se destinarán al programa de sanidad básica y 101 millones de dólares al mantenimiento de la red vial del país. Otros 876 millones de dólares se asignarán a proyectos de continuidad, entre los cuales destaca los 271 millones para seguir la ampliación de la carretera Panamericana

[255] Tomado de *El gobierno de Panamá destinará 8.000 millones de dólares en 2016 a inversión*. Publicado en Panamá Economía. Obtenible en http://www.efe.com/efe/america/economia/el-gobierno-de-panama-destinara-8-000-millones-dolares-en-2016-a-inversion/20000011-2698971.

entre las ciudades de Santiago (centro) y David (occidente), y 171 millones de dólares que se invertirán en la Terminal Sur del Aeropuerto Internacional de Tocumen. Otros 92 millones de dólares se invertirán en el reordenamiento vial y 70 millones de dólares en la Línea 1 del Metro. De acuerdo con el informe oficial, las principales obras iniciadas por la Administración del presidente Juan Carlos Varela se dividen en cinco áreas: social (55 %), económica (6,2 %), infraestructura (32,7 %), ambiente (1,1 %) y administración y justicia (5 %).[256]

El gobierno reiteró que espera cerrar 2015 con un incremento del producto interno bruto del 6,1 %, el doble del promedio mundial (3,3 %), y muy por encima del crecimiento esperado de EE.UU. (2,5 %), la Unión Europea (1,5 %) y del 0,5 % del resto de Latinoamérica y el Caribe. A esto se suma la baja inflación, proyectada para final de año del 1,4 %, gracias a la caída de los precios del petróleo que le han ahorrado a la factura panameña de hidrocarburos unos 1.000 millones de dólares. Los ingresos totales en el primer semestre de este año para el gobierno fueron por 4.879,3 millones de dólares, mientras los gastos totales fueron 5.602,8 millones, para un déficit del sector público no financiero de 723,5 millones de dólares (1,5 % del PIB). En el área de turismo refirió que se ha invertido 3,5 millones de dólares en la remodelación del Centro de Convenciones Atlapa, otros 3,4 millones en

---

[256] *Ibídem.*

la campaña de promoción del turismo nacional e internacional, y otros 228.000 dólares en el desarrollo de Panamá como centro de eventos internacionales. El desarrollo de la tercera línea de transmisión eléctrica tiene un avance del 49 % y Valderrama calculo que ese sector atraerá inversión pública y privada por 5.000 millones de dólares hasta 2019. Sobre el sector agropecuario dijo que su recuperación se verá apoyada por la construcción de la carretera Agua Fría-Yaviza, en la provincia selvática de Darién, por 148,9 millones de dólares; el suministro de 22 millones de dólares en créditos, e incentivos de 38 millones de dólares a arroceros y molineros, entre otros recursos.[257]

6. Exportaciones.

Según La Cepal, Panamá exportó en 2009 17.209 millones de Dólares, lo que pone al país en la décima posición en exportaciones en América Latina. Los principales productos exportados son: Alimentos Variados (Banano, café, etc.), además de residuos sólidos.

Las exportaciones de Panamá cayeron 9.6% en septiembre, según el informe preliminar que la Dirección de Estadística y Censo de la Contraloría divulgó el 13 de noviembre de 2009. El mes pasado, los exportadores panameños vendieron en los mercados internacionales 74.7 millones de dólares en bienes, 8 millones menos que en septiembre de 2006.

---

[257] *Ibídem.*

Para los exportados panameños estas son subidas y bajadas completamente normales, pero aquí lo importante no es saber el comportamiento de un mes, sino el acumulado del año, que va muy bien. Según la Asociación de Exportadores de Panamá (APEX) las exportaciones están creciendo por el orden de 11% y, si ese ritmo se mantiene, se cerrará 2007 con casi mil 200 millones de dólares. Una de las razones principales del retroceso en septiembre fue la caída de 6.6% en las exportaciones a Estados Unidos (EU), que pasaron de 31.7 millones de dólares a 29.7 millones de dólares. También se contrajeron las ventas de productos panameños en España y Colombia. Pero no todos los mercados tuvieron la misma dinámica. Las exportaciones de mercaderías a Taiwán, Suecia, China Continental y Costa Rica, por ejemplo, registraron importantes incrementos. Las exportaciones a Suecia crecieron 49.9%; las de China Continental, 36.9%; las de Costa Rica, 23.1%; las de Taiwan, 67.3% y las de Venezuela, 434.4%. Lo más interesante aquí, según los exportadores panameños, es el comportamiento de las ventas a Asia. Afirman que Taiwán tiene estándares de calidad muy altos, y si crecieron 67.3%, es porque los exportadores de Panamá están dando la talla y logrando penetrar mercados restrictivos.[258]

---

[258] Tomado deExportaciones bajaron 9,6% en septiembre. Publicado en Boletín Panamá Trade. Obtenible en http://panamatrade.blogspot.com/2007/11/exportaciones-bajaron-96-en-septiembre.html. Consultado el 20 de enero de 2016 a las 12:09hrs.

Panamá espera consolidarse como uno de los principales exportadores en la región y la proyección para finales del 2007 es alcanzar la cifra de 1,200 millones de dólares. Durante el 2006, las exportaciones superaron la barrera de los 1,000 millones de dólares, y si se logra el objetivo, sería un incremento del 20%. En los últimos tres años, se han establecido en Panamá un total de 421 empresas, que están exportando 251 nuevos productos a 11 mercados internacionales. Además las exportaciones han generado 35,500 nuevos empleos. Los nuevos destinos de las exportaciones panameñas son: Bangladesh, Irán, Emiratos Árabes Unidos, Bulgaria, Madagascar, Granada, Croacia, Rumania, Georgia, Pakistán y Palestina. Entre los productos que se están enviando a esos nuevos destinos están: frutas, hortalizas, agroindustrial, café, café gourmet, artesanía, pesca, acuicultura, industria y plantas. El Ministerio de Comercio e Industrias, confía en que con la firma de los siete Tratados de Libre Comercio que están pendientes, se consoliden las exportaciones. Actualmente, las exportaciones están amparadas por estos convenios en un 50%, pero si se llegan a concretar los pendientes, podría abarcar hasta un 90%.[259]

En 2014 las exportaciones en Panamá cayeron un 14,67% respecto al año anterior. Las ventas al exterior

---

[259] *Ibídem.*

representan el 28,64% de su PIB por lo que se encuentra en el puesto 83de 189 países, del ranking de exportaciones respecto al PIB, con una cifra de 9.958,6 millones de euros. Si ordenamos nuestro ranking en función del importe de las exportaciones, Panamá ocupa el puesto número 82 de la lista. Este año hubo déficit en su Balanza comercial ya que, a pesar de que cayeran las importaciones, fueron mayores que las exportaciones. La tasa de cobertura (porcentaje de lo que se importa que puede pagarse con lo que se exporta) fue del 63,15%. Si miramos la evolución de las exportaciones en Panamá en los últimos años se observa que han caído respecto a 2013, aunque han subido respecto a 2004 cuando fueron de 758,7 millones de euros, que suponía un 6,65% de su PIB.[260]

Las exportaciones definitivas de Panamá mostrarán una significativa retracción de -15% para el año 2016 debido a las severas reducciones de las ventas a China -46%, Estados Unidos -16% y la Unión Europea -11%, así lo destacó un informe del Banco del Banco Interamericano de Desarrollo (BID). Este informe presenta las estimaciones de los flujos comerciales internacionales de América Latina y el Caribe para el año 2016 y fue elaborado por el sector de Integración y Comercio del BID en colaboración con su Instituto para la Integración de América Latina y el Caribe

---

[260] Tomado de *Las exportaciones se reducen en Panamá.* Publicado en *el economista.* Obtenible en http://www.datosmacro.com/comercio/exportaciones/panama. Consultado el 19 de enero de 2016 a las 12:09 hrs.

(Intal). Esta cifra se asemeja a la de la Contraloría General de la República de Panamá donde se destaca que el valor de las exportaciones han bajado un -14.9% hasta septiembre de este año cuando sumó unos $536 millones, mientras que en el mismo periodo del año pasado fue de 630 millones de dólares.[261]

7. Sistema tributario de Panamá.

De acuerdo a la Constitución, no se establecerá impuesto o contribución para el ejercicio de las profesiones liberales y de los oficios y las artes. Esta misma Constitución añade que nadie está obligado a pagar contribución ni impuesto que no estuvieren legalmente establecidos y cuya cobranza no se hiciere en la forma prescrita por las leyes.

Los impuestos y contribuciones nacionales, así como aranceles y tasas del régimen aduanero son establecidos al expedirse leyes por el Órgano Legislativo y en el gobierno local, la aprobación o eliminación de impuestos, contribuciones, derechos y tasas es función del Consejo Municipal.

La Ley procurará que todo impuesto grave al contribuyente en proporción directa a su capacidad económica.

---

[261] Tomado de *Exportaciones de Panamá mostrarán retracción de -15% en 2016, según el BID*. Publicado en Panamá América. Obtenible en http://www.panamaamerica.com.pa/economia/exportaciones-de-panama-mostraran-retraccion-de-15-en-2016-segun-el-bid-1004756. Consultado el 25 de enero de 2016 a las 0036hrs.

El Estado y las otras entidades públicas descentralizadas son los protagonistas del sector público no financiero (SPNF), que tiene como objeto la ejecución de fondos públicos encaminados a satisfacer el bien común. Para realizar estos objetivos, el Estado necesita ingresos para financiar estos gastos públicos y se obtienen a través de ingresos corrientes: tributarios, no tributarios y de ingresos de capital.

En Panamá el marco legal y normativo que define el sistema tributario y fiscal está compuesto por leyes, decretos y normas emitidas a lo largo de la vida Republicana así:

1. Constitución Política de la República de Panamá
2. El Código Fiscal, que incluye las leyes que regulan cada tributo
3. Ley del Presupuesto General del Estado
4. Los reglamentos que desarrollan las leyes tributarias

La actual estructura del sistema tributario en Panamá está compuesto por impuestos directos e indirectos. Estos ingresos tributarios junto a los ingresos no tributarios componen los ingresos corrientes que a su vez conjuntamente con los ingresos de capital componen el presupuesto general del Estado.

Los impuestos directos bajo los ingresos tributarios y corrientes del Estado se dividen en «impuestos sobre la renta» e «impuestos sobre la propiedad y el patrimonio».

Los fondos municipales provienen de las siguientes fuentes de ingreso:

1. .El producto de sus áreas o ejidos lo mismo que de sus bienes propios.
2. .Las tasas por el uso de sus bienes o servicios.
3. .Los derechos sobre espectáculos públicos.
4. .Los impuestos sobre expendio de bebidas alcohólicas.
5. .Los derechos, determinados por la Ley, sobre extracción de arena, piedra de cantera, tosca, arcilla, coral, cascajo y piedra caliza.
6. .Las multas que impongan las autoridades municipales.
7. .Las subvenciones estatales y las donaciones.
8. .Los derechos sobre extracción de madera, explotación y tala de bosques.
9. .El impuesto de degüello de ganado vacuno y porcino que se pagará en el Municipio de donde proceda la res.
10. .Las demás que señalen las leyes.

De acuerdo a la Constitución, el presupuesto general del Estado tiene carácter anual y contiene la totalidad de los ingresos del sector público incluyendo las entidades autónomas, semiautónomas y empresas estatales. Así mismo, se preseptúa que no se podrán eliminar o modificar leyes relativas a ingresos, sin que al mismo tiempo se establezcan nuevas rentas sustitutivas o se aumenten ingresos en leyes existentes. En el año 2009, el presupuesto general del Estado incluye bajo los ingresos o rentas el total de ingresos corrientes y de capital, incluyendo los de gestión institucional, del Gobierno Central, de las instituciones descentralizadas, de las empresas públicas, y de los intermediarios financieros.[6]

8. Salario Mínimo.

Salario Mínimo Mensual

Año	Salario USD
1990	107.3(PPA)
1993	195.5
1994	195.5
1995	195.5
1996	208
1997	208
1998	214.9
1999	224.9
2000	253.8
2001	253.8

2002	253.80
2005	263 USD
2006	284.96
2007	325
2008	325
2009	416 (máx.)
2010	450 (máx.)
2014	624 (máx.)

9. Crecimiento económico.

La evolución de la economía de Panamá en la década actual mostró un dinamismo mucho más marcado que el experimentado en la década de los noventa. El crecimiento económico fue de 7.5%, 8.2%, 8.5%, 12.1% y 10.7% durante los años 2004, 2005, 2006, 2007 y 2008 respectivamente. Convergiendo en PIB pc en el periodo 2000-2006, con la media del PIB pc de 8 países de América Latina: Argentina, Brasil, Chile, Colombia, México, Perú, Uruguay y Venezuela, de un 88% a un 97%, con EEUU desde un 20% a un 22% y bajando ligeramente respecto a España de un 36,2% al 35,9%. (Fuentes de los datos de la convergencia:

318

MADDISON, A. (2008), The World Economy year 0-2006, Paris: OECD Development Centre Studies). Los sectores de mayor crecimiento fueron aquellos que tradicionalmente han sido los motores del crecimiento económico, debido al aprovechamiento de las ventajas derivadas de la posición geográfica de Panamá: transporte, puertos y comercio en zonas francas. A raíz de la reversión del Canal de Panamá y sus áreas aledañas, la dinámica y estructura de estos sectores cambió radicalmente para dar lugar a la consolidación de un cluster de actividades de logística de transporte alrededor del Canal (puertos de trasbordo de contenedores, ferrocarril, zonas francas, centros logísticos de distribución regional, servicios financieros, etc.), fortalecido éste por su eventual expansión. La tasa de desempleo ha descendido considerablemente a 6.4% y 5.2% en los años 2007 y 2008 respectivamente, después haber alcanzado más de 13% a principios de la presente década. Como resultado del crecimiento económico extraordinario, la deuda pública como porcentaje del PIB pudo reducirse de forma importante. También contribuyó el hecho de que se pasara de una situación de déficit fiscales recurrentes a superávit. No obstante, como resultado de los incrementos exorbitantes del precio del petróleo en la segunda mitad de la actual década, la inflación se disparó 8.7% en el 2008, un nivel no visto desde la década de los setenta durante las crisis del petróleo. En el 2009 la inflación ha bajado sustancialmente, sin embargo, ésta continúa siendo una amenaza latente dado el probable repunte de los precios internacionales del petróleo en el futuro.

10. Panamá en el contexto internacional.

La economía de Panamá se ha basado en la industria logística, desarrollada entorno a la principal vía de comunicación marítima que existe en América, el Canal de Panamá. Además de este, los sectores relevantes para la economía panameña son el turismo, la agricultura y más recientemente las telecomunicaciones. La estabilidad política de Panamá ha acompañado durante los últimos años un claro crecimiento de su Producto Interior Bruto, y es destacable que la crisis económica mundial del 2008 no afectó a la evolución de este valor. Para reforzar el anterior argumento podemos observar la tasa de crecimiento económico que, aunque en el 2009 descendió a 3.9, en 2011 logró establecerse de nuevo en el 10.6% y en el intervalo 2000-2011 ha conseguido crecer un 289.7%. A continuación se muestran los valores macro-económicos más relevantes.

Bibliografía

- *Economía de América Central.* Obtenible en https://es.wikipedia.org/wiki/Econom%C3%ADa_de_Am%C3%A9rica_Central.
- *Honduran American Chamber of Commerce,* ed. (19 de agosto de 2011). Obtenible en http://www.amchamhonduras.org/.
- BANCO CENTROAMERICANO DE INTEGRACIÓN ECONÓMICA (ed.). *«Ficha estadística de Honduras».*Obtenible en http://www.bcie.org/uploaded/content/article/19443 68211.pdf.
- *El Congreso de Honduras ratificó este jueves, el Tratado de Libre Comercio de Centroamérica con Estados Unidos, conocido como CAFTA o TLC.* Publicado en BBCMundo.com. Obtenible en http://news.bbc.co.uk/hi/spanish/business/newsid_4 318000/4318025.stm.
- PROGRAMA DE LAS NACIONES UNIDAS PARA EL DESARROLLO.: (2011). *«Informe sobre Desarrollo Humano 2011».* Obtenible en http://hdr.undp.org/en/media/HDR_2011_ES_Comp lete.pdf. Consultado el 15 de enero de 2016 a las 13:10hrs.
- Central intelligence Agency: *The world factbook.* Obtenible en https://www.cia.gov/library/publications/the-world-factbook/rankorder/2188rank.html.

- Cámara de Comercio de Honduras. Sitio digital oficial. Obtenible en http://www.amchamhonduras.org/.
- *Tratados Internacionales.* Publicado en el sitio web Honduras sí exporta. Obtenible en http://www.hondurassiexporta.hn/oportunidades-de-mercado/tratados-comerciales-internacionales/ . Consultado el 15 de enero de 2016 a las 22:36hrs
- *Cámara de Comercio de Honduras.* Sitio digital oficial. Obtenible en http://www.amchamhonduras.org/. Consultado el 13 de enero de 2016 a las 14:39hrs.
- prochile.cl: (2006). «*Informacion estrategica para exportar a honduras».* Obtenible enel sitio web *ProChile* siguiendo el siguiente linc: https://es.wikipedia.org/wiki/Econom%C3%ADa_de _Honduras
- USAID: *El ABC de las reglas de orígen del CAFTA-DR.* Pdf obtenible en http://www.caftadr.net/sieca-reports_files/ABC%20de%20reglas%20de%20orig en.pdf.
- MINISTERIO DE COMERCIO, INDUSTRIA Y TURISMO DE COLOMBIA: ed. (2008). *«Perfil Comercial de Honduras 2007».* Obtenible en http://web.archive.org/web/20080912222559/http:// www.mincomercio.gov.co/eContent/Documentos/n egociaciones/TLCCentroamerica/HondurasJun08.p df.
- DEPARTAMENTO DE ESTADÍSTICAS MACROECONÓMICAS.: ed. (2010). «Informe

Comercio Exterior Mercancías Generales Enero-Octubre 2010»

- ESPINOZA, JORGE A.: *Deuda externa de Honduras crecíó en 41.5% en enero.* Publicado en el jornal La Prensa. Obtenible en http://www.laprensa.hn/inicio/607828-96/deuda-externa-de-honduras-crecio-en-415-en-enero.

- *Tratados Internacionales.* Publicado en el sitio web Honduras sí exporta. Obtenible en http://www.hondurassiexporta.hn/oportunidades-de-mercado/tratados-comerciales-internacionales/

- PROCHILE.CL,: ed. (2006). *«Informacion estrategica para exportar a honduras».* Obtenible enel sitio web *ProChile* siguiendo el siguiente linc: https://es.wikipedia.org/wiki/Econom%C3%ADa_de_Honduras

- HONDURAS, GOBIERNO: (2011). *Oportunidades de inversion sector agronegocios.* Obtenible en http://hondurasisopenforbusiness.com/.

- *PROCHILE.CL:* ed. (*2006).* *«Informacion estrategica para exportar a honduras».* Obtenible enel sitio web *ProChile* siguiendo el siguiente linc: https://es.wikipedia.org/wiki/Econom%C3%ADa_de_Honduras.

- SERNA HIDALGO, BRAULIO: (2011). CEPAL, ed. *Honduras: tendencias, desafíos y temas estratégicos del desarrollo agropecuario.* Mexico D.F.: Publicación de la Naciones Unidas. Obtenible en https://www.worldcat.org/title/serie-estudios-y-perspectivas/oclc/177172139.

- International Monetary founds estadistics: obtenible en http://www.imf.org/external/pubs/ft/weo/2015/01/. Consultado el 10 de enero de 2016 a las 23:00 hrs.
- *Ficha de Honduras* siguiendo el siguiente linc: http://es.classora.com/units/j20041330/honduras. Consultado el 15 de enero de 2016 a las 23:54hrs.
- ficha País de la oficina de Información diplomática de la República de Honduras. Obtenible en http://www.exteriores.gob.es/documents/fichaspais/ honduras_ficha%20pais.pdf.
- *Informe sobre comercio exterior de mercancías generales.* Publicado por La Subjerencia de Estudios económicos del Departamento de Estadísticas Macroeconómicas. Obtenible en http://www.bch.hn/download/comex/comex2010/inf orme_comex_12_2010.pdf.
- DEPARTAMENTO DE ESTADÍSTICAS MACROECONÓMICA DE LA SUBGERENCIA DE ESTUDIOS ECONÓMICOS: Informe oficial del comportamiento de las exportaciones hacia Octubre de 2015. Obtenible siguiendo el siguiente linc: en http://www.bch.hn/download/comex/comex2015/inf orme_comex_10_2015.pdf.
- *PROCHILE.CL*: ed. (2006). «*Informacion estrategica para exportar a honduras*». Obtenible enel sitio web *ProChile* siguiendo el siguiente linc: https://es.wikipedia.org/wiki/Econom%C3%ADa_de _Honduras

- CÁMARA DE COMERCIO DE HONDURAS: Sitio digital oficial. Obtenible en http://www.amchamhonduras.org/.
- Directorio BCH (2010). BCH: ed. «Memoria Anual 2010». Tegucigalpa: BCH.
- *Informe sobre comercio exterior de mercancías generales.* Publicado por La Subjerencia de Estudios económicos del Departamento de Estadísticas Macroeconómicas. Obtenible en http://www.bch.hn/download/comex/comex2010/inf orme_comex_12_2010.pdf.
- *Honduras - Importaciones de Mercancías.* Publicado en Expansión/datosmacro.com. Obtenible en http://www.datosmacro.com/comercio/importacione s/honduras. Consultado el 16 de enero de 2016 a las 01:48hrs.
- Ministerio de Comercio, Industria y Turismo de Colombia, ed. (2008). «Perfil Comercial de Honduras 2007». http://web.archive.org/web/20080912222559/http:// www.mincomercio.gov.co/eContent/Documentos/n egociaciones/TLCCentroamerica/HondurasJun08.p df.
- Departamento de Estadísticas Macroeconómicas., ed.: (2010). «Informe Comercio Exterior Mercancías Generales Enero-Octubre 2010».
- *Resumen ejecutivo semanal del 4 al 7 de enero de 2016.* Publicado por la subgerencia de asuntos económicos del Banco Central de Honduras. Obtenible en

http://www.bch.hn/download/resumen/2016/resume n07_01_2016.pdf. Consultado el 16 de enero a las 17:21hrs.

- *Honduras cerró 2015 con una inflación de 2,36 por ciento*. Publicado en el sitio web del canal TVC el 5 de enero de 2016. Obtenible en http://televicentro.hn/nota/2016/1/5/honduras-cerr%C3%B3-2015-con-una-inflaci%C3%B3n-de-2-36-por-ciento

- BARAHONA, RUBÉN: *Breve historia de Honduras*. Tercera Edición, Editor Cía. Editora Nacional, 1950.

- *Historia Financiera de Honduras*, Banco Central de Honduras, Tegucigalpa, Honduras. 1957https://es.wikipedia.org/wiki/Banco_Central_de_Honduras. Consultado el 16 de enero de 2016 a las 20:45hrs.

- ESPINOZA, JORGE A.: *Deuda externa de Honduras creció en 41.5% en enero*. Publicado en el jornal La Prensa. Obtenible en http://www.laprensa.hn/inicio/607828-96/deuda-externa-de-honduras-crecio-en-415-en-enero.

- The doctrine of odious debt, en *Unconstitutional regimes and the validity of sovereign debt: a legal perspective* de Sabine Michalowski, 2007, Ashgate, ISBN 978-0-7546-4793-5, pág. 41

- VIVAS, ESTHER: *El 'no' a la deuda diez años después*. Publicado en el jornal El País. Obtenible en http://esthervivas.com/2008/05/15/el-%E2%80%98no%E2%80%99-a-la-deuda-diez-anos-despues/. Consultado el 16 de enero de 2016 a las 21:09hrs.

- SERNA HIDALGO, BRAULIO: (2011). CEPAL, ed. *Honduras: tendencias, desafíos y temas estratégicos del desarrollo agropecuario*. Mexico D.F.: Publicación de la Naciones Unidas.
- Honduras, Gobierno: (2011). *Oportunidades de inversión sector agronegocios*. Tegucigalpa: Secretaria de Relaciones Exteriores de Honduras.
- Honduras, Gobierno: (2011). *Oportunidades de inversión sector agronegocios*. Tegucigalpa: Secretaria de Relaciones Exteriores de Honduras.
- PROGRAMA DE LAS NACIONES UNIDAS PARA EL DESARROLLO, ed. (19 de febrero de 2011). «*Economía hondureña 2010 y perspectivas 2011*»
- PROGRAMA DE LAS NACIONES UNIDAS PARA EL DESARROLLO, ed. (19 de febrero de 2011). «*Economía hondureña 2010 y perspectivas 2011*». ISBN 978-99926-768-1-3.
- PROGRAMA DE LAS NACIONES UNIDAS PARA EL DESARROLLO, ed. (19 de febrero de 2011). «*Economía hondureña 2010 y perspectivas 2011*»
- HERNÁNDEZ, ISRAEL E. At ALL: *Explotación del Sector Forestal y su Aporte al Crecimiento Económico de Honduras en el Periodo 2000-2012*. I Congreso de Economía, Administración y Tecnología (CEAT 2014) "Impactos y Desafíos de las Ciencias Económicas y la Tecnología en Países en Desarrollo" Nov 04-06, 2014 Tegucigalpa, Honduras.

- RAMSSES TÁBORA, MARLON: (2008). Sede subregional de la CEPAL, ed. «*Competencia y regulación en la banca: el caso de Honduras*». México: Naciones Unidas. ISBN 978-92-1-323135-7. http://www.cepal.org/es/sedes-y-oficinas/cepal-mexico. Consultado el 16 de enero de 2016 alas 23:04hrs.
- BCH: ed. (2011). «*Reseña Histórica del Banco Central de Honduras*». Obtenible en http://www.bch.hn/historia_bch.php.
- DESTINATION 360: ed. (2010). «*2010 Destination360*». «*700 species of birds that have been spotted in Honduras*». Obtenible enhttp://www.destination360.com/central-america/honduras/honduras-animals.
- BANCO INTERAMERICANO DE DESAROLLO: (2008). *Estudios Monetarios Latinoamericanos*. México: Centro de Estudios Monetarios Latinoamericanos.
- Red de Oficinas Económicas y Comerciales de España en el Exterior (2008). La Tribuna de Honduras, ed. *Honduras entre los principales receptores de remesas.*
- CLASSORA: ed. (2010). «Ficha de Honduras» 2011; Honduras country profile.Publicado por la BBC. Obtenible en http://news.bbc.co.uk/2/hi/americas/country_profiles/1225416.stm.
- *Diario La Prensa, Aumento al salario mínimo en el gobierno de Honduras aumenta a 5,500 Lemprias.*Linc: http://web.archive.org/web/20140714185638/http://

www.laprensa.hn/Ediciones/2008/08/29/Noticias/G
obierno-hondureno-aumenta-salario-
minimo/%28offset%29/5

- DIARIO EL HERALDO: *Honduras: Congreso Nacional
apruba Presupuesto General para 2014.*
Obtenible   en
http://www.elheraldo.hn/csp/mediapool/sites/ElHera
ldo/Pais/story.csp?cid=702337&sid=299&fid=214.
- BANCO MUNDIAL: *Guatemala Panorama general.*
Obtenible   en
http://www.bancomundial.org/es/country/guatemala
/overview. Consultado el 16 de nero de 2016 alas
23:56hrs.
- *Datos Sobre Exportaciones e Importaciones de
Guatemala.* Publicado en *DeGuate.com.* Obtenible
en
ww.deguate.com/artman/publish/ecofin_articulos/D
atos_Sobre_Exportaciones_e_Importaciones_de_
Guate_356.shtml#.VprdrFLpxpy Consultado el 13
de enero de 2016 alas 12:47hrs.
- Sitio web oficial de la   OEC. Obtenible en
http://atlas.media.mit.edu/es/profile/country/gtm/.
- *Exportaciones Guatemala dejaron US$2,797
millones primer trimestre 2015.* Publicado en
Prensa   Libre.   Obtenible   en
http://www.prensalibre.com/economia/exportacione
s-guatemala-dejaron-us2797-millones-primer-
trimestre-2015.
- Informe General del Banco Central de Guatemala.
Obtenible   en
http://www.banguat.gob.gt/inc/ver.asp?id=/estaeco/

ceie/CG/2015/nota_comercio_mensual.htm&e=120 695.
- La Ilustración del Pacífico (1 de agosto de 1897). «Editorial: Confirmado». *La Ilustración del Pacífico* (Guatemala: Siguere, Guirola y Cía) II (25).
- Julio Castellanos Cambranes: *Introducción a la Historia agraria de Guatemala. 1500-1990.* Ed. Serviprensa Centroamericana, 2da edición. Guatemala.1986. P.250.
- Edelberto Torres-Rivas: *Anuario de Estudios Centroamericanos.* Vol. 13, No. 1 (1987), pp. 163-165
- *Economía del Salvador.* Obtenible en https://es.wikipedia.org/wiki/Econom%C3%ADa_de _El_Salvador. Consultado el 17 de enero de 2016 a las 12:03hrs. Toda la información aquí tratada ha sido corroborada con otras fuentes bibliográficas citadas en los pie de páginas y en la bibliografía citada al final de la obra.
- Browning, David.: *"El Salvador, La Tierra y el hombre".* Cuarta edición, Dirección de Publicaciones e Impresos CONCULTURA, San Salvador, El Salvador. 1998.
- Lindo-Fuentes, Héctor: *"La economía de El Salvador en el siglo XIX".* Primera edición. Dirección de Publicaciones e Impresos. San Salvador, El salvador. 2002 (Impresión de 2006).
- Camara Americana de comercio con El Salvador: *Acuerdos Comerciales vigentes en El Salvador.* Obtenible siguiendo el siguiente linc en en http://www.amchamsal.com/index.php?option=com

_content&view=article&id=2&Itemid=109&lang=es. Consultado el 17 de enero de 2016 a las 22:52hrs.

- *Comercio Exterior de El Salvador- –Unión Europea.* Obtenible en http://web.minec.gob.sv/cajadeherramientasue/index.php/las-relaciones-comerciales-ca-ue/comercio-el-salvador-union-europea.html.

- PORTILLO, MIGUEL: *Exportaciones salvadoreñas caen $124.2 millones,* Publicado en La Prensa Gráfica. Obtenible en http://www.laprensagrafica.com/2014/10/30/comercio-exterior-de-el-salvador-esta-en-caida.

- *El Salvador.* Publicado por web Portal de Microfinanzas. Obtenible en http://www.microfinancegateway.org/es/pa%C3%ADs/el-salvador. Consultado el 18 de enero de 2016 a las 12:44hrs. También tomado de artículo *El Salvador.* Obtenible en https://es.wikipedia.org/wiki/El_Salvador#Balance_energ.C3.A9tico. Consultado el 18 de enero de 2016 a las 13:03hrs.

- *Generación anual 2013.* Dirección de Planificación y Seguimiento. Consejo Nacional de Energía de El Salvador.

- *¿Cuáles son los destinos turísticos favoritos en Centroamérica?.* Revista Summa. Obtenible en http://www.revistasumma.com/cuales-son-los-destinos-turisticos-favoritos-en-centroamerica/.

- ENERGY INFORMATION ADMINISTRATION(Oficial energy Estatistics from the U:S Government): *Electricity Central America.* Obtenible en
331

http://web.archive.org/web/20081003063413/http://
www.eia.doe.gov/emeu/cabs/Central_America/Elec
tricity.html

- ¿Quién tiene las mejores y peores carreteras de Centroamérica?. *Revista Summa.* Obtenible en http://www.revistasumma.com/quien-tiene-las-mejores-y-peores-carreteras-de-centroamerica/. Consultado el 18 de enero a las 22:15hrs.

- SOLÓRZANO, ARTURO J: *Apuntes de Historia económica de Nicaragua.* Publicado en Foro Económico el 20 de agosto de 2006. Obtenible en http://www.caftabusiness.com/forumeconomicus/do cs/doc012.php.

- *Foreign trade information Sistem.* Obtenible siguiendo el siguiente linc en http://www.sice.oas.org/ctyindex/NIC/NICagreemen ts_s.asp.

- *Al cierre del 2015 Nicaragua logró US$2.531 millones, mientras que en 2014 cerró con US$2.744 millones.* Publicado en Prensa Libre. Obtenible en http://www.revistasumma.com/exportaciones-de-nicaragua-bajarian-en-2016/.

- DIRECCIÓN DE POLÍTICA COMERCIAL DE LA DIRECCIÓN GENERAL DE COMERCIO EXTERIOR DE NICARAGUA: *Resumen ejecutivo Comercio Exterior de Nicaragua (enero-mayo 2015).* Obtenible en http://www.mific.gob.ni/Portals/0/Documentos%20P olitica%20Comercial/Mensuales_2015/Mayo%2020 15.pdf.

- *Nicaragua - Importaciones de Mercancías.* Publicado en Web Expansión/datosmacro. Com. Obtenible en http://www.datosmacro.com/comercio/importacione s/nicaragua. Consultado el 21 de enero de 2016 a las 0037hrs.
- DIRECCIÓN DE POLÍTICA COMERCIAL DE LA DIRECCIÓN GENERAL DE COMERCIO EXTERIOR DE NICARAGUA: *Resumen ejecutivo Comercio Exterior de Nicaragua (enero-mayo 2015).* Obtenible en http://www.mific.gob.ni/Portals/0/Documentos%20P olitica%20Comercial/Mensuales_2015/Mayo%2020 15.pdf.
- ALVAREZ HIDALGO, WENDY: *Deuda privada externa se agiganta en Nicaragua.* Publicado en La Prensa/Economía. Obtenible en http://www.laprensa.com.ni/2016/01/05/economia/1 963734-deuda-privada-externa-se-agiganta-en-nicaragua. Consultado el 21 de enero de 2016 a las 15:38hrs.
- CÁMARA DE INDUSTRIAS DE NICARAGUA: *Historia de la Industria en Nicaragua.* Obtenible en http://www.cadin.org.ni/index.php?option=com_cont ent&view=article&id=18&Itemid=15. Consultado el 21 de enero de 2016 a las 15:42hrs.
- *Sector agrícola más dinámico.* Obtenible en http://www.elnuevodiario.com.ni/economia/272466- sector-agricola-mas-dinamico/. Consultado el 21 de enero de 2016 a las 17:20hrs.
- *Economía de Costa Rica.* Obtenible en https://es.wikipedia.org/wiki/Econom%C3%ADa_de

_Costa_Rica. La seriedad y veracidad del mismo ha sido cotejada con otras fuentes bibliográficas citadasen los pie de páginas.

- *Intel supone el 4,9 por ciento del PIB de Costa Rica.* Publicado en El economista.es. Obtenible en http://eleconomista.es/empresas-finanzas/noticias/81837/10/06/Intel-supone-el-49-por-ciento-del-PIB-de-Costa-Rica.html. Consultado el 23 de enero de 2016 a las 12:09hrs.
- *La Vanguardia.* Obtenible en www.laVanguardia.es. Consultado el 12:56hrs.
- *Turismo en Costa Rica.* Obtenible en https://es.wikipedia.org/wiki/Turismo_en_Costa_Ric a. Consultado el 23 de enero de 2016 a las 12:09hrs. Toda la información aquí referida ha sido cotejada con la bibliografía citada en los pies de página y al final de la obra.
- JOSÉ ENRIQUE ROJAS: (29 de diciembre de 2004). *«Turismo, principal motor de la economía durante el 2004».* Publicado en La Nación/Economía. Obtenible en http://www.nacion.com/economia/Turismo-principal-motor-economia_0_729927145.html. Consultado el 20 de enero de 2016 a las 23:48hrs.
- CRIST INMAN: (1997). *«Impacts on Developing Countries of Changing Production and Consumption Patterns in Developed Countries: The Case of Ecotourism in Costa Rica»* (en inglés). INCAE, disponible en site del International Institute for Sustainable Development.

- MARIO CALDERÓN CASTILLO: (2005). *«El Turismo como Promotor del Crecimiento Económico Costarricense».* Revista Parlamentaria Digital. Asamblea Legislativa de Costa Rica. Obtenible en http://web.archive.org/web/20090223102324/http://www.asamblea.go.cr/biblio/revista/revista/vol13-no2-ago2005/el%20turismo%20como%20promotor-MarioCalderon.html. Consultado el 20 de enero de 2016 a las 12:08hrs.
- DEPARTAMENTO DE ESTADÍSTICAS ICT: (2006). *«Anuário Estadísticas de Demanda 2006».* Instituto Costarricense de Turismo. Pdf obtenible en http://www.visitcostarica.com/ict/backoffice/treeDoc/files/Anuario%20de%20Turismo%202006%20%28VERSION%20FINAL%29.pdf. Consultado el 12 de diciembre de 2015 a las 13:23hrs.
- DEPARTAMENTO DE ESTADÍSTICAS ICT: (2009). *«Anuário Estadístico 2008»* (PDF). Instituto Costarricense de Turismo. Obtenible en http://web.archive.org/web/20100401003405/http://www.bncr.fi.cr/bn/turismo/dowlands/BNCR%20-%20Anuario%20de%20Turismo%202008.pdf
- DEPARTAMENTO DE ESTADÍSTICAS ICT (2011). *«Anuario Estadístico 2010».* Instituto Costarricense de Turismo (ICT). Obtenible en http://www.visitcostarica.com/ict/backoffice/treeDoc/files/6F96_Anuario_de_Turismo_2010.pdf
- PNUD y OMT:(2011). *«Tourism - Investing in Energy and Resource Efficiency»* (en inglés). Programa de las Naciones Unidas para el

Desarrollo (PNUD). Obtenible en http://www.unep.org/greeneconomy/Portals/88/doc uments/ger/GER_11_Tourism.pdf

- ALTÉS, CARMEN:(2006), *El Turismo en América Latina y el Caribe y la experiencia del BID* (PDF), Banco Interamericano de Desarrollo; Departamento de Desarrollo Sostenible, Washington, D.C., p. 9 y 47 Serie de informes técnicos ENV-149
- PNUD Y OMT:(2011). Ob. Cit.(*«Tourism - Investing in...»).*
- LEONARDO COUTINHO AND OTÁVIO CABRAL: (21 de mayo de 2008). *«O desafio da economia verde»* (en portuguese). Revista *Veja*. Obtenible en http://planetasustentavel.abril.com.br/noticia/desen volvimento/conteudo_280147.shtml?func=2 . Consultado el 12 de enero de 2016 a las 12:07hrs.
- HONEY, MARTHA: (1999), *Ecotourism and Sustainable Development: Who Owns Paradise?* (en inglés), Island Press; 1 edition , Washington, D.C., p. 128-181,
- BRUCE AYLWARD *et al.*:(1996). *«Sustainable ecotourism in Costa Rica: the Monteverde Cloud Forest Preserve»* (en inglés). Biodiversity and Conservation vol 5, no. 3, 315-343.
- «UNWTO Tourism Highlights 2012 Edition» (en inglés). Organización Mundial del Turismo. Junio de 2012.
- Departamento de Estadísticas ICT (2009). Ob. Cit.
- HASSEL FALLAS: (25 de enero de 2009). *Llegada de turistas cayó en los últimos seis meses*. La Nación.

- SERGIO ARCE (24 de febrero de 2010). *Llegada de turistas se redujo 8% en 2009*. La Nación. Obtenible en http://www.nacion.com/economia/Llegada-turistas-redujo_0_1106489663.html
- DEPARTAMENTO DE ESTADÍSTICAS ICT (2011). «Anuario Estadístico 2010». Instituto Costarricense de Turismo (ICT).
- WORLD TOURISM ORGANIZATION (2007). «*Tourism Highlights 2007 Edition*» (en inglés). Obtenible en http://www.unwto.org/facts/menu.html.
- ANDREA GONZÁLEZ:(8 de marzo de 2013). «*Visitas turisticas en el 2012 fueron las más altas de los últimos cinco años*». La Nación. Obtenible en http://web.archive.org/web/20130618004507/http://www.nacion.com/2013-03-09/Economia/Visitas-turisticas-en-el-2012-fueron-las-mas-altas-de-los-ultimos-cinco-anos.aspx
- ANDREA RODRÍGUEZ (16 de enero de 2014). =*Costa Rica registró la llegada de más de 2,4 millones de turistas en 2013*. La Nación. http://www.nacion.com/economia/Costa-Rica-registra-millones-turistas_0_1390861044.html. Consultado el 12 de enero de 2016 a las 13:45hrs.
- MARVIN BARQUERO: (23 de enero de 2015). *Costa Rica busca atraer turistas con poder adquisitivo*. La Nación. Obtenible en http://www.nacion.com/economia/empresarial/Costa-Rica-atraer-turistas-adquisitivo_0_1465253494.html.

337

- MARVIN BARQUERO (16 de enero de 2016). «*País logra récords en divisas y visitantes por el turismo*». *La Nación*. Consultado el 16 de enero de 2016.
- HONEY, MARTHA:(1999), *Ecotourism and Sustainable Development: Who Owns Paradise?*, Island Press; 1 edition , Washington, D.C., p. 5,
- JENNIFER BLANKE AND THEA CHIESA, EDITORS (2011). «*Travel & Tourism Competitiveness Report 2011*» (en inglés). World Economic Forum, Geneva, Switzerland.
- DEPARTAMENTO DE ESTADÍSTICAS ICT: (2011). «*Anuario Estadístico 2010*». Instituto Costarricense de Turismo (ICT). Obtenible en http://www.visitcostarica.com/ict/backoffice/treeDoc/files/6F96_Anuario_de_Turismo_2010.pdf.
- «*Informe de Encuestas IV Trimestre 2006. Aeropuerto Internacional Juan Santamaria*». Instituto Costarricense de Turismo. 2006. Obtenible en http://www.visitcostarica.com/ict/paginas/modEst/estudios_estadisticas.asp?idIdioma=2. Consultado el 24 de enero de 2016 a las 12:56hrs.
- HONEY, MARTHA:(1999), *Ecotourism and Sustainable Development: Who Owns Paradise?* (en inglés), Island Press; 1 edition , Washington, D.C., p. 128-181,
- «*Informe de Encuestas IV Trimestre 2006. Aeropuerto Internacional Juan Santamaria*». Instituto Costarricense de Turismo. 2006.
- «*Tourism for Tomorrow Awards 2006*». World Travel & Tourism Council. 2006. Linc:

https://es.wikipedia.org/wiki/Turismo_en_Costa_Ric
a
- «*Rainforest Alliance 2007 Sustainable Standard-Setter*» (en inglés). Rainforest Alliance. 2007.. Obtenible en https://es.wikipedia.org/wiki/Turismo_en_Costa_Ric a. Consultado el 23 de enero de 2016. A las 12:34hrs.
- «Programa Bandera Azul Ecológica». Guía Costa Rica. Obtenible enhttp://web.archive.org/web/20130423182907/http ://guiascostarica.com/bazul/
- LAWRENCE PRATT AND NAOMI OLSON (1997). «*Sector Turístico en Costa Rica: Análisis de Sostenibilidad*» (en inglés). INCAE Business School Researh CEN 760. Obtenible en http://web.archive.org/web/20090225194018/http:// www.incae.ac.cr/ES/clacds/nuestras-investigaciones/pdf/cen760.pdf.
- ÁNGELA ÁVALOS: (26 de marzo de 2008). *Ocho playas pierden Bandera Azul por contaminación.* La Nación. Obtenible en http://web.archive.org/web/20090221083202/http:// www.nacion.com/ln_ee/2008/marzo/26/pais147271 1.html. Consultado el 19 de enero de 2016 a las 13:35hrs.
- CRIST INMAN (1997). «*Impacts on Developing Countries of Changing Production and Consumption Patterns in Developed Countries: The Case of Ecotourism in Costa Rica*» (en inglés).

INCAE, disponible en site del International Institute for Sustainable Development.
- Mercedes Agüero: (7 de noviembre de 2007). *ICT espera 2 millones de turistas a finales del 2008*. La Nación. Obtenible en https://es.wikipedia.org/wiki/Turismo_en_Costa_Ric a. Consultado el 20 de enero de 2016. A las 12:23hrs.
- Hassel Fallas (10 de junio de 2008). *ICT promoverá hoteles amigables con la naturaleza*. La Nación. http://www.nacion.com/economia/ICT-promovera-hoteles-amigables-naturaleza_0_981701910.html
- *Certificación promueve a Costa Rica en Europa*. La Nación. 18 de mayo de 2008. Obtenible en http://www.nacion.com/archivo/Certificacion-promueve-Costa-Rica-Europa_0_903909651.html.
- JANE ESBERG, JEFF GREENWALD AND NATALIE LEFEVRE.: «*The Developing World's 10 Best Ethical Destinations*» (en inglés). Ethical Traveler. Obtenible en http://ethicaltraveler.org/2007/01/report-kenyas-sex-tourism-industry-exploiting-children/
- «*Informe de Encuestas IV Trimestre 2006. Aeropuerto Internacional Juan Santamaria*». Instituto Costarricense de Turismo. 2006.
- MARVIN BARQUERO (2 de noviembre de 2012). «*Siete resorts de Costa Rica se ubican entre los mejores de Centro y Suramérica*». La Nación (Costa Rica). Obtenible en http://www.nacion.com/2012-11-02/Portada/Siete-

resorts-de-Costa-Rica-se-ubican-entre-los-mejores-de-Centro-y-Suramerica.aspx. Consultado el 23 de enero de 2016 a las 12:22hrs.

- CONDÉ NAST TRAVELER: (November 2012). «Readers' Choice Awards - Top 5 Hotels in Central America» [Premios Elección de los Lectores - Los mejores 5 hoteles de América Central]. *Condé Nast Traveler* (en inglés). Obtenible en http://www.cntraveler.com/?us_site=y. Consultado el 13 de enero de 2016 a las 14:49hrs.

- *Parques Nacionales de Costa Rica.* Obtenible en https://es.wikipedia.org/wiki/Parques_nacionales_de_Costa_Rica. Consultado el 21 de enero de 2016 a las 15:39hrs. Toda la información aquí referida ha sido cotejada con la bibliografía citada en los pies de página y al final de la obra.

- *Unión Internacional para la Conservación de la Naturaleza.* Obtenible en https://es.wikipedia.org/wiki/Uni%C3%B3n_Internacional_para_la_Conservaci%C3%B3n_de_la_Naturaleza

- Página web oficial del Ministerio de Ambiente y Energía de Nicaragua. Obtenible en http://www.minae.go.cr/index.php/es/2012-06-08-20-19-22/mision-y-vision#.

- sitio web de Bladex. Obtenible en http://www.blx.com/es/latam-info/panama.

- Sitio web de la CEPAL. Obtenible en http://www.cepal.org/es/publications/list/field_publication_type/8068/field_publication_type/8130/field_publication_type/8138?search_fulltext=.

- sitio web del banco mundial. Obtenible la información en http://databank.worldbank.org/data/home.aspx.
- *S&P otorga grado de inversión a Panamá.* Publicado en CNNExpansión. Obtenible en https://www.youtube.com/watch?v=M0QSpt4KCc0.
- *Panamá recibe con satisfacción grado de inversión de Moody's.* Publicado en *Pueblo en Línea.* Obtenible en http://spanish.peopledaily.com.cn/31620/7020679.html.
- *Panamá: crecimiento y estabilidad política.* Publicado en Centralaméricadata.com. Obtenible enhttp://www.centralamericadata.com/es/article/home/Panama_crecimiento_y_estabilidad_politica. Consultado el 15:27hrs.
- *Economía y Agricultura de Panamá.* Publicado en Fotografías Panamá. Obtenible en http://www.voyagesphotosmanu.com/economia_panama.html. Consultado el 13 de enero de 2016.
- *Ampliación del Canal de Panamá; Canal de Panamá y Economía de Panamá.* Obtenibles todos en la enciclopedia libre wikipedia. Toda la información utilizada ha sido corroborada con la bibliografía que se emplea en cada pie de página.
- *Canal de Panamá.* Obtenible en https://es.wikipedia.org/wiki/Canal_de_Panam%C3%A1#Cronolog.C3.ADa_desde_1999.
- AUTORIDAD DEL CANAL DE PANAMÁ: (marzo de 2005). «*Noticias del Canal de Panamá*» (pdf). *Noticias del Canal* (Panamá). p.1.

- AUTORIDAD DEL CANAL DE PANAMÁ: (24 de abril de 2006). *«Propuesta de ampliación del canal de Panamá, proyecto del tercer juego de esclusas»* (pdf). *Separata en el diario La Prensa* (Panamá). p.21
- TRIBUNAL ELECTORAL DE PANAMÁ: (1 de noviembre de 2006). «Resolución de 1 ° de noviembre de 2006, por la cual se deja constancia del resultado del Referéndum celebrado el día 22 de octubre de 2006 sobre la propuesta de construcctón del tercer juego de esclusas en el canal de Panamá.» (pdf). *Boletín Tribunal Electoral* (Panamá: Imprenta Tribunal Electoral) (2293): 4. p.3. Consultado el 2 de agosto de 2009.
- LÓPEZ DUBOIS, ROBERTO: (4 de septiembre de 2007). «El Canal hace historia» (pdf). *La Prensa* (Panamá) (8574).
- *Sacyr acometerá las obras del Canal de Panamá tras presentar la mejor oferta.* Publicado en el Jornal *cinco días.* Obtenible en http://cincodias.com/cincodias/2009/07/09/empresas/1247146783_850215.html.
- *Crucero paga cifra récord en Canal de Panamá.* Terra Noticias. 10 de junio de 2008. Obtenible en
- La Prensa. Sección Economía & Negocios. (16 de octubre de 2007). *«Crucero rompe récord en pago de peajes.».* Consultado el 20 de febrero de 2008. Obtenible en http://impresa.prensa.com/economia/Industria-maritima-Crucero-record-peajes_0_2133536832.html

- STANZIOLA, HARRY C.: (6 de agosto de 2006). «*El cruce a nado del Canal*». *La Prensa*. Obtenible en http://www.prensa.com/cultura/cruce-nado-Canal_0_1806569496.html.
- sitio web del canal de Panamá. Obtenible en http://web.archive.org/web/20111010192849/http://www.pancanal.com/eng/noticiero/canal-faqs/index.html. Consultado el 23 de enero de 2016 a las 21:47hrs.
- La Prensa. Sección Economía & Negocios. (24 de abril de 2007). «Récord en pago de peajes y reserva La Prensa.». Obtenible en https://es.wikipedia.org/wiki/Canal_de_Panam%C3%A1#Cronolog.C3.ADa_desde_1999. Consultado el 11 de enero a las 13:41hrs.
- *Cupo de subasta del Canal alcanza récord*. La Prensa. Sección Economía & Negocios. Edición 25/08/2006. Obtenible en http://web.archive.org/web/20141006070549/http://mensual.prensa.com/mensual/contenido/2006/08/25/hoy/negocios/714407.html.
- «*País y Panamá concentran inversión foránea en Istmo - ECONOMÍA - nacion.com*». Obtenible en http://www.nacion.com/economia/Pais-Panama-concentran-inversion-Istmo_0_1074692538.html.
- «Inversión extranjera per cápita en América Latina « Angel Alayón».Obtenible en http://web.archive.org/web/20090412044416/http://angel-alayon.com/2008/05/26/inversion-extranjera-per-capita-en-america-latina/

- *Inversión Extranjera directa en América Central.* Publicado en http://www.centralamericadata.com/es/search?q1= content_es_le%3A%22Inversi%C3%B3n+Extranjer a+Directa%22.
- PALACIOS RAMSBOTT, MARIANELA: *Inversión extranjera subió 149%.* Publicado en La Prensa. Obtenible en http://impresa.prensa.com/economia/Inversion-extranjera-subio_0_1967053413.html.
- *El gobierno de Panamá destinará 8.000 millones de dólares en 2016 a inversión.* Publicado en Panamá Economía. Obtenible en http://www.efe.com/efe/america/economia/el-gobierno-de-panama-destinara-8-000-millones-dolares-en-2016-a-inversion/20000011-2698971.
- *Exportaciones bajaron 9,6% en septiembre.* Publicado en Boletín Panamá Trade. Obtenible en http://panamatrade.blogspot.com/2007/11/exportaci ones-bajaron-96-en-septiembre.html. Consultado el 20 de enero de 2016 a las 12:09hrs.
- *Las exportaciones se reducen en Panamá.* Publicado en *el economista.* Obtenible en http://www.datosmacro.com/comercio/exportacione s/panama. Consultado el 19 de enero de 2016 a las 12:09 hrs.
- *Exportaciones de Panamá mostrarán retracción de -15% en 2016, según el BID.* Publicado en Panamá América. Obtenible en http://www.panamaamerica.com.pa/economia/expo rtaciones-de-panama-mostraran-retraccion-de-15-

en-2016-segun-el-bid-1004756. Consultado el 25 de enero de 2016 a las 0036hrs.